THÉATRE CLASSIQUE
DES FRANÇAIS.
TOME XXI.

THÉATRE
CHOISI
DE VOLTAIRE.
TOME CINQUIÈME.

THÉATRE
CHOISI
DE VOLTAIRE.

TOME CINQUIÈME.

PARIS,

CHEZ TREUTTEL ET WÜRTZ, RUE DE LILLE, N° 17;

ET MÊME MAISON DE COMMERCE,

A STRASBOURG, GRAND'RUE, N° 15. — LONDRES, 30, SOHO-SQUARE.

1831.

OLIMPIE,

TRAGÉDIE

Représentée, pour la première fois, à Paris, le 17 mars 1764.

PERSONNAGES.

CASSANDRE, fils d'Antipatre, roi de Macédoine.

ANTIGONE, roi d'une partie de l'Asie.

STATIRA, veuve d'Alexandre.

OLIMPIE, fille d'Alexandre et de Statira.

L'HIÉROPHANTE, ou grand-prêtre, qui préside à la célébration des grands mystères.

SOSTÈNE, officier de Cassandre.

HERMAS, officier d'Antigone.

Prêtres.

Initiés.

Prêtresses.

Soldats.

Peuple.

La scène est dans le temple d'Éphèse, où l'on célèbre les grands mystères. Le théâtre représente le temple, le péristyle, et la place qui conduit au temple.

OLIMPIE,

TRAGÉDIE.

ACTE PREMIER.

SCÈNE I.

Le fond du théâtre représente un temple dont les trois portes fermées sont ornées de larges pilastres : les deux ailes forment un vaste péristyle. SOSTÈNE est dans le péristyle ; la grande porte s'ouvre. CASSANDRE, troublé et agité, vient à lui : la grande porte se referme.

CASSANDRE.

Sostène, on va finir ces mystères terribles (1).
Cassandre espère enfin des Dieux moins inflexibles.
Mes jours seront plus purs, et mes sens moins troublés.
Je respire.

SOSTÈNE.

Seigneur, près d'Ephèse assemblés,
Les guerriers qui servaient sous le roi votre père
Ont fait entre mes mains le serment ordinaire :
Déjà la Macédoine a reconnu vos lois ;
De ses deux protecteurs Ephèse a fait le choix.

---

(1) Voyez les Notes de l'Auteur à la fin de la pièce.

Cet honneur, qu'avec vous Antigone partage,
Est de vos grands destins un auguste présage.
Ce règne, qui commence à l'ombre des autels,
Sera béni des Dieux, et chéri des mortels;
Ce nom d'initié, qu'on révère et qu'on aime,
Ajoute un nouveau lustre à la grandeur suprême.
Paraissez.

CASSANDRE.

Je ne puis : tes yeux seront témoins
De mes premiers devoirs et de mes premiers soins.
Demeure en ces parvis... Nos augustes prêtresses
Présentent Olimpie aux autels des déesses.
Elle expie en secret, remise entre leurs bras,
Mes malheureux forfaits, qu'elle ne connaît pas.
D'aujourd'hui je commence une nouvelle vie.
Puisses-tu pour jamais, chère et tendre Olimpie,
Ignorer ce grand crime avec peine effacé,
Et quel sang t'a fait naître, et quel sang j'ai versé!

SOSTÈNE.

Quoi! Seigneur, une enfant vers l'Euphrate enlevée,
Jadis par votre père à servir réservée,
Sur qui vous étendiez tant de soins généreux,
Pourrait jeter Cassandre en ces troubles affreux!

CASSANDRE.

Respecte cette esclave à qui tout doit hommage;
Du sort qui l'avilit, je répare l'outrage.
Mon père eut ses raisons pour lui cacher le rang
Que devait lui donner la splendeur de son sang...
Que dis-je! ô souvenir! ô temps! ô jour de crimes!
Il la comptait, Sostène, au nombre des victimes

Qu'il immolait alors à notre sûreté...
Nourri dans le carnage et dans la cruauté,
Seul je pris pitié d'elle, et je fléchis mon père;
Seul je sauvai la fille, ayant frappé la mère.
Elle ignora toujours mon crime et ma fureur.
Olimpie! à jamais conserve ton erreur!
Tu chéris dans Cassandre un bienfaiteur, un maître;
Tu me détesteras, si tu peux te connaître.

SOSTÈNE.

Je ne pénètre point ces étonnants secrets,
Et ne viens vous parler que de vos intérêts.
Seigneur, de tous ces rois que nous voyons prétendre
Avec tant de fureur au trône d'Alexandre,
L'inflexible Antigone est seul votre allié...

CASSANDRE.

J'ai toujours avec lui respecté l'amitié;
Je lui serai fidèle.

SOSTÈNE.

     Il doit aussi vous l'être :
Mais depuis qu'en ces murs nous le voyons paraître,
Il semble qu'en secret un sentiment jaloux
Ait altéré son cœur, et l'éloigne de vous.

CASSANDRE.
(A part.)

Et qu'importe Antigone?.... O mânes d'Alexandre!
Mânes de Statira! grande ombre! auguste cendre!
Restes d'un demi-dieu, justement courroucés,
Mes remords et mes feux vous vengent-ils assez?
Olimpie! obtenez de leur ombre apaisée
Cette paix à mon cœur si long-temps refusée;

Et que votre vertu, dissipant mon effroi,
Soit ici ma défense, et parle aux Dieux pour moi!...
    Eh quoi! vers ces parvis, à peine ouverts encore,
Antigone s'approche, et devance l'aurore!

SCÈNE II.

CASSANDRE, SOSTÈNE, ANTIGONE, HERMAS.

ANTIGONE, *à Hermas, au fond du théâtre.*
Ce secret m'importune : il le faut arracher.
Je lirai dans son cœur ce qu'il croit me cacher.
Va, ne t'écarte pas.
        CASSANDRE, *à Antigone.*
            Quand le jour luit à peine,
Quel sujet si pressant près de moi vous amène?
            ANTIGONE.
Nos intérêts. Cassandre, après que dans ces lieux
Vos expiations ont satisfait les Dieux,
Il est temps de songer à partager la terre.
D'Ephèse en ces grands jours ils écartent la guerre :
Vos mystères secrets, des peuples respectés,
Suspendent la discorde et les calamités ;
C'est un temps de repos pour les fureurs des princes :
Mais ce repos est court; et bientôt nos provinces
Retourneront en proie aux flammes, aux combats
Que ces Dieux arrêtaient, et qu'ils n'éteignent pas.
Antipatre n'est plus. Vos soins, votre courage
Sans doute, achèveront son important ouvrage.
Il n'eût jamais permis que l'ingrat Séleucus,
Le Lagide insolent, le traître Antiochus,

D'Alexandre au tombeau dévorant les conquêtes,
Osassent nous braver, et marcher sur nos têtes.
CASSANDRE.
Plût aux Dieux qu'Alexandre à ces ambitieux
Fît du haut de son trône encor baisser les yeux!
Plût aux Dieux qu'il vécût!
ANTIGONE.
Je ne puis vous comprendre.
Est-ce au fils d'Antipatre à pleurer Alexandre?
Qui peut vous inspirer un remords si pressant?
De sa mort, après tout, vous êtes innocent.
CASSANDRE.
Ah! j'ai causé sa mort.
ANTIGONE.
Elle était légitime;
Tous les Grecs demandaient cette grande victime.
L'univers était las de son ambition.
Athène, Athène même envoya le poison;
Perdicas le reçut, on en chargea Cratère;
Il fut mis dans vos mains, des mains de votre père,
Sans qu'il vous confiât cet important dessein.
Vous étiez jeune encor; vous serviez au festin,
A ce dernier festin du tyran de l'Asie.
CASSANDRE.
Non, cessez d'excuser ce sacrilége impie.
ANTIGONE.
Ce sacrilége!... Eh quoi! vos esprits abattus
Erigent-ils en dieu l'assassin de Clitus,
Du grand Parménion le bourreau sanguinaire,
Ce superbe insensé qui, flétrissant sa mère,

Au rang du fils des Dieux osa bien aspirer
Et se déshonora pour se faire adorer?
Seul il fut sacrilége. Et lorsqu'à Babylone
Nous avons renversé ses autels et son trône,
Quand la coupe fatale a fini son destin,
On a vengé les Dieux, comme le genre humain.

CASSANDRE.

J'avoûrai ses défauts : mais, quoi qu'il en puisse être,
Il était un grand homme, et c'était notre maître.

ANTIGONE.

Un grand homme (2)!

CASSANDRE.

Oui, sans doute.

ANTIGONE.

Ah! c'est notre valeur,
Notre bras, notre sang qui fonda sa grandeur;
Il ne fut qu'un ingrat.

CASSANDRE.

O mes Dieux tutélaires!
Quels mortels ont été plus ingrats que nos pères?
Tous ont voulu monter à ce superbe rang.
Mais de sa femme enfin pourquoi percer le flanc?
Sa femme!... ses enfants!... Ah! quel jour, Antigone!

ANTIGONE.

Après quinze ans entiers, ce scrupule m'étonne.
Jaloux de ses amis, gendre de Darius,
Il devenait Persan : nous étions les vaincus.
Auriez-vous donc voulu que, vengeant Alexandre,
La fière Statira, dans Babylone en cendre,
Soulevant ses sujets, nous eût immolés tous

ACTE I, SCÈNE II.

Au sang de sa famille, au sang de son époux ?
Elle arma tout le peuple : Antipatre avec peine
Echappa dans ce jour aux fureurs de la reine ;
Vous sauvâtes un père.

CASSANDRE.

Il est vrai : mais enfin
La femme d'Alexandre a péri par ma main.

ANTIGONE.

C'est le sort des combats : le succès de nos armes
Ne doit point nous coûter de regrets et de larmes.

CASSANDRE.

J'en versai, je l'avoue, après ce coup affreux ;
Et couvert de ce sang auguste et malheureux,
Etonné de moi-même, et confus de la rage
Où mon père emporta mon aveugle courage,
J'en ai long-temps gémi.

ANTIGONE.

Mais quels motifs secrets
Redoublent aujourd'hui de si cuisants regrets ?
Dans le cœur d'un ami j'ai quelque droit de lire :
Vous dissimulez trop.

CASSANDRE.

Ami... que puis-je dire ?
Croyez... qu'il est des temps où le cœur combattu
Par un instinct secret revole à la vertu,
Où de nos attentats la mémoire passée
Revient avec horreur effrayer la pensée.

ANTIGONE.

Oubliez, croyez-moi, des meurtres expiés ;
Mais que nos intérêts ne soient point oubliés :

Si quelque repentir trouble encor votre vie,
Repentez-vous surtout d'abandonner l'Asie
A l'insolente loi du traître Antiochus.
Que mes braves guerriers, et vos Grecs invaincus *,
Une seconde fois fassent trembler l'Euphrate.
De tous ces nouveaux rois, dont la grandeur éclate,
Nul n'est digne de l'être, et dans ses premiers ans
N'a servi, comme nous, le vainqueur des Persans.
Tous nos chefs ont péri.

CASSANDRE.

Je le sais; et peut-être
Dieu les immola tous aux mânes de leur maître.

ANTIGONE.

Nous restons, nous vivons; nous devons rétablir
Ces débris tout sanglants qu'il nous faut recueillir :
Alexandre en mourant les laissait au plus digne;
Si j'ose les saisir, son ordre me désigne.
Assurez ma fortune ainsi que votre sort.
Le plus digne de tous, sans doute, est le plus fort.
Relevons de nos Grecs la puissance détruite;
Que jamais parmi nous la discorde introduite
Ne nous expose en proie à ces tyrans nouveaux,
Eux qui n'étaient pas nés pour marcher nos égaux.
Me le promettez-vous?

CASSANDRE.

Ami, je vous le jure;
Je suis prêt à venger notre commune injure.

* Ce mot de Corneille dans le *Cid*
Son bras est *invaincu*, mais non pas invincible,
méritait d'être adopté dans le langage français.

Le sceptre de l'Asie est en d'indignes mains;
Et l'Euphrate et le Nil ont trop de souverains :
Je combattrai pour moi, pour vous, et pour la Grèce.
ANTIGONE.
J'en crois votre intérêt, j'en crois votre promesse;
Et surtout je me fie à la noble amitié
Dont le nœud respectable avec vous m'a lié.
Mais de cette amitié je vous demande un gage;
Ne me refusez pas.
CASSANDRE.
    Ce doute est un outrage.
Ce que vous demandez est-il en mon pouvoir?
C'est un ordre pour moi; vous n'avez qu'à vouloir.
ANTIGONE.
Peut-être vous verrez avec quelque surprise
Le peu qu'à demander l'amitié m'autorise :
Je ne veux qu'une esclave.
CASSANDRE.
    Heureux de vous servir,
Ils sont tous à vos pieds; c'est à vous de choisir.
ANTIGONE.
Souffrez que je demande une jeune étrangère (*)
Qu'aux murs de Babylone enleva votre père.
Elle est votre partage; accordez-moi ce prix
De tant d'heureux travaux pour vous-même entrepris.
Votre père, dit-on, l'avait persécutée.
J'aurai soin qu'en ma cour elle soit respectée :
Son nom est... Olimpie.

(*) L'acteur doit ici regarder attentivement Cassandre.

CASSANDRE.
Olimpie!
ANTIGONE.
Oui, Seigneur.
CASSANDRE, *à part.*
De quels traits imprévus il vient percer mon cœur!...
Que je livre Olimpie!
ANTIGONE.
Ecoutez, je me flatte
Que Cassandre envers moi n'a point une ame ingrate :
Sur les moindres objets un refus peut blesser,
Et vous ne voulez pas sans doute m'offenser?
CASSANDRE.
Non; vous verrez bientôt cette jeune captive;
Vous-même jugerez s'il faut qu'elle vous suive,
S'il peut m'être permis de la mettre en vos mains.
Ce temple est interdit aux profanes humains.
Sous les yeux vigilants des dieux et des déesses
Olimpie est gardée au milieu des prêtresses.
Les portes s'ouvriront, quand il en sera temps.
Dans ce parvis ouvert au reste des vivants,
Sans vous plaindre de moi, daignez au moins m'attendre :
Des mystères nouveaux pourront vous y surprendre;
Et vous déciderez si la terre a des rois
Qui puissent asservir Olimpie à leurs lois.

(Il rentre dans le temple, et Sostène sort.)

SCÈNE III.

ANTIGONE, HERMAS *dans le péristyle.*

HERMAS.
Seigneur, vous m'étonnez : quand l'Asie en alarmes
Voit cent trônes sanglants disputés par les armes,
Quand des vastes Etats d'Alexandre au tombeau
La fortune prépare un partage nouveau,
Lorsque vous prétendez au souverain empire,
Une esclave est l'objet où ce grand cœur aspire !
ANTIGONE.
Tu dois t'en étonner. J'ai des raisons, Hermas,
Que je n'ose encor dire, et qu'on ne connaît pas.
Le sort de cette esclave est important peut-être
A tous les rois d'Asie, à quiconque veut l'être,
A quiconque en son sein porte un assez grand cœur
Pour oser d'Alexandre être le successeur.
Sur le nom de l'esclave, et sur ses aventures,
J'ai formé dès long-temps d'étranges conjectures.
J'ai voulu m'éclaircir : mes yeux dans ces remparts
Ont quelquefois sur elle arrêté leurs regards ;
Ses traits, les lieux, le temps où le ciel la fit naître,
Les respects étonnants que lui prodigue un maître,
Les remords de Cassandre, et ses obscurs discours,
A ces soupçons secrets ont prêté des secours.
Je crois avoir percé ce ténébreux mystère.
HERMAS.
On dit qu'il la chérit, et qu'il l'élève en père.

ANTIGONE.

Nous verrons!... Mais on ouvre, et ce temple sacré
Nous découvre un autel de guirlandes paré.
Je vois des deux côtés les prêtresses paraître ;
Au fond du sanctuaire est assis le grand-prêtre ;
Olimpie et Cassandre arrivent à l'autel !

SCÈNE IV.

Les trois portes du temple sont ouvertes. On découvre tout l'intérieur. Les Prêtres d'un côté, et les Prêtresses de l'autre, s'avancent lentement. Ils sont tous vêtus de robes blanches, avec des ceintures dont les bouts pendent à terre. CASSANDRE et OLIMPIE mettent la main sur l'autel. ANTIGONE et HERMAS rentrent dans le péristyle avec une partie du peuple qui entre par les côtés (3).

CASSANDRE.

Dieu des rois et des dieux, Etre unique, éternel !
Dieu qu'on m'a fait connaître en ces fêtes augustes,
Qui punis les pervers, et qui soutiens les justes,
Près de qui les remords effacent les forfaits,
Confirmez, Dieu clément, les serments que je fais.
Recevez ces serments, adorable Olimpie ;
Je soumets à vos lois et mon trône et ma vie ;
Je vous jure un amour aussi pur, aussi saint,
Que ce feu de Vesta qui n'est jamais éteint (4).
Et vous, filles des cieux, vous, augustes prêtresses,
Portez avec l'encens mes vœux et mes promesses
Au trône de ces dieux qui daignent m'écouter,
Et détournez les traits que je puis mériter.

OLIMPIE.

Protégez à jamais, ô Dieux en qui j'espère,
Le maître généreux qui m'a servi de père,
Mon amant adoré, mon respectable époux !
Qu'il soit toujours chéri, toujours digne de vous !
Mon cœur vous est connu. Son rang et sa couronne
Sont les moindres des biens que son amour me donne :
Témoins des tendres feux à mon cœur inspirés,
Soyez-en les garants, vous qui les consacrez ;
Qu'il m'apprenne à vous plaire, et que votre justice
Me prépare aux enfers un éternel supplice,
Si j'oublie un moment, infidèle à vos lois,
Et l'état où je fus, et ce que je lui dois.

CASSANDRE.

Rentrons au sanctuaire où mon bonheur m'appelle.
Prêtresses, disposez la pompe solennelle
Par qui mes jours heureux vont commencer leur cours ;
Sanctifiez ma vie, et nos chastes amours.
J'ai vu les Dieux au temple, et je les vois en elle ;
Qu'ils me haïssent tous, si je suis infidèle !...
Antigone, en ces lieux vous m'avez entendu ;
Aux vœux que vous formiez, ai-je assez répondu ?
Vous-même, prononcez si vous deviez prétendre
A voir entre vos mains l'esclave de Cassandre.
Sachez que ma couronne, et toute ma grandeur,
Sont de faibles présents, indignes de son cœur.
Quelque étroite amitié qui tous deux nous unisse,
Jugez si j'ai dû faire un pareil sacrifice.

(*Ils rentrent dans le temple, les portes se ferment, le peuple sort du parvis.*)

SCÈNE V.

ANTIGONE, HERMAS *dans le péristyle.*

ANTIGONE.

Va, je n'en doute plus, et tout m'est découvert :
Il m'a voulu braver; mais sois sûr qu'il se perd.
Je reconnais en lui la fougueuse imprudence
Qui tantôt sert les dieux, et tantôt les offense;
Ce caractère ardent qui joint la passion
Avec la politique et la religion;
Prompt, facile, superbe, impétueux et tendre,
Prêt à se repentir, prêt à tout entreprendre.
Il épouse une esclave! Ah! tu peux bien penser
Que l'amour à ce point ne saurait l'abaisser :
Cette esclave est d'un sang que lui-même il respecte.
De ses desseins cachés la trame est trop suspecte;
Il se flatte en secret qu'Olimpie a des droits
Qui pourront l'élever au rang de roi des rois.
S'il n'était qu'un amant, il m'eût fait confidence
D'un feu qui l'emportait à tant de violence.
Va, tu verras bientôt succéder sans pitié
Une haine implacable à sa faible amitié.

HERMAS.

A son cœur égaré vous imputez peut-être
Des desseins plus profonds que l'amour n'en fait naître.
Dans nos grands intérêts, souvent nos actions
Sont, vous le savez trop, l'effet des passions :
On se déguise en vain leur pouvoir tyrannique;
Le faible quelquefois passe pour politique;

Et Cassandre n'est pas le premier souverain
Qui chérit une esclave et lui donna la main.
J'ai vu plus d'un héros, subjugué par sa flamme,
Superbe avec les rois, faible avec une femme.

ANTIGONE.

Tu ne dis que trop vrai : je pèse tes raisons;
Mais tout ce que j'ai vu confirme mes soupçons.
Te le dirai-je enfin? les charmes d'Olimpie
Peut-être dans mon cœur portent la jalousie.
Tu n'entrevois que trop mes sentiments secrets;
L'amour se joint peut-être à ces grands intérêts :
Plus que je ne pensais leur union me blesse.
Cassandre est-il le seul en proie à la faiblesse?

HERMAS.

Mais il comptait sur vous. Les titres les plus saints
Ne pourront-ils jamais unir les souverains?
L'alliance, les dons, la fraternité d'armes,
Vos périls partagés, vos communes alarmes,
Vos serments redoublés, tant de soins, tant de vœux,
N'auraient-ils donc servi qu'au malheur de tous deux?
De la sainte amitié n'est-il donc plus d'exemples?

ANTIGONE.

L'amitié, je le sais, dans la Grèce a des temples :
L'intérêt n'en a point; mais il est adoré.
D'ambition sans doute, et d'amour enivré,
Cassandre m'a trompé sur le sort d'Olimpie.
De mes yeux éclairés Cassandre se défie;
Il n'a que trop raison. Va, peut-être aujourd'hui
L'objet de tant de vœux n'est pas encore à lui.

HERMAS.

Il a reçu sa main... Cette enceinte sacrée
Voit déjà de l'hymen la pompe préparée.
(*Les initiés, les prêtres et les prêtresses traversent le fond de la
scène, ayant des palmes ornées de fleurs dans les mains.*)
Tous les initiés, de leurs prêtres suivis,
Les palmes dans les mains inondent ces parvis;
Et l'amour le plus tendre en ordonne la fête.

ANTIGONE.

Non, te dis-je, on pourra lui ravir sa conquête...
Viens, je confîrai tout à ton zèle, à ta foi;
J'aurai les lois, les Dieux, et les peuples pour moi.
Fuyons pour un moment ces pompes qui m'outragent;
Entrons dans la carrière où mes desseins m'engagent;
Arrosons, s'il le faut, ces asiles si saints
Moins du sang des taureaux que du sang des humains.

FIN DU PREMIER ACTE.

ACTE SECOND.

SCÈNE I.

L'HIÉROPHANTE, les PRÊTRES, les PRÊTRESSES.

Quoique cette scène et beaucoup d'autres se passent dans l'intérieur du temple, cependant, comme les théâtres sont rarement construits d'une manière favorable à la voix, les acteurs sont obligés d'avancer dans le péristyle : mais les trois portes du temple, ouvertes, désignent qu'on est dans le temple.

L'HIÉROPHANTE.

Quoi ! dans ces jours sacrés ! quoi ! dans ce temple auguste
Où Dieu pardonne au crime, et console le juste,
Une seule prêtresse oserait nous priver
Des expiations qu'elle doit achever !
Quoi ! d'un si saint devoir Arzane se dispense !

UNE PRÊTRESSE (*).

Arzane en sa retraite, obstinée au silence,
Arrosant de ses pleurs les images des dieux,
Seigneur, vous le savez, se cache à tous les yeux ;
En proie à ses chagrins, de langueurs affaiblie,
Elle implore la fin d'une mourante vie.

(*) Ce rôle doit être joué par la prêtresse inférieure qui est attachée à Statira.

OLIMPIE.

L'HIÉROPHANTE.

Nous plaignons son état, mais il faut obéir :
Un moment aux autels elle pourra servir.
Depuis que dans ce temple elle s'est enfermée,
Ce jour est le seul jour où le sort l'a nommée :
Qu'on la fasse venir.

(*La prêtresse inférieure va chercher Arzane.*)

La volonté du Ciel
Demande sa présence, et l'appelle à l'autel.
De guirlandes de fleurs par elle couronnée,
Olimpie en triomphe aux dieux sera menée.
Cassandre, initié dans nos secrets divins,
Sera purifié par ses augustes mains.
Tout doit être accompli. Nos rites, nos mystères,
Ces ordres que les Dieux ont donnés à nos pères,
Ne peuvent point changer, ne sont point incertains
Comme ces faibles lois qu'inventent les humains.

SCÈNE II.

L'HIÉROPHANTE, PRÊTRES, PRÊTRESSES, STATIRA.

L'HIÉROPHANTE, *à Statira.*

Venez : vous ne pouvez, à vous-même contraire,
Refuser de remplir votre saint ministère.
Depuis l'instant sacré qu'en cet asile heureux
Vous avez prononcé d'irrévocables vœux,
Ce grand jour est le seul où Dieu vous a choisie
Pour annoncer ses lois aux vainqueurs de l'Asie.
Soyez digne du Dieu que vous représentez.

STATIRA, *couverte d'un voile qui accompagne son visage sans le cacher, et vêtue comme les autres prêtresses.*

O Ciel! après quinze ans qu'en ces murs écartés,
Dans l'ombre du silence, au monde inaccessible,
J'avais enseveli ma destinée horrible,
Pourquoi me tires-tu de mon obscurité?
Tu veux me rendre au jour, à la calamité...
 (*A l'hiérophante.*)
Ah! Seigneur, en ces lieux lorsque je suis venue,
C'était pour y pleurer, pour mourir inconnue;
Vous le savez.

L'HIÉROPHANTE.

   Le Ciel vous prescrit d'autres lois:
Et quand vous présidez pour la première fois
Aux pompes de l'hymen, à notre grand mystère,
Votre nom, votre rang, ne peuvent plus se taire:
Il faut parler.

STATIRA.

   Seigneur, qu'importe qui je sois?
Le sang le plus abject, le sang des plus grands rois,
Ne sont-ils pas égaux devant l'Etre suprême?
On est connu de lui bien plus que de soi-même.
De grands noms autrefois avaient pu me flatter;
Dans la nuit de la tombe il les faut emporter.
Laissez-moi pour jamais en perdre la mémoire.

L'HIÉROPHANTE.

Nous renonçons sans doute à l'orgueil, à la gloire;
Nous pensons comme vous: mais la Divinité

Exige un aveu simple, et veut la vérité.
Parlez... Vous frémissez !

STATIRA.

Vous frémirez vous-même...
(*Aux prêtres et aux prêtresses.*)
Vous qui servez d'un Dieu la majesté suprême,
Qui partagez mon sort, à son culte attachés,
Qu'entre vous et ce Dieu mes secrets soient cachés.

L'HIÉROPHANTE.

Nous vous le jurons tous.

STATIRA.

Avant que de m'entendre,
Dites-moi s'il est vrai que le cruel Cassandre
Soit ici dans le rang de nos initiés ?

L'HIÉROPHANTE.

Oui, Madame.

STATIRA.

Il a vu ses forfaits expiés !...

L'HIÉROPHANTE.

Hélas ! tous les humains ont besoin de clémence.
Si Dieu n'ouvrait ses bras qu'à la seule innocence,
Qui viendrait dans ce temple encenser les autels ?
Dieu fit du repentir la vertu des mortels.
Ce juge paternel voit du haut de son trône
La terre trop coupable; et sa bonté pardonne.

STATIRA.

Eh bien ! si vous savez par quel excès d'horreur,
Il demande sa grâce et craint un Dieu vengeur;
Si vous êtes instruit qu'il fit périr son maître;
(Et quel maître, grands Dieux !) si vous pouvez connaître

ACTE II, SCÈNE II.

Quel sang il répandit dans nos murs enflammés,
Quand aux yeux d'Alexandre, à peine encor fermés,
Ayant osé percer sa veuve gémissante,
Sur le corps d'un époux il la jeta mourante;
Vous serez plus surpris lorsque vous apprendrez
Des secrets jusqu'ici de la terre ignorés.
Cette femme, élevée au comble de la gloire,
Dont la Perse sanglante honore la mémoire,
Veuve d'un demi-dieu, fille de Darius...
Elle vous parle ici; ne l'interrogez plus (5).

(*Les prêtres et les prêtresses élèvent les mains, et s'inclinent.*)

L'HIÉROPHANTE.

O Dieux! qu'ai-je entendu? Dieux, que le crime outrage,
De quels coups vous frappez ceux qui sont votre image!
Statira dans ce temple! Ah! souffrez qu'à genoux
Dans mes profonds respects...

STATIRA.

                Grand-prêtre, levez-vous.
Je ne suis plus pour vous la maîtresse du monde;
Ne respectez ici que ma douleur profonde.
Des grandeurs d'ici-bas voyez quel est le sort.
Ce qu'éprouva mon père au moment de sa mort,
Dans Babylone en sang je l'éprouvai de même.
Darius, roi des rois, privé du diadème,
Fuyant dans des déserts, errant, abandonné,
Par ses propres amis se vit assassiné;
Un étranger, un pauvre, un rebut de la terre,
De ses derniers moments soulagea la misère.

(*Montrant la prêtresse inférieure.*)

Voyez-vous cette femme, étrangère en ma cour?
Sa main, sa seule main m'a conservé le jour;
Seule elle me tira de la foule sanglante
Où mes lâches amis me laissaient expirante.
Elle est Ephésienne; elle guida mes pas
Dans cet auguste asile, au bout de mes Etats.
Je vis par mille mains ma dépouille arrachée,
De mourants et de morts la campagne jonchée,
Les soldats d'Alexandre érigés tous en rois,
Et les larcins publics appelés grands exploits.
J'eus en horreur le monde, et les maux qu'il enfante;
Loin de lui pour jamais je m'enterrai vivante.
Je pleure, je l'avoue, une fille, une enfant,
Arrachée à mes bras sur mon corps tout sanglant.
Cette étrangère ici me tient lieu de famille.
J'ai perdu Darius, Alexandre, et ma fille;
Dieu seul me reste.

L'HIÉROPHANTE.

Hélas! qu'il soit donc votre appui!
Du trône où vous étiez, vous montez jusqu'à lui;
Son temple est votre cour : soyez-y plus heureuse
Que dans cette grandeur auguste et dangereuse,
Sur ce trône terrible, et par vous oublié,
Devenu pour la terre un objet de pitié.

STATIRA.

Ce temple quelquefois, Seigneur, m'a consolée;
Mais vous devez sentir l'horreur qui m'a troublée,
En voyant que Cassandre y parle aux mêmes Dieux
Contre sa tête impie implorés par mes vœux.

L'HIÉROPHANTE.

Le sacrifice est grand; je sens trop ce qu'il coûte;
Mais notre loi vous parle, et votre cœur l'écoute :
Vous l'avez embrassée.

STATIRA.

Aurais-je pu prévoir
Qu'elle dût m'imposer cet horrible devoir ?
Je sens que de mes jours, usés dans l'amertume,
Le flambeau pâlissant s'éteint et se consume;
Et ces derniers moments que Dieu veut me donner,
A quoi vont-ils servir ?

L'HIÉROPHANTE.

Peut-être à pardonner.
Vous-même vous avez tracé votre carrière;
Marchez-y sans jamais regarder en arrière.
Les mânes, affranchis d'un corps vil et mortel,
Goûtent sans passions un repos éternel;
Un nouveau jour leur luit; ce jour est sans nuage;
Ils vivent pour les dieux : tel est notre partage.
Une retraite heureuse amène au fond des cœurs
L'oubli des ennemis, et l'oubli des malheurs.

STATIRA.

Il est vrai, je fus reine, et ne suis que prêtresse;
Dans mon devoir affreux soutenez ma faiblesse.
Que faut-il que je fasse ?

L'HIÉROPHANTE.

Olimpie à genoux
Doit d'abord en ces lieux se jeter devant vous;
C'est à vous de bénir cet illustre hyménée.

STATIRA.

Je vais la préparer à vivre infortunée :
C'est le sort des humains.

L'HIÉROPHANTE.

Le feu sacré, l'encens,
L'eau lustrale, les dons offerts aux dieux puissants,
Tout sera présenté par vos mains respectables.

STATIRA.

Et pour qui, malheureuse! Ah! mes jours déplorables
Jusqu'au dernier moment sont-ils chargés d'horreur!
J'ai cru dans la retraite éviter mon malheur;
Le malheur est partout, je m'étais abusée :
Allons, suivons la loi par moi-même imposée.

L'HIÉROPHANTE.

Adieu : je vous admire autant que je vous plains.
Elle vient près de vous.

(*Il sort.*)

SCÈNE III.

STATIRA, OLIMPIE. (*Le théâtre tremble.*)

STATIRA.

Lieux funèbres et saints,
Vous frémissez!... J'entends un horrible murmure;
Le temple est ébranlé!... Quoi! toute la nature;
S'émeut à son aspect! Et mes sens éperdus
Sont dans le même trouble, et restent confondus!

OLIMPIE, *effrayée.*

Ah! Madame!...

ACTE II, SCÈNE III.

STATIRA.

       Approchez, jeune et tendre victime;
Cet augure effrayant semble annoncer le crime :
Vos attraits semblent nés pour la seule vertu.

OLIMPIE.

Dieux justes! soutenez mon courage abattu!
Et vous, de leurs décrets auguste confidente,
Daignez conduire ici ma jeunesse innocente;
Je suis entre vos mains, dissipez mon effroi.

STATIRA.

Ah! j'en ai plus que vous... Ma fille, embrassez-moi...
Du sort de votre époux êtes-vous informée?
Quel est votre pays? quel sang vous a formée?

OLIMPIE.

Humble dans mon état, je n'ai point attendu
Ce rang où l'on m'élève, et qui ne m'est pas dû.
Cassandre est roi, Madame; il daigna dans la Grèce,
A la cour de son père, élever ma jeunesse.
Depuis que je tombai dans ses augustes mains,
J'ai vu toujours en lui le plus grand des humains.
Je chéris un époux, et je révère un maître!
Voilà mes sentiments, et voilà tout mon être.

STATIRA.

Qu'aisément, juste Ciel, on trompe un jeune cœur!
De l'innocence en vous que j'aime la candeur!
Cassandre a donc pris soin de votre destinée?
Quoi! d'un prince ou d'un roi vous ne seriez pas née?

OLIMPIE.

Pour aimer la vertu, pour en suivre les lois,
Faut-il donc être né dans la pourpre des rois!

STATIRA.

Non; je ne vois que trop le crime sur le trône.

OLIMPIE.

Je n'étais qu'une esclave.

STATIRA.

Un tel destin m'étonne.
Les dieux sur votre front, dans vos yeux, dans vos traits,
Ont placé la noblesse ainsi que les attraits.
Vous esclave!

OLIMPIE.

Antipatre, en ma première enfance,
Par le sort des combats me tint sous sa puissance :
Je dois tout à son fils.

STATIRA.

Ainsi vos premiers jours
Ont senti l'infortune, et vu finir son cours!
Et la mienne a duré tout le temps de ma vie!...
En quel temps, en quels lieux fûtes-vous poursuivie
Par cet affreux destin qui vous mit dans les fers?

OLIMPIE.

On dit que d'un grand roi, maître de l'univers,
On termina la vie, on disputa le trône,
On déchira l'empire; et que dans Babylone
Cassandre conserva mes jours infortunés,
Dans l'horreur du carnage au glaive abandonnés.

STATIRA.

Quoi! dans ces temps marqués par la mort d'Alexandre,
Captive d'Antipatre, et soumise à Cassandre!

ACTE II, SCÈNE III.

OLIMPIE.

C'est tout ce que j'ai su. Tant de malheurs passés
Par mon bonheur nouveau doivent être effacés.

STATIRA.

Captive à Babylone!... O Puissance éternelle!
Vous faites-vous un jeu des pleurs d'une mortelle?
Le lieu, le temps, son âge, ont excité dans moi
La joie et les douleurs, la tendresse et l'effroi.
Ne me trompé-je point? Le Ciel sur son visage
Du héros mon époux semble imprimer l'image...

OLIMPIE.

Que dites-vous?

STATIRA.

Hélas! tels étaient ses regards,
Quand, moins fier et plus doux, loin des sanglants hasards,
Relevant ma famille au glaive dérobée,
Il la remit au rang dont elle était tombée,
Quand sa main se joignit à ma tremblante main.
Illusion trop chère! espoir flatteur et vain!
Serait-il bien possible!... Ecoutez-moi, Princesse,
Ayez quelque pitié du trouble qui me presse.
N'avez-vous d'une mère aucun ressouvenir?

OLIMPIE.

Ceux qui de mon enfance ont pu m'entretenir
M'ont tous dit qu'en ce temps de trouble et de carnage,
Au sortir du berceau, je fus en esclavage.
D'une mère jamais je n'ai connu l'amour;
J'ignore qui je suis, et qui m'a mise au jour...
Hélas! vous soupirez! vous pleurez, et mes larmes
Se mêlent à vos pleurs, et j'y trouve des charmes...

Eh quoi! vous me serrez dans vos bras languissants!
Vous faites pour parler des efforts impuissants!
Parlez-moi.

STATIRA.

Je ne puis... Je succombe... Olimpie!
Le trouble que je sens, me va coûter la vie.

SCÈNE IV.

STATIRA, OLIMPIE, L'HIÉROPHANTE.

L'HIÉROPHANTE.

O prêtresse des dieux! ô reine des humains!
Quel changement nouveau dans vos tristes destins!
Que nous faudra-t-il faire, et qu'allez-vous entendre?

STATIRA.

Des malheurs; je suis prête, et je dois tout attendre *.

L'HIÉROPHANTE.

C'est le plus grand des biens, d'amertume mêlé;
Mais il n'en est point d'autre. Antigone troublé,
Antigone, les siens, le peuple, les armées,
Toutes les voix enfin, par le zèle animées,
Tout dit que cet objet à vos yeux présenté,
Qui long-temps comme vous fut dans l'obscurité,
Que vos royales mains vont unir à Cassandre,
Qu'Olimpie...

STATIRA.

Achevez.

* Var. *Entendre*, à la place d'*attendre*; et *vice versa*.

L'HIÉROPHANTE.
Est fille d'Alexandre.
STATIRA, *courant embrasser Olimpie.*
Ah! mon cœur déchiré me l'a dit avant vous.
O ma fille! ô mon sang! ô nom fatal et doux!
De vos embrassements faut-il que je jouisse,
Lorsque par votre hymen vous faites mon supplice!
OLIMPIE.
Quoi! vous seriez ma mère, et vous en gémissez!
STATIRA.
Non, je bénis les Dieux trop long-temps courroucés;
Je sens trop la nature et l'excès de ma joie :
Mais le Ciel me ravit le bonheur qu'il m'envoie;
Il te donne à Cassandre!
OLIMPIE.
Ah! si dans votre flanc
Olimpie a puisé la source de son sang,
Si j'en crois mon amour, si vous êtes ma mère,
Le généreux Cassandre a-t-il pu vous déplaire?
L'HIÉROPHANTE.
Oui, vous êtes son sang, vous n'en pouvez douter;
Cassandre enfin l'avoue, il vient de l'attester.
Pourrez-vous toutes deux avec lui réunies
Concilier enfin deux races ennemies?
OLIMPIE.
Qui? lui? votre ennemi! tel serait mon malheur!
STATIRA.
D'Alexandre ton père il est l'empoisonneur.
Au sein de Statira, dont tu tiens la naissance,
Dans ce sein malheureux qui nourrit ton enfance,

Que tu viens d'embrasser pour la première fois,
Il plongea le couteau dont il frappa les rois.
Il me poursuit enfin jusqu'au temple d'Ephèse;
Il y brave les Dieux, et feint qu'il les apaise!
A mes bras maternels il ose te ravir;
Et tu peux demander si je dois le haïr!

OLIMPIE.

Quoi! d'Alexandre ici le Ciel voit la famille!
Quoi! vous êtes sa veuve! Olimpie est sa fille!
Et votre meurtrier, ma mère, est mon époux!
Je ne suis dans vos bras qu'un objet de courroux!
Quoi! cet hymen si cher était un crime horrible!

L'HIÉROPHANTE.

Espérez dans le Ciel.

OLIMPIE.

Ah! sa haine inflexible
D'aucune ombre d'espoir ne peut flatter mes vœux;
Il m'ouvrait un abîme en éclairant mes yeux.
Je vois ce que je suis, et ce que je dois être.
Le plus grand de mes maux est donc de me connaître!
Je devais à l'autel, où vous nous unissiez,
Expirer en victime, et tomber à vos pieds.

SCÈNE V.

STATIRA, OLIMPIE, L'HIÉROPHANTE, UN PRÊTRE.

LE PRÊTRE.

On menace le temple, et les divins mystères
Sont bientôt profanés par des mains téméraires :

ACTE II, SCÈNE V.

Les deux rois désunis disputent à nos yeux
Le droit de commander où commandent les Dieux.
Voilà ce qu'annonçaient ces voûtes gémissantes,
Et sous nos pieds craintifs nos demeures tremblantes.
Il semble que le Ciel veuille nous informer
Que la terre l'offense, et qu'il faut le calmer ;
Tout un peuple éperdu, que la discorde excite,
Vers les parvis sacrés vole et se précipite :
Ephèse est divisée entre deux factions.
Nous ressemblons bientôt aux autres nations.
La sainteté, la paix, les mœurs, vont disparaître ;
Les rois l'emporteront, et nous aurons un maître.

L'HIÉROPHANTE.

Ah ! qu'au moins loin de nous ils portent leurs forfaits !
Qu'ils laissent sur la terre un asile de paix !
Leur intérêt l'exige... O mère auguste et tendre,
Et vous... dirai-je, hélas ! l'épouse de Cassandre ?
Au pied de ces autels vous pouvez vous jeter.
Aux rois audacieux je vais me présenter ;
Je connais le respect qu'on doit à leur couronne :
Mais ils en doivent plus à ce Dieu qui la donne.
S'ils prétendent régner, qu'ils ne l'irritent pas.
Nous sommes, je le sais sans armes, sans soldats ;
Nous n'avons que nos lois, voilà notre puissance.
Dieu seul est mon appui, son temple est ma défense ;
Et si la tyrannie osait en approcher,
C'est sur mon corps sanglant qu'il lui faudra marcher.

(*L'hiérophante sort avec le prêtre inférieur.*)

SCÈNE VI.

STATIRA, OLIMPIE.

STATIRA.

O destinée! ô Dieu des autels et du trône!
Contre Cassandre au moins favorise Antigone.
Il me faut donc, ma fille, au déclin de mes jours,
De nos seuls ennemis attendre des secours,
Rechercher un vengeur, au sein de ma misère,
Chez les usurpateurs du trône de ton père!
Chez nos propres sujets, dont les efforts jaloux
Disputent cent Etats que j'ai possédés tous!
Ils rampaient à mes pieds : ils sont ici mes maîtres.
O trône de Cyrus! ô sang de mes ancêtres!
Dans quel profond abîme êtes-vous descendus!
Vanité des grandeurs, je ne vous connais plus.

OLIMPIE.

Ma mère, je vous suis... Ah! dans ce jour funeste,
Rendez-moi digne au moins du grand nom qui vous reste;
Le devoir qu'il prescrit, est mon unique espoir.

STATIRA.

Fille du roi des rois, remplissez ce devoir.

FIN DU SECOND ACTE.

ACTE TROISIÈME.

SCÈNE I.

(Le temple est fermé.)

CASSANDRE, SOSTÈNE, *dans le péristyle.*

CASSANDRE.

La vérité l'emporte, il n'est plus temps de taire
Ce funeste secret qu'avait caché mon père ;
Il a fallu céder à la publique voix.
Oui, j'ai rendu justice à la fille des rois ;
Devais-je plus long-temps, par un cruel silence,
Faire encore à son sang cette mortelle offense ?
Je fus coupable assez.

SOSTÈNE.

Mais un rival jaloux
Du grand nom d'Olimpie abuse contre vous ;
Il anime le peuple, Ephèse est alarmée ;
De la religion la fureur animée,
Qu'Antigone méprise, et qu'il sait exciter,
Vous fait un crime affreux, un crime à détester,
De posséder la fille, ayant tué la mère.

CASSANDRE.

Les reproches sanglants qu'Ephèse peut me faire,
Vous le savez, grand Dieu, n'approchent pas des miens.
J'ai calmé, grâce au Ciel, les cœurs des citoyens ;

Le mien sera toujours victime des furies,
Victime de l'amour et de mes barbaries.
Hélas! j'avais voulu qu'elle tînt tout de moi,
Qu'elle ignorât un sort qui me glaçait d'effroi.
De son père en ses mains je mettais l'héritage,
Conquis par Antipatre, aujourd'hui mon partage.
Heureux par mon amour, heureux par mes bienfaits,
Une fois en ma vie avec moi-même en paix,
Tout était réparé; je lui rendais justice.
D'aucun crime, après tout, mon cœur ne fut complice;
J'ai tué Statira, mais c'est dans les combats;
C'est en sauvant mon père, en lui prêtant mon bras,
C'est dans l'emportement du meurtre et du carnage,
Où le devoir d'un fils égarait mon courage;
C'est dans l'aveuglement que la nuit et l'horreur
Répandaient sur mes yeux troublés par la fureur.
Mon ame en frémissait avant d'être punie
Par ce fatal amour qui la tient asservie.
Je me crois innocent au jugement des Dieux,
Devant le monde entier, mais non pas à mes yeux,
Non pas pour Olimpie; et c'est-là mon supplice,
C'est-là mon désespoir. Il faut qu'elle choisisse,
Ou de me pardonner, ou de percer mon cœur,
Ce cœur désespéré, qui brûle avec fureur.

SOSTÈNE.

On prétend qu'Olimpie, en ce temple amenée,
Peut retirer la main qu'elle vous a donnée.

CASSANDRE.

Oui, je le sais, Sostène; et si de cette loi
L'objet que j'idolâtre, abusait contre moi,

Malheur à mon rival, et malheur à ce temple.
Du culte le plus saint je donne ici l'exemple;
J'en donnerais bientôt de vengeance et d'horreur.
Ecartons loin de moi cette vaine terreur.
Je suis aimé; son cœur est à moi dès l'enfance;
Et l'amour est le dieu qui prendra ma défense.
Courons vers Olimpie.

SCÈNE II.

CASSANDRE, SOSTÈNE, L'HIÉROPHANTE, *sortant du temple.*

CASSANDRE.

Interprète du Ciel,
Ministre de clémence, en ce jour solennel,
J'ai de votre saint temple écarté les alarmes.
Contre Antigone encor je n'ai point pris les armes;
J'ai respecté ces temps à la paix consacrés :
Mais donnez cette paix à mes sens déchirés.
J'ai plus d'un droit ici; je saurai les défendre.
Je meurs sans Olimpie, et vous devez la rendre.
Achevons cet hymen.

L'HIÉROPHANTE.

Elle remplit, Seigneur,
Des devoirs bien sacrés, et bien chers à son cœur.

CASSANDRE.

Tout le mien les partage. Où donc est la prêtresse
Qui doit m'offrir ma femme, et bénir ma tendresse?

L'HIÉROPHANTE.

Elle va l'amener. Puissent de si beaux nœuds
Ne point faire aujourd'hui le malheur de tous deux !

CASSANDRE.

Notre malheur!... Hélas, cette seule journée
Voyait de tant de maux la course terminée.
Pour la première fois un moment de douceur
De mes affreux chagrins dissipait la noirceur.

L'HIÉROPHANTE.

Peut-être plus que vous Olimpie est à plaindre.

CASSANDRE.

Comment? que dites-vous?.. Eh, que peut-elle craindre?

L'HIÉROPHANTE, *s'en allant.*

Vous l'apprendrez trop tôt.

CASSANDRE.

Non, demeurez. Eh quoi!
Du parti d'Antigone êtes-vous contre moi?

L'HIÉROPHANTE.

Me préservent les Cieux de passer les limites
Que mon culte paisible à mon zèle a prescrites!
Les intrigues des cours, les cris des factions,
Des humains que je fuis les tristes passions,
N'ont point encor troublé nos retraites obscures (6) :
Au Dieu que nous servons nous levons des mains pures.
Les débats des grands rois, prompts à se diviser,
Ne sont connus de nous que pour les apaiser;
Et nous ignorerions leurs grandeurs passagères,
Sans le fatal besoin qu'ils ont de nos prières.
Pour vous, pour Olimpie, et pour d'autres, Seigneur,
Je vais des immortels implorer la faveur.

CASSANDRE.

Olimpie!...

ACTE III, SCÈNE II.

L'HIÉROPHANTE.

En ces lieux ce moment la rappelle.
Voyez si vous avez encor des droits sur elle.
Je vous laisse.

(*Il sort, et le temple s'ouvre.*)

SCÈNE III.

CASSANDRE, SOSTÈNE, STATIRA, OLIMPIE.

CASSANDRE.

Elle tremble! ô Ciel! et je frémis!
Quoi! vous baissez les yeux de vos larmes remplis!
Vous détournez de moi ce front où la nature
Peint l'ame la plus noble, et l'ardeur la plus pure!

OLIMPIE, *se jetant dans les bras de sa mère.*
Ah, barbare!... Ah, Madame!

CASSANDRE.

Expliquez-vous, parlez.
Dans quels bras fuyez-vous mes regards désolés?
Que m'a-t-on dit? pourquoi me causer tant d'alarmes?
Qui donc vous accompagne, et vous baigne de larmes?

STATIRA, *se dévoilant et se retournant vers Cassandre.*
Regarde qui je suis.

CASSANDRE.

A ses traits... à sa voix...
Mon sang se glace!... où suis-je? et qu'est-ce que je vois?

STATIRA.

Tes crimes.

CASSANDRE.

Statira peut ici reparaître!

STATIRA.

Malheureux! reconnais la veuve de ton maître,
La mère d'Olimpie.

CASSANDRE.

O tonnerres du ciel,
Grondez sur moi, tombez sur ce front criminel!

STATIRA.

Que n'as-tu fait plus tôt cette horrible prière?
Eternel ennemi de ma famille entière,
Si le Ciel l'a voulu, si par tes premiers coups
Toi seul as fait tomber mon trône et mon époux;
Si dans ce jour de crime, au milieu du carnage,
Tu te sentis, barbare, assez peu de courage
Pour frapper une femme, et, lui perçant le flanc,
La plonger de tes mains dans les flots de son sang,
De ce sang malheureux laisse-moi ce qui reste.
Faut-il qu'en tous les temps ta main me soit funeste?
N'arrache point ma fille à mon cœur, à mes bras;
Quand le Ciel me la rend, ne me l'enlève pas.
Des tyrans de la terre à jamais séparée,
Respecte au moins l'asile où je suis enterrée :
Ne viens point, malheureux, par d'indignes efforts,
Dans ces tombeaux sacrés, persécuter les morts.

CASSANDRE.

Vous m'avez plus frappé que n'eût fait le tonnerre,
Et mon front à vos pieds n'ose toucher la terre.
Je m'en avoue indigne après mes attentats;
Et si je m'excusais sur l'horreur des combats,
Si je vous apprenais que ma main fut trompée
Quand des jours d'un héros la trame fut coupée,

ACTE III, SCÈNE III.

Que je servais mon père en m'armant contre vous,
Je ne fléchirais point votre juste courroux.
Rien ne peut m'excuser... Je pourrais dire encore
Que je sauvai ce sang que ma tendresse adore,
Que je mets à vos pieds mon sceptre et mes Etats.
Tout est affreux pour vous *!... Vous ne m'écoutez pas!
Ma main m'arracherait ma malheureuse vie,
Moins pleine de forfaits que de remords punie,
Si votre propre sang, l'objet de tant d'amour,
Malgré lui, malgré moi, ne m'attachait au jour.
Avec un saint respect j'élevai votre fille;
Je lui tins lieu quinze ans de père et de famille;
Elle a mes vœux, mon cœur; et peut-être les Dieux
Ne nous ont assemblés dans ces augustes lieux
Que pour y réparer, par un saint hyménée,
L'épouvantable horreur de notre destinée.

STATIRA.

Quel hymen!... O mon sang! tu recevrais la foi,
De qui? de l'assassin d'Alexandre et de moi!

OLIMPIE.

Non... ma mère, éteignez ces flambeaux effroyables,
Ces flambeaux de l'hymen entre nos mains coupables;
Eteignez dans mon cœur l'affreux ressouvenir
Des nœuds, des tristes nœuds qui devaient nous unir.
Je préfère (et ce choix n'a rien qui vous étonne)
La cendre qui vous couvre au sceptre qu'il me donne.
Je n'ai point balancé : laissez-moi dans vos bras
Oublier tant d'amour avec tant d'attentats.

* La variante, *pour moi*, évite une cacophonie, mais paraît moins juste.

Votre fille en l'aimant devenait sa complice:
Pardonnez, acceptez mon juste sacrifice;
Séparez, s'il se peut, mon cœur de ses forfaits,
Empêchez-moi surtout de le revoir jamais.

STATIRA.

Je reconnais ma fille, et suis moins malheureuse.
Tu rends un peu de vie à ma langueur affreuse;
Je renais.. Ah! grands Dieux! vouliez-vous que ma main
Présentât Olimpie à ce monstre inhumain?
Qu'exigiez-vous de moi? quel affreux ministère,
Et pour votre prêtresse, hélas! et pour sa mère!
Vous en avez pitié; vous ne prétendiez pas
M'arrêter dans le piége où vous guidiez mes pas.
   Cruel, n'insulte plus et l'autel et le trône;
Tu souillas de mon sang les murs de Babylone;
J'aimerais mieux encore une seconde fois
Voir ce sang répandu par l'assassin des rois,
Que de voir mon sujet, mon ennemi... Cassandre,
Aimer insolemment la fille d'Alexandre..

CASSANDRE.

Je me condamne encore avec plus de rigueur;
Mais j'aime, mais cédez à l'amour en fureur.
Olimpie est à moi; je sais quel fut son père;
Je suis roi comme lui, j'en ai le caractère;
J'en ai les droits, la force; elle est ma femme enfin:
Rien ne peut séparer mon sort et son destin.
Ni ses frayeurs, ni vous, ni les Dieux, ni mes crimes:
Rien ne rompra jamais des nœuds si légitimes.
Le Ciel, de mes remords, ne s'est point détourné;
Et, puisqu'il nous unit, il a tout pardonné.

Mais si l'on veut m'ôter cette épouse adorée,
Sa main qui m'appartient, sa foi qu'elle a jurée,
Il faut verser ce sang, il faut m'ôter ce cœur,
Qui ne connaît plus qu'elle, et qui vous fait horreur.
Vos autels à mes yeux n'ont plus de privilége ;
Si je fus meurtrier, je serai sacrilége.
J'enlèverais ma femme à ce temple, à vos bras,
Aux dieux même, à nos dieux, s'ils ne m'exauçaient pas.
Je demande la mort, je la veux, je l'envie ;
Mais je n'expirerai que l'époux d'Olimpie.
Il faudra, malgré vous, que j'emporte au tombeau
Et l'amour le plus tendre et le nom le plus beau,
Et les remords affreux d'un crime involontaire,
Qui fléchiront du moins les mânes de son père.
(Cassandre sort avec Sostène.)

SCÈNE IV.

STATIRA, OLIMPIE.

STATIRA.

Quel moment ! quel blasphème ! ô Ciel ! qu'ai-je entendu ?
Ah ! ma fille, à quel prix mon sang m'est-il rendu !
Tu ressens, je le vois, les horreurs que j'éprouve ;
Dans tes yeux effrayés ma douleur se retrouve ;
Ton cœur répond au mien ; tes chers embrassements,
Tes soupirs enflammés, consolent mes tourments :
Ils sont moins douloureux, puisque tu les partages.
Ma fille est mon asile en ces nouveaux naufrages.
Je puis tout supporter, puisque je vois en toi
Un cœur digne en effet d'Alexandre et de moi.

OLIMPIE.

Ah! le Ciel m'est témoin si mon ame est formée
Pour imiter la vôtre, et pour être animée
Des mêmes sentiments et des mêmes vertus.
O veuve d'Alexandre! ô sang de Darius!
Ma mère!... Ah! fallait-il qu'à vos bras enlevée,
Par les mains de Cassandre on me vît élevée?
Pourquoi votre assassin, prévenant mes souhaits,
A-t-il marqué pour moi ses jours par ses bienfaits?
Que sa cruelle main ne m'a-t-elle opprimée!
Bienfaits trop dangereux! pourquoi m'a-t-il aimée?

STATIRA.

Ciel! qui vois-je paraître en ces lieux retirés?
Antigone lui-même!

SCÈNE V.

STATIRA, OLIMPIE, ANTIGONE.

ANTIGONE.

O Reine, demeurez.
Vous voyez un des rois formés par Alexandre,
Qui respecte sa veuve, et qui vient la défendre;
Vous pourriez remonter, du pied de cet autel,
Au premier rang du monde où vous plaça le Ciel,
Y mettre votre fille, et prendre au moins vengeance
Du ravisseur altier qui tous trois nous offense.
Votre sort est connu, tous les cœurs sont à vous :
Ils sont las des tyrans que votre auguste époux
Laissa par son trépas maîtres de son empire.

ACTE III, SCÈNE V.

Pour ce grand changement votre nom peut suffire.
M'avoûrez-vous ici pour votre défenseur?

STATIRA.

Oui, si c'est la pitié qui conduit votre cœur,
Si vous servez mon sang, si votre offre est sincère.

ANTIGONE.

Je ne souffrirai pas qu'un jeune téméraire
Des mains de votre fille et de tant de vertus
Obtienne un double droit au trône de Cyrus :
Il en est trop indigne; et pour un tel partage
Je n'ai pas présumé qu'il ait votre suffrage.
Je n'ai point au grand-prêtre ouvert ici mon cœur;
Je me suis présenté comme un adorateur
Qui des divinités implore la clémence.
Je me présente à vous armé de la vengeance.
La veuve d'Alexandre, oubliant sa grandeur,
De sa famille au moins n'oubliera point l'honneur.

STATIRA.

Mon cœur est détaché du trône et de la vie;
L'un me fut enlevé, l'autre est bientôt finie.
Mais si vous arrachez aux mains d'un ravisseur
Le seul bien que les Dieux rendaient à ma douleur,
Si vous la protégez, si vous vengez son père,
Je ne vois plus en vous que mon dieu tutélaire.
Seigneur, sauvez ma fille, au bord de mon tombeau,
Du crime et du danger d'épouser mon bourreau.

ANTIGONE.

Digne sang d'Alexandre, approuvez-vous mon zèle?
Acceptez-vous mon offre, et pensez-vous comme elle?

OLIMPIE.

Je dois haïr Cassandre.

ANTIGONE.

Il faut donc m'accorder
Le prix, le noble prix que je viens demander.
Contre mon allié je prends votre défense;
Je crois vous mériter : soyez ma récompense.
Toute autre est un outrage; et c'est vous que je veux.
Cassandre n'est pas fait pour obtenir vos vœux.
Parlez; et je tiendrai cette gloire suprême
De mon bras, de la reine, et surtout de vous-même;
Prononcez : daignez-vous m'honorer d'un tel prix?

STATIRA.

Décidez.

OLIMPIE.

Laissez-moi reprendre mes esprits...
J'ouvre à peine les yeux. Tremblante, épouvantée,
Du sein de l'esclavage en ce temple jetée,
Fille de Statira, fille d'un demi-dieu,
Je retrouve une mère en cet auguste lieu,
De son rang, de ses biens, de son nom dépouillée,
Et d'un sommeil de mort à peine réveillée;
J'épouse un bienfaiteur... il est un assassin.
Mon époux de ma mère a déchiré le sein.
Dans cet entassement d'horribles aventures,
Vous m'offrez votre main pour venger mes injures.
Que puis-je vous répondre?.. Ah! dans de tels moments,

(*Embrassant sa mère.*)

Voyez à qui je dois mes premiers sentiments,

ACTE III, SCÈNE V.

Voyez si les flambeaux des pompes nuptiales
Sont faits pour éclairer ces horreurs si fatales,
Quelle foule de maux m'environne en un jour,
Et si ce cœur glacé peut écouter l'amour.

STATIRA.

Ah! je vous réponds d'elle, et le Ciel vous la donne.
La majesté, peut-être, ou l'orgueil de mon trône
N'avait pas destiné, dans mes premiers projets,
La fille d'Alexandre à l'un de mes sujets :
Mais vous la méritez en osant la défendre.
C'est vous qu'en expirant désignait Alexandre ;
Il nomma le plus digne, et vous le devenez :
Son trône est votre bien, quand vous le soutenez.
Que des Dieux immortels la faveur vous seconde!
Que leur main vous conduise à l'empire du monde!
Alexandre et sa veuve, ensevelis tous deux,
Lui dans la tombe, et moi dans ces murs ténébreux,
Vous verront sans regret au trône de mes pères ;
Et puissent désormais les destins, moins sévères,
En écarter pour vous cette fatalité
Qui renversa toujours ce trône ensanglanté!

ANTIGONE.

Il sera relevé par la main d'Olimpie.
Montrez-vous avec elle aux peuples de l'Asie.
Sortez de cet asile ; et je vais tout presser
Pour venger Alexandre, et pour le remplacer.

(Il sort.)

SCÈNE VI.

STATIRA, OLIMPIE.

STATIRA.

Ma fille, c'est par toi que je romps la barrière
Qui me sépare ici de la nature entière;
Et je rentre un moment dans ce monde pervers,
Pour venger mon époux, ton hymen, et tes fers.
Dieu donnera la force à mes mains maternelles
De briser avec toi tes chaînes criminelles.
Viens remplir ma promesse, et me faire oublier,
Par des serments nouveaux, le crime du premier.

OLIMPIE.

Hélas!...

STATIRA.

Quoi! tu gémis?

OLIMPIE.

Cette même journée
Allumerait deux fois les flambeaux d'hyménée?

STATIRA.

Que dis-tu?

OLIMPIE.

Permettez, pour la première fois,
Que je vous fasse entendre une timide voix.
Je vous chéris, ma mère; et je voudrais répandre
Le sang que je reçus de vous et d'Alexandre,
Si j'obtenais des Dieux, en le faisant couler,
De prolonger vos jours ou de les consoler.

ACTE III, SCÈNE VI.

STATIRA.

O ma chère Olimpie !

OLIMPIE.

Oserai-je encor dire
Que votre asile obscur est le trône où j'aspire ?
Vous m'y verrez soumise, et foulant à vos pieds
Ces trônes malheureux, pour vous seule oubliés.
Alexandre mon père, enfermé dans la tombe,
Veut-il que de nos mains son ennemi succombe ?
Laissons-là tous ces rois dans l'horreur des combats,
Se punir l'un par l'autre, et venger son trépas :
Mais nous, de tant de maux victimes innocentes,
A leurs bras forcenés joignant nos mains tremblantes,
Faudra-t-il nous charger d'un meurtre infructueux ?
Les larmes sont pour nous ; les crimes sont pour eux.

STATIRA.

Des larmes ! Et pour qui les vois-je ici répandre ?
Dieux ! m'avez-vous rendu la fille d'Alexandre ?
Est-ce elle que j'entends ?

OLIMPIE.

Ma mère...

STATIRA.

O Ciel vengeur !

OLIMPIE.

Cassandre !...

STATIRA.

Explique-toi ; tu me glaces d'horreur.
Parle.

OLIMPIE.

Je ne le puis.

STATIRA.

Va, tu m'arraches l'ame;
Finis ce trouble affreux; parle, dis-je.

OLIMPIE.

Ah! Madame,
Je sens trop de quels coups je viens de vous frapper;
Mais je vous chéris trop pour vouloir vous tromper.
Prête à me séparer d'un époux si coupable,
Je le fuis... mais je l'aime.

STATIRA.

O parole exécrable!
Dernier de mes moments! cruelle fille, hélas!
Puisque tu peux l'aimer, tu ne le fuiras pas.
Tu l'aimes! tu trahis Alexandre et ta mère!
Grand Dieu! j'ai vu périr mon époux et mon père;
Tu m'arrachas ma fille; et ton ordre inhumain
Me la fait retrouver pour mourir de sa main!

OLIMPIE.

Je me jette à vos pieds...

STATIRA.

Fille dénaturée!
Fille trop chère!...

OLIMPIE.

Hélas! de douleurs dévorée,
Tremblante à vos genoux, je les baigne de pleurs.
Ma mère, pardonnez.

STATIRA.

Je pardonne... et je meurs.

OLIMPIE.

Vivez, écoutez-moi.

ACTE III, SCÈNE VI.

STATIRA.
Que veux-tu?
OLIMPIE.
Je vous jure,
Par les Dieux, par mon nom, par vous, par la nature,
Que je m'en punirai, qu'Olimpie aujourd'hui
Répandra tout son sang avant que d'être à lui.
Mon cœur vous est connu. Je vous ai dit que j'aime;
Jugez par ma faiblesse, et par cet aveu même,
Si ce cœur est à vous, et si vous l'emportez
Sur mes sens éperdus que l'amour a domptés.
Ne considérez point ma faiblesse et mon âge;
De mon père et de vous je me sens le courage :
J'ai pu les offenser, je ne peux les trahir;
Et vous me connaîtrez en me voyant mourir.

STATIRA.
Tu peux mourir, dis-tu, fille inhumaine et chère :
Et tu ne peux haïr l'assassin de ton père!

OLIMPIE.
Arrachez-moi ce cœur, vous verrez qu'un époux,
Quelque cher qu'il me fût, y régnait moins que vous;
Vous y reconnaîtrez ce pur sang qui m'anime.
Pour me justifier prenez votre victime;
Immolez votre fille.

STATIRA.
Ah! j'en crois tes vertus;
Je te plains, Olimpie, et ne t'accuse plus :
J'espère en ton devoir, j'espère en ton courage.
Moi-même j'ai pitié d'un amour qui m'outrage.

Tu déchires mon cœur, et tu sais l'attendrir;
Console au moins ta mère en la faisant mourir.
Va, je suis malheureuse, et tu n'es point coupable.

OLIMPIE.

Qui de nous deux, ô Ciel! est la plus misérable?

FIN DU TROISIÈME ACTE.

ACTE QUATRIÈME.

SCÈNE I.

ANTIGONE, HERMAS, *dans le péristyle.*

HERMAS.

Vous me l'aviez bien dit, les saints lieux profanés
Aux horreurs des combats vont être abandonnés.
Vos soldats près du temple occupent ce passage.
Cassandre, ivre d'amour, de douleur, et de rage,
Des Dieux qu'il invoquait défiant le courroux,
Par cet autre chemin s'avance contre vous.
Le signal est donné; mais, dans cette entreprise,
Entre Cassandre et vous le peuple se divise.

ANTIGONE, *en sortant.*

Je le réunirai.

SCÈNE II.

ANTIGONE, HERMAS, CASSANDRE, SOSTÈNE.

CASSANDRE, *arrêtant Antigone.*

Demeure, indigne ami,
Infidèle allié, détestable ennemi :
M'oses-tu disputer ce que le Ciel me donne?

ANTIGONE.

Oui. Quelle est la surprise où ton cœur s'abandonne!

La fille d'Alexandre a des droits assez grands
Pour faire armer l'Asie, et trembler nos tyrans.
Babylone est sa dot, et son droit est l'empire.
Je prétends l'un et l'autre ; et je veux bien te dire
Que tes pleurs, tes regrets, tes expiations,
N'en imposeront pas aux yeux des nations.
Ne crois pas qu'à présent l'amitié considère
Si tu fus innocent de la mort de son père :
L'opinion fait tout ; elle t'a condamné.
Aux faiblesses d'amour ton cœur abandonné
Séduisait Olympie en cachant sa naissance ;
Tu crus ensevelir dans l'éternel silence
Ce funeste secret dont je suis informé ;
Ce n'est qu'en la trompant que tu pus être aimé.
Ses yeux s'ouvrent enfin, c'en est fait ; et Cassandre
N'ose lever les siens, n'a plus rien à prétendre.
De quoi t'es-tu flatté ? pensais-tu que ses droits
T'élèveraient un jour au rang de roi des rois ?
Je peux de Statira prendre ici la défense :
Mais veux-tu conserver notre antique alliance ?
Veux-tu régner en paix dans tes nouveaux Etats ?
Me revoir ton ami, t'appuyer de mon bras ?...

CASSANDRE.

Eh bien ?

ANTIGONE.

Cède Olimpie, et rien ne nous sépare.
Je périrai pour toi ; sinon je te déclare
Que je suis le plus grand de tous tes ennemis.
Connais tes intérêts, pèse-les, et choisis.

ACTE IV, SCÈNE II.

CASSANDRE.

Je n'aurai pas de peine; et je venais te faire
Une offre différente, et qui pourra te plaire.
Tu ne connais ni loi, ni remords, ni pitié;
Et c'est un jeu pour toi de trahir l'amitié.
J'ai craint le Ciel du moins : tu ris de sa justice;
Tu jouis des forfaits dont tu fus le complice;
Tu n'en jouiras pas, traître...

ANTIGONE.

Que prétends-tu?

CASSANDRE.

Si dans ton ame atroce il est quelque vertu,
N'employons pas les mains du soldat mercenaire,
Pour assouvir ta rage et servir ma colère.
Qu'a de commun le peuple avec nos factions?
Est-ce à lui de mourir pour nos divisions?
C'est à nous, c'est à toi, si tu te sens l'audace
De braver mon courage, ainsi que ma disgrace.
Je ne fus pas admis au commerce des dieux,
Pour aller égorger mon ami sous leurs yeux;
C'est un crime nouveau, c'est toi qui le prépares.
Va, nous étions formés pour être des barbares.
Marchons; viens décider de ton sort et du mien,
T'abreuver de mon sang, ou verser tout le tien.

ANTIGONE.

J'y consens avec joie; et sois sûr qu'Olimpie
Acceptera la main qui t'ôtera la vie.

(*Ils mettent l'épée à la main.*)

SCÈNE III.

CASSANDRE, ANTIGONE, HERMAS, SOSTÈNE.

L'HIÉROPHANTE sort du temple précipitamment, avec les prêtres et les initiés, qui se jettent avec une foule de peuple entre CASSANDRE et ANTIGONE, et les désarment.

L'HIÉROPHANTE.

Profanes, c'en est trop. Arrêtez, respectez
Et le Dieu qui vous parle, et ses solennités (7).
Prêtres, initiés, peuple, qu'on les sépare;
Bannissez du lieu saint la discorde barbare,
Expiez vos forfaits... Glaives, disparaissez.
Pardonnez, Dieu puissant; vous, Rois, obéissez.

CASSANDRE.

Je cède au Ciel, à vous.

ANTIGONE.

Je persiste; et j'atteste
Les mânes d'Alexandre et le courroux céleste,
Que tant que je vivrai, je ne souffrirai pas
Qu'Olimpie à mes yeux passe ici dans ses bras,
Et que cet hyménée illégitime, impie,
Soit la honte d'Ephèse, et l'horreur de l'Asie.

CASSANDRE.

Sans doute il le serait, si tu l'avais formé.

L'HIÉROPHANTE.

D'un esprit plus remis, d'un cœur moins enflammé,
Rendez-vous à la loi, respectez sa justice;
Elle est commune à tous, il faut qu'on l'accomplisse.

ACTE IV, SCÈNE III.

La cabane du pauvre et le trône des rois,
Egalement soumis, entendent cette voix ;
Elle aide la faiblesse, elle est le frein du crime,
Et délie à l'autel l'innocente victime.
Si l'époux, quel qu'il soit, et quel que soit son rang,
Des parents de sa femme a répandu le sang,
Fût-il purifié dans nos sacrés mystères
Par le feu de Vesta, par les eaux salutaires,
Et par le repentir, plus nécessaire qu'eux,
Son épouse en ce jour peut former d'autres nœuds ;
Elle le peut sans honte, à moins que sa clémence,
A l'exemple des Dieux, ne pardonne l'offense.
La loi donne un seul jour ; elle accourcit les temps
Des chagrins attachés à ces grands changements :
Mais surtout attendez les ordres d'une mère ;
Elle a repris ses droits, le sacré caractère
Que la nature donne, et que rien n'affaiblit.
A son auguste voix Olimpie obéit.
Qu'osez-vous attenter, quand c'est à vous d'attendre
Les arrêts de la veuve et du sang d'Alexandre ?
(*Il sort avec sa suite.*)

ANTIGONE.

C'est assez, j'y souscris, Pontife, elle est à moi.
(*Antigone sort avec Hermas.*)

SCÈNE IV.

CASSANDRE, SOSTÈNE, *dans le péristyle.*

CASSANDRE.

Elle n'y sera pas, cœur barbare et sans foi.
Arrachons-la, Sostène, à ce fatal asile,
A l'espoir insolent de ce coupable habile,
Qui rit de mes remords, insulte à ma douleur,
Et tranquille et serein vient m'arracher le cœur.

SOSTÈNE.

Il séduit Statira, Seigneur; il s'autorise
Et des lois qu'il viole, et des dieux qu'il méprise.

CASSANDRE.

Enlevons-la, te dis-je, aux dieux que j'ai servis,
Et par qui désormais tous mes soins sont trahis.
J'accepterais la mort, je bénirais la foudre :
Mais qu'enfin mon épouse ose ici se résoudre
A passer en un jour, à cet autel fatal,
De la main de Cassandre à la main d'un rival !
Tombe en cendres ce temple avant que je l'endure !
Ciel ! tu me pardonnais. Plus tranquille et plus pure,
Mon ame à cet espoir osait s'abandonner :
Tu m'ôtes Olimpie : est-ce là pardonner?

SOSTÈNE.

Il ne vous l'ôte point : ce cœur docile et tendre,
Si soumis à vos lois, si content de se rendre,
Ne peut jusqu'à l'oubli passer en un moment.
Le cœur ne connaît point un si prompt changement.

ACTE IV, SCÈNE IV.

Elle peut vous aimer, sans trahir la nature.
Vos coups dans les combats, portés à l'aventure,
Ont versé, je l'avoue, un sang bien précieux ;
C'est un malheur pour vous que permirent les dieux.
Vous n'avez point trempé dans la mort de son père ;
Vos pleurs ont effacé tout le sang de sa mère ;
Ses malheurs sont passés, vos bienfaits sont présents.

CASSANDRE.

Vainement cette idée apaise mes tourments.
Ce sang de Statira, ces mânes d'Alexandre,
D'une voix trop terrible ici se font entendre.
Sostène, elle est leur fille ; elle a le droit affreux
De haïr sans retour un époux malheureux.
Je sens qu'elle m'abhorre ; et moi je la préfère
Au trône de Cyrus, au trône de la terre.
Ces expiations, ces mystères cachés,
Indifférents aux rois, et par moi recherchés,
Elle en était l'objet ; mon ame criminelle
Ne s'approchait des Dieux que pour s'approcher d'elle.

SOSTÈNE, *apercevant Olimpie.*

Hélas ! la voyez-vous en proie à ses douleurs ?
Elle embrasse un autel, et le baigne de pleurs.

CASSANDRE.

Au temple, à cet autel, il est temps qu'on l'enlève.
Va, cours ; que tout soit prêt.

(Sostène sort.)

SCÈNE V.

CASSANDRE, OLIMPIE.

OLIMPIE, *courbée sur l'autel sans voir Cassandre.*
Que mon cœur se soulève !
Qu'il est désespéré !... qu'il se condamne ! hélas !
(*Apercevant Cassandre.*)
Que vois-je !

CASSANDRE.
Votre époux !

OLIMPIE.
Non, vous ne l'êtes pas.
Non, Cassandre... jamais ne prétendez à l'être.

CASSANDRE.
Eh bien ! j'en suis indigne, et je dois me connaître.
Je sais tous les forfaits que mon sort inhumain,
Pour nous perdre tous deux, a commis par ma main ;
J'ai cru les expier, j'en comble la mesure ;
Ma présence est un crime, et ma flamme une injure...
Mais, daignez me répondre... ai-je par mes secours
Aux fureurs de la guerre arraché vos beaux jours ?

OLIMPIE.
Pourquoi les conserver ?

CASSANDRE.
Au sortir de l'enfance
Ai-je assez respecté votre aimable innocence ?
Vous ai-je idolâtrée ?

OLIMPIE.
Ah ! c'est-là mon malheur.

ACTE IV, SCÈNE V.

CASSANDRE.

Après le tendre aveu de la plus pure ardeur,
Libre dans vos bontés, maîtresse de vous-même,
Cette voix favorable à l'époux qui vous aime,
Aux lieux où je vous parle, à ces mêmes autels,
A joint à mes serments vos serments solennels !

OLIMPIE.

Hélas ! il est trop vrai !... Que le courroux céleste
Ne me punisse pas d'un serment si funeste !

CASSANDRE.

Vous m'aimiez, Olimpie !

OLIMPIE.

Ah ! pour comble d'horreur,
Ne me reproche pas ma détestable erreur.
Il te fut trop aisé d'éblouir ma jeunesse ;
D'un cœur qui s'ignorait, tu trompas la faiblesse ;
C'est un forfait de plus... Fuis-moi ; ces entretiens
Sont un crime pour moi plus affreux que les tiens.

CASSANDRE.

Craignez d'en commettre un plus funeste peut-être,
En acceptant les vœux d'un barbare et d'un traître :
Et si pour Antigone...

OLIMPIE.

Arrête, malheureux.
D'Antigone et de toi je rejette les vœux.
Après que cette main, lâchement abusée,
S'est pu joindre à ta main de mon sang arrosée,
Nul mortel désormais n'aura droit sur mon cœur.
J'ai l'hymen, et le monde, et la vie, en horreur.

Maîtresse de mon choix, sans que je délibère,
Je choisis les tombeaux qui renferment ma mère;
Je choisis cet asile où Dieu doit posséder
Ce cœur qui se trompa quand il put te céder.
J'embrasse les autels, et déteste ton trône,
Et tous ceux de l'Asie... et surtout d'Antigone.
Va-t'en; ne me vois plus... va, laisse-moi pleurer
L'amour que j'ai promis, et qu'il faut abhorrer.

CASSANDRE.

Eh bien! de mon rival si l'amour vous offense,
Vous ne sauriez m'ôter un rayon d'espérance;
Et quand votre vertu rejette un autre époux,
Ce refus est ma grâce, et je me crois à vous.
Tout souillé que je suis du sang qui vous fit naître,
Vous êtes, vous serez la moitié de mon être,
Moitié chère et sacrée, et de qui les vertus
Ont arrêté sur moi les foudres suspendus,
Ont gardé sur mon cœur un empire suprême,
Et devraient désarmer votre mère elle-même.

OLIMPIE.

Ma mère!... Quoi! ta bouche a prononcé son nom!
Ah! si le repentir, si la compassion,
Si ton amour au moins peut fléchir ton audace,
Fuis les lieux qu'elle habite, et l'autel que j'embrasse;
Laisse-moi.

CASSANDRE.

Non, sans vous, je n'en saurais sortir.
A me suivre à l'instant vous devez consentir.
(Il la prend par la main.)
Chère épouse, venez.

ACTE IV, SCÈNE V.

OLIMPIE, *la retirant avec transport.*

     Traite-moi donc comme elle ;
Frappe une infortunée à son devoir fidèle ;
Dans ce cœur désolé porte un coup plus certain :
Tout mon sang fut formé pour couler sous ta main.
Frappe, dis-je.

CASSANDRE.

    Ah ! trop loin vous portez la vengeance ;
J'eus moins de cruauté, j'eus moins de violence.
Le Ciel sait faire grâce, et vous savez punir ;
Mais c'est trop être ingrate, et c'est trop me haïr.

OLIMPIE.

Ma haine est-elle juste, et l'as-tu méritée ?...
Cassandre, si ta main féroce, ensanglantée,
Ta main qui de ma mère osa percer le flanc,
N'eût frappé que moi seule, et versé que mon sang,
Je te pardonnerais, je t'aimerais... barbare.
Va, tout nous désunit.

CASSANDRE.

    Non, rien ne nous sépare.
Quand vous auriez Cassandre encor plus en horreur,
Quand vous m'épouseriez pour me percer le cœur,
Vous me suivrez... Il faut que mon sort s'accomplisse.
Laissez-moi mon amour, du moins pour mon supplice :
Ce supplice est sans terme, et j'en jure par vous.
Haïssez, punissez, mais suivez votre époux.

SCÈNE VI.

CASSANDRE, OLIMPIE, SOSTÈNE.

SOSTÈNE.

Paraissez, ou bientôt Antigone l'emporte.
Il parle à vos guerriers, il assiége la porte ;
Il séduit vos amis près du temple assemblés ;
Par sa voix redoutable ils semblent ébranlés :
Il atteste Alexandre, il atteste Olimpie.
Tremblez pour votre amour, tremblez pour votre vie.
Venez.

CASSANDRE.

A mon rival ainsi vous m'immolez!
Je vais chercher la mort, puisque vous le voulez.

OLIMPIE.

Moi! vouloir ton trépas!... va, j'en suis incapable...
Vis loin de moi.

CASSANDRE.

Sans vous, le jour m'est exécrable ;
Et s'il m'est conservé, je revole en ces lieux ;
Je vous arrache au temple, ou j'y meurs à vos yeux.

(*Il sort avec Sostène.*)

SCÈNE VII.

OLIMPIE, *seule.*

Malheureuse!... Et c'est lui qui cause mes alarmes!
Ah! Cassandre, est-ce à toi de me coûter des larmes?
Faut-il tant de combats pour remplir son devoir?
Vous aurez sur mon ame un absolu pouvoir,

O sang dont je naquis, ô voix de la nature!
Je m'abandonne à vous, c'est par vous que je jure
De vous sacrifier mes plus chers sentiments...
Sur cet autel, hélas! j'ai fait d'autres serments...
Dieux! vous les receviez; ô Dieux, votre clémence
A du plus tendre amour approuvé l'innocence.
Vous avez tout changé... mais changez donc mon cœur,
Donnez-lui la vertu conforme à son malheur...
Ayez quelque pitié d'une ame déchirée,
Qui périt infidèle, ou meurt dénaturée.
Hélas! j'étais heureuse en mon obscurité,
Dans l'oubli des humains, dans la captivité,
Sans parents, sans état, à moi-même inconnue...
Le grand nom que je porte, est ce qui m'a perdue.
J'en serai digne au moins... Cassandre, il faut te fuir,
Il faut t'abandonner... mais comment te haïr?...

Que peut donc sur soi-même une faible mortelle?
Je déchire en pleurant ma blessure cruelle;
Et ce trait malheureux que ma main va chercher,
Je l'enfonce en mon cœur, au lieu de l'arracher.

SCÈNE VIII.

OLIMPIE, L'HIÉROPHANTE, Prêtres, Prêtresses.

OLIMPIE.

Pontife, où courez-vous? protégez ma faiblesse.
Vous tremblez!... vous pleurez!...

L'HIÉROPHANTE.

Malheureuse Princesse!
Je pleure votre état.

OLIMPIE.

OLIMPIE.

Ah ! soyez-en l'appui.

L'HIÉROPHANTE.

Résignez-vous au Ciel; vous n'avez plus que lui.

OLIMPIE.

Hélas ! que dites-vous ?

L'HIÉROPHANTE.

O fille auguste et chère !
La veuve d'Alexandre...

OLIMPIE.

Ah ! justes Dieux !... ma mère !
Eh bien ?...

L'HIÉROPHANTE.

Tout est perdu. Les deux rois furieux,
Foulant aux pieds les lois, armés contre les Dieux,
Jusque dans les parvis de l'enceinte sacrée
Encourageaient leur troupe au meurtre préparée.
Déjà coulait le sang, déjà, le fer en main,
Cassandre jusqu'à vous se frayait un chemin.
J'ai marché contre lui, n'ayant pour ma défense
Que nos lois qu'il oublie, et nos dieux qu'il offense.
Votre mère éperdue, et s'offrant à ses coups,
L'a cru maître à-la-fois et du temple et de vous.
Lasse de tant d'horreurs, lasse de tant de crimes,
Elle a saisi le fer qui frappe les victimes,
L'a plongé dans ce flanc où le Ciel irrité
Vous fit puiser la vie et la calamité.

OLIMPIE, *tombant entre les bras d'une prêtresse.*

Je meurs... soutenez-moi... marchons... Vit-elle encore ?

L'HIÉROPHANTE.

Cassandre est à ses pieds; il gémit, il l'implore;

ACTE IV, SCÈNE VIII.

Il ose encor prêter ses funestes secours
Aux innocentes mains qui raniment ses jours;
Il s'écrie, il s'accuse, il jette au loin ses armes.

OLIMPIE, *se relevant*.

Cassandre à ses genoux!

L'HIÉROPHANTE.

Il les baigne de larmes.
A ses cris, à nos voix elle rouvre les yeux;
Elle ne voit en lui qu'un monstre audacieux
Qui lui vient arracher les restes de sa vie,
Par cette main funeste en tout temps poursuivie.
Faible, et se soulevant par un dernier effort,
Elle tombe, elle touche au moment de la mort:
Elle abhorre à-la-fois Cassandre et la lumière;
Et levant à regret sa débile paupière :
Allez, m'a-t-elle dit, ministre infortuné
D'un temple malheureux par le sang profané,
Consolez Olimpie; elle m'aime, et j'ordonne
Que pour venger sa mère elle épouse Antigone.

OLIMPIE.

Allons mourir près d'elle... Exaucez-moi, grands Dieux!
Venez, guidez mes pas, venez fermer nos yeux.

L'HIÉROPHANTE.

Armez-vous de courage; il doit ici paraître.

OLIMPIE.

J'en ai besoin, Seigneur... et j'en aurai peut-être.

FIN DU QUATRIÈME ACTE.

ACTE CINQUIÈME.

SCÈNE I.

ANTIGONE, HERMAS, *dans le péristyle.*

HERMAS.

La pitié doit parler, et la vengeance est vaine.
Un rival malheureux n'est pas digne de haine.
Fuyez ce lieu funeste : Olimpie aujourd'hui,
Seigneur, sera perdue et pour vous et pour lui.

ANTIGONE.

Quoi! Statira n'est plus!

HERMAS.

C'est le sort de Cassandre
D'être toujours funeste au grand nom d'Alexandre.
Statira succombant au poids de sa douleur,
Dans les bras de sa fille expire avec horreur.
La sensible Olympie, à ses pieds étendue,
Semble exhaler son ame à peine retenue.
Les ministres des dieux, les prêtresses en pleurs,
En mêlant leurs regrets accroissent leurs douleurs.
Cassandre épouvanté sent toutes leurs atteintes ;
Le temple retentit de sanglots et de plaintes :
On prépare un bûcher, et ces vains ornements,
Qui rappellent la mort aux regards des vivants.

On prétend qu'Olimpie en ce lieu solitaire
Habitera l'asile où s'enfermait sa mère;
Qu'au monde, à l'hyménée arrachant ses beaux jours,
Elle consacre aux Dieux leur déplorable cours;
Et qu'elle doit pleurer dans l'éternel silence
Sa famille, sa mère, et jusqu'à sa naissance.
ANTIGONE.
Non, non, de son devoir elle suivra les lois.
J'ai sur elle à la fin d'irrévocables droits :
Statira me la donne; et ses ordres suprêmes,
Au moment du trépas, sont les lois des Dieux mêmes.
Ce forcené Cassandre, et sa funeste ardeur,
Au sang de Statira font une juste horreur.
HERMAS.
Seigneur, le croyez-vous?
ANTIGONE.
Elle-même déclare
Que son cœur désolé renonce à ce barbare.
S'il ose encor l'aimer, j'ai promis son trépas :
Je tiendrai ma parole, et tu n'en doutes pas.
HERMAS.
Mêleriez-vous du sang aux pleurs qu'on voit répandre,
Aux flammes du bûcher, à cette auguste cendre?
Frappés d'un saint respect, sachez que vos soldats
Reculeront d'horreur, et ne vous suivront pas.
ANTIGONE.
Non, je ne puis troubler la pompe funéraire;
J'en ai fait le serment; Cassandre la révère :
Je sais qu'il est des lois qu'il me faut respecter,
Que pour gagner le peuple, il le faut imiter.

Vengeur de Statira, protecteur d'Olimpie,
Je dois ici l'exemple au reste de l'Asie.
Tout parle en ma faveur; et mes coups différés
En auront plus de force, et sont plus assurés.

(*Le temple s'ouvre.*)

SCÈNE II.

ANTIGONE, HERMAS, L'HIÉROPHANTE, *Prêtres, s'avançant lentement;* OLIMPIE *soutenue par les prêtresses : elle est en deuil.*

HERMAS.

On amène Olimpie à peine respirante :
Je vois du temple saint l'auguste hiérophante
Qui mouille de ses pleurs les traces de ses pas;
Les prêtresses des dieux la tiennent dans leurs bras.

ANTIGONE.

Ces objets toucheraient le cœur le plus farouche,
(*A Olimpie.*)
Je veux bien l'avouer... Permettez que ma bouche,
En mêlant mes regrets à vos tristes soupirs,
Jure encor de venger tant d'affreux déplaisirs.
L'ennemi qui deux fois vous priva d'une mère
Nourrit dans sa fureur un espoir téméraire;
Sachez que tout est prêt pour sa punition.
N'ajoutez point la crainte à votre affliction;
Contre ses attentats soyez en assurance.

OLIMPIE.

Ah! Seigneur, parlez moins de meurtre et de vengeance.
Elle a vécu... je meurs au reste des humains.

ACTE V, SCÈNE II.

ANTIGONE.

Je déplore sa perte autant que je vous plains.
Je pourrais rappeler sa volonté sacrée,
Si chère à mon espoir, et par vous révérée :
Mais je sais ce qu'on doit, dans ce premier moment,
A son ombre, à sa fille, à votre accablement.
Consultez-vous, Madame, et gardez sa promesse.

(*Il sort avec Hermas.*)

SCÈNE III.

OLIMPIE, L'HIÉROPHANTE, Prêtres, Prêtresses.

OLIMPIE.

Vous qui compatissez à l'horreur qui me presse,
Vous, ministre d'un dieu de paix et de douceur,
Des cœurs infortunés le seul consolateur,
Ne puis-je sous vos yeux consacrer ma misère
Aux autels arrosés des larmes de ma mère ?
Auriez-vous bien, Seigneur, assez de dureté
Pour fermer cet asile à ma calamité ?
Du sang de tant de rois c'est l'unique héritage ;
Ne me l'enviez pas, laissez-moi mon partage.

L'HIÉROPHANTE.

Je pleure vos destins ; mais que puis-je pour vous ?
Votre mère en mourant a nommé votre époux :
Vous avez entendu sa volonté dernière,
Tandis que de nos mains nous fermions sa paupière ;
Et si vous résistez à sa mourante voix,
Cassandre est votre maître, il rentre en tous ses droits.

OLIMPIE.

J'ai juré, je l'avoue, à Statira mourante,
De détourner ma main de cette main sanglante;
Je garde mes serments.

L'HIÉROPHANTE.

Libre encor dans ces lieux,
Votre main ne dépend que de vous et des dieux.
Bientôt tout va changer. Vous pouvez, Olimpie,
Ordonner maintenant du sort de votre vie.
On ne doit pas sans doute allumer en un jour
Et les bûchers des morts, et les flambeaux d'amour;
Ce mélange est affreux : mais un mot peut suffire;
Et j'attendrai ce mot sans oser le prescrire.
C'est à vous à sentir, dans ces extrémités,
Ce que doit votre cœur au sang dont vous sortez.

OLIMPIE.

Seigneur, je vous l'ai dit; cet hymen, et tout autre,
Est horrible à mon cœur, et doit déplaire au vôtre.
Je ne veux point trahir ces mânes courroucés;
J'abandonne un époux... c'est obéir assez.
Laissez-moi fuir l'hymen, et l'amour, et le trône.

L'HIÉROPHANTE.

Il faut suivre Cassandre, ou choisir Antigone :
Ces deux rivaux armés, si fiers et si jaloux,
Sont forcés maintenant à s'en remettre à vous.
Vous préviendrez d'un mot le trouble et le carnage
Dont nos yeux reverraient l'épouvantable image,
Sans le respect profond qu'inspirent aux mortels
Cet appareil de mort, ce bûcher, ces autels,
Et ces derniers devoirs, et ces honneurs suprêmes,

Qui les font pour un temps rentrer tous en eux-mêmes.
La piété se lasse, et surtout chez les grands.
J'ai du sang avec peine arrêté les torrents ;
Mais ce sang dès demain va couler dans Ephèse :
Décidez-vous, Princesse, et le peuple s'apaise.
Ce peuple, qui toujours est du parti des lois,
Quand vous aurez parlé, soutiendra votre choix :
Sinon, le fer en main, dans ce temple, à ma vue,
Cassandre, en réclamant la foi qu'il a reçue,
D'un bien qu'il possédait a droit de s'emparer,
Malgré la juste horreur qu'il vous semble inspirer.

OLIMPIE.

Il suffit ; je conçois vos raisons et vos craintes ;
Je ne m'emporte plus en d'inutiles plaintes.
Je subis mon destin ; vous voyez sa rigueur...
Il me faut faire un choix... il est fait dans mon cœur ;
Je suis déterminée.

L'HIÉROPHANTE.

          Ainsi donc d'Antigone
Vous acceptez les vœux, et la main qu'il vous donne ?

OLIMPIE.

Seigneur, quoi qu'il en soit, peut-être ce moment
N'est point fait pour conclure un tel engagement.
Vous-même l'avouez ; et cette heure dernière,
Où ma mère a vécu, doit m'occuper entière...
Au bûcher qui l'attend vous allez la porter ?

L'HIÉROPHANTE.

De ces tristes devoirs il faut nous acquitter.
Une urne contiendra sa dépouille mortelle ;
Vous la recueillerez.

OLIMPIE.
Sa fille criminelle
A causé son trépas... Cette fille du moins
A ses mânes vengeurs doit encor quelques soins.
L'HIÉROPHANTE.
Je vais tout préparer.
OLIMPIE.
Par vos lois que j'ignore,
Sur ce lit embrasé puis-je la voir encore?
Du funèbre appareil pourrai-je m'approcher?
Pourrai-je de mes pleurs arroser son bûcher?
L'HIÉROPHANTE.
Hélas! vous le devez; nous partageons vos larmes :
Vous n'avez rien à craindre; et ces rivaux en armes
Ne pourront point troubler ces devoirs douloureux.
Présentez des parfums, vos voiles, vos cheveux,
Et des libations la triste et pure offrande.
(*Les prêtresses placent tout cela sur un autel.*)
OLIMPIE, *à l'hiérophante.*
C'est l'unique faveur que sa fille demande...
(*A la prêtresse inférieure.*)
Toi qui la conduisis dans ce séjour de mort,
Qui partageas quinze ans les horreurs de son sort,
Va, reviens m'avertir quand cette cendre aimée
Sera prête à tomber dans la fosse enflammée;
Que mes derniers devoirs, puisqu'ils me sont permis,
Satisfassent son ombre... il le faut.
LA PRÊTRESSE.
J'obéis.
(*Elle sort.*)

ACTE V, SCÈNE III.

OLIMPIE, *à l'hiérophante.*

Allez donc; élevez cette pile fatale;
Préparez les cyprès et l'urne sépulcrale :
Faites venir ici ces deux rivaux cruels;
Je prétends m'expliquer au pied de ces autels,
A l'aspect de ma mère, aux yeux de ces prêtresses,
Témoins de mes malheurs, témoins de mes promesses.
Mes sentiments, mon choix, vont être déclarés.
Vous les plaindrez peut-être, et les approuverez.

L'HIÉROPHANTE.

De vos destins encor vous êtes la maîtresse;
Vous n'avez que ce jour; il fuit, et le temps presse.

(*Il sort avec les prêtres.*)

SCÈNE IV.

OLIMPIE, *sur le devant;* les PRÊTRESSES *en demi-cercle au fond.*

OLIMPIE.

O toi qui dans mon cœur, à ce choix résolu,
Usurpas à ma honte un pouvoir absolu,
Qui triomphes encor de Statira mourante,
D'Alexandre au tombeau, de leur fille tremblante,
De la terre et des cieux contre toi conjurés,
Règne, amant malheureux, sur mes sens déchirés :
Si tu m'aimes, hélas! si j'ose encor le croire,
Va, tu paîras bien cher ta funeste victoire.

SCÈNE V.

OLIMPIE, CASSANDRE, les Prêtresses.

CASSANDRE.

Eh bien! je viens remplir mon devoir et vos vœux;
Mon sang doit arroser ce bûcher malheureux.
Acceptez mon trépas, c'est ma seule espérance;
Que ce soit par pitié plutôt que par vengeance.

OLIMPIE.

Cassandre!

CASSANDRE.

Objet sacré! chère épouse!...

OLIMPIE.

Ah, cruel!

CASSANDRE.

Il n'est point de pardon pour ce grand criminel.
Esclave infortuné du destin qui me guide,
Mon sort en tous les temps est d'être parricide.

(*Il se jette à genoux.*)

Mais je suis ton époux, mais, malgré ses forfaits,
Cet époux t'idolâtre encor plus que jamais.
Respecte en m'abhorrant cet hymen que j'atteste;
Dans l'univers entier Cassandre seul te reste;
La mort est le seul dieu qui peut nous séparer :
Je veux en périssant te voir et t'adorer.
Venge-toi, punis-moi; mais ne sois point parjure :
Va, l'hymen est encor plus saint que la nature.

OLIMPIE.

Levez-vous, et cessez de profaner du moins
Cette cendre fatale et mes funèbres soins.

ACTE V, SCÈNE V.

Quand sur l'affreux bûcher dont les flammes s'allument
De ma mère en ces lieux les membres se consument,
Ne souillez pas ces dons que je dois présenter ;
N'approchez pas, Cassandre, et sachez m'écouter.

SCÈNE VI.

OLIMPIE, CASSANDRE, ANTIGONE, Prêtresses.

ANTIGONE.

Enfin votre vertu ne peut plus s'en défendre ;
Statira vous dictait l'arrêt qu'il vous faut rendre.
J'ai respecté les morts et ce jour de terreur ;
Vous en pouvez juger, puisque mon bras vengeur
N'a point encor de sang inondé cet asile,
Puisqu'un moment encore à vos ordres docile,
Je vous prends en ces lieux pour son juge et le mien.
Prononcez votre arrêt, et ne redoutez rien.
On vous verra, Madame, et du moins je l'espère,
Distinguer l'assassin du vengeur d'une mère.
La nature a des droits. Statira, dans les cieux
A côté d'Alexandre, arrête ici ses yeux.
Vous êtes dans ce temple encore ensevelie ;
Mais la terre et le ciel observent Olimpie.
Il faut entre nous deux que vous vous déclariez.

OLIMPIE.

J'y consens ; mais je veux que vous me respectiez.
Vous voyez ces apprêts, ces dons que je dois faire
A nos dieux infernaux, aux mânes d'une mère ;
Vous choisissez ce temps, impétueux rivaux,
Pour me parler d'hymen au milieu des tombeaux !

Jurez-moi seulement, soldats du roi mon père,
Rois après son trépas, que, si je vous suis chère,
Dans ce moment du moins, reconnaissant mes lois,
Vous ne troublerez point mes devoirs et mon choix.

CASSANDRE.

Je le dois, je le jure; et vous devez connaître
Combien je vous respecte et dédaigne ce traître.

ANTIGONE.

Oui, je le jure aussi, bien sûr que votre cœur
Pour ce rival barbare est pénétré d'horreur.
Prononcez, j'y souscris.

OLIMPIE.

Songez, quoi qu'il en coûte,
Vous-même l'avez dit, qu'Alexandre m'écoute.

ANTIGONE.

Décidez devant lui.

CASSANDRE.

J'attends vos volontés.

OLIMPIE.

Connaissez donc ce cœur que vous persécutez,
Et vous-mêmes jugez du parti qui me reste.
Quelque choix que je fasse, il doit m'être funeste.
Vous sentez tout l'excès de ma calamité.
Apprenez plus; sachez que je l'ai mérité.
J'ai trahi mes parents quand j'ai pu les connaître;
J'ai porté le trépas au sein qui m'a fait naître :
Je trouvais une mère en ce séjour d'effroi;
Elle est morte en mes bras, elle est morte pour moi.
Elle a dit à sa fille, à ses pieds désolée,
Epousez Antigone, et je meurs consolée.

Elle était expirante ; et moi, pour l'achever,
Je la refuse.

ANTIGONE.

Ainsi vous pouvez me braver,
Outrager votre mère, et trahir la nature !

OLIMPIE.

A ses mânes, à vous, je ne fais point d'injure ;
Je rends justice à tous, et je la rends à moi...
Cassandre, devant lui je vous donnai ma foi ;
Voyez si nos liens ont été légitimes ;
Je vous laisse en juger : vous connaissez vos crimes ;
Il serait superflu de vous les reprocher :
Réparez-les un jour.

CASSANDRE.

Je ne puis vous toucher !
Je ne puis adoucir cette horreur qui vous presse !

OLIMPIE.

Il faut vous éclairer : gardez votre promesse.

(*Le temple s'ouvre ; on voit le bûcher enflammé.*)

SCÈNE VII.

OLIMPIE, CASSANDRE, ANTIGONE, L'HIÉROPHANTE,
Prêtres, Prêtresses.

LA PRÊTRESSE INFÉRIEURE.

Princesse, il en est temps.

OLIMPIE, *à Cassandre.*

Vois ce spectacle affreux :
Cassandre, en ce moment plains-toi, si tu le peux :

Contemple ce bûcher, contemple cette cendre;
Souviens-toi de mes fers, souviens-toi d'Alexandre :
Voilà sa veuve, parle, et dis ce que je dois.

CASSANDRE.

M'immoler.

OLIMPIE.

Ton arrêt est dicté par ta voix...
Attends ici le mien.

(*Elle monte sur l'estrade de l'autel qui est près du bûcher. Les prêtresses lui présentent les offrandes.*)

Vous, mânes de ma mère,
Mânes à qui je rends ce devoir funéraire,
Vous, qu'un juste courroux doit encore animer,
Vous recevrez des dons qui pourront vous calmer.
De mon père et de vous ils sont dignes peut-être...
Toi, l'époux d'Olimpie, et qui ne dus pas l'être,
Toi, qui me conservas par un cruel secours,
Toi, par qui j'ai perdu les auteurs de mes jours,
Toi, qui m'as tant chérie, et pour qui ma faiblesse
Du plus fatal amour a senti la tendresse,
Tu crois mes lâches feux de mon ame bannis...
Apprends... que je t'adore... et que je m'en punis (8).
Cendres de Statira, recevez Olimpie.

(*Elle se frappe, et se jette dans le bûcher.*)

TOUS ENSEMBLE (*).

Ciel !

CASSANDRE, *courant au bûcher.*

Olimpie !

(*) L'hiérophante, les prêtres et les prêtresses témoignent leur étonnement et leur consternation.

ACTE V, SCÈNE VII.

LES PRÊTRES.

O Ciel!

ANTIGONE.

O fureur inouïe!

CASSANDRE.

Elle n'est déjà plus; tous nos efforts sont vains.
(*Revenant dans le péristyle.*)
En est-ce assez, grands Dieux?... Mes exécrables mains
Ont fait périr mon roi, sa veuve et mon épouse!
Antigone, ton ame est-elle encor jalouse?
Insensible témoin de cette horrible mort,
Enviras-tu toujours la douceur de mon sort?
De ma félicité si ton grand cœur s'irrite,
Partage-la, crois-moi, prends ce fer, et m'imite.
(*Il se tue.*)

L'HIÉROPHANTE.

Arrêtez!... O saint temple! ô Dieu juste et vengeur!
Dans quel palais profane a-t-on vu plus d'horreur!

ANTIGONE.

Ainsi donc Alexandre et sa famille entière,
Successeurs, assassins, tout est cendre et poussière!
Dieux, dont le monde entier éprouve le courroux,
Maîtres des vils humains, pourquoi les formiez-vous?
Qu'avait fait Statira? qu'avait fait Olimpie?
A quoi réservez-vous ma déplorable vie?

FIN D'OLIMPIE.

EXTRAIT

DES NOTES SUR OLIMPIE,

PAR VOLTAIRE.

(1) CES mystères et ces expiations sont de la plus haute antiquité, et commençaient alors à devenir communs chez les Grecs. Philippe, père d'Alexandre, se fit initier aux mystères de la Samothrace, avec la jeune Olimpias, qu'il épousa depuis. C'est ce qu'on trouve dans Plutarque, au commencement de la vie d'Alexandre; et c'est ce qui peut servir à fonder l'initiation de Cassandre et d'Olimpie.

Il est difficile de savoir chez quelle nation on inventa ces mystères. On les trouve établis chez les Perses, chez les Indiens, chez les Égyptiens, chez les Grecs. Il n'y a peut-être point d'établissement plus sage. La plupart des hommes, quand ils sont tombés dans de grands crimes, en ont naturellement des remords. Les législateurs qui établirent les mystères et les expiations voulurent également empêcher les coupables repentants de se livrer au désespoir, et de retomber dans leurs crimes.

La créance de l'immortalité de l'ame était partout le fondement de ces cérémonies religieuses. Soit que la doctrine de la métempsycose fût admise, soit qu'on reçût celle de la réunion de l'esprit humain à l'esprit universel, soit que l'on crût, comme en Égypte, que l'ame serait un jour rejointe à son propre corps; en un mot, quelle que fût l'opinion dominante, celle des peines et des récompenses après la mort était universelle chez toutes les nations policées......

C'est surtout ce dogme de l'unité de l'Etre suprême qui fit donner partout le nom de *mystères* à ces cérémonies sacrées...

Dans toutes les célébrations des mystères en Grèce, soit à Éleusis, soit à Thèbes, soit dans la Samothrace ou dans les autres îles, on chantait l'hymne d'*Orphée*.

Marchez dans la voie de la justice, contemplez le seul maître du monde, le Démiourgos. Il est unique, il existe seul par lui-même ; tous les autres êtres ne sont que par lui, il les anime tous : il n'a jamais été vu par des yeux mortels, et il voit au fond de nos cœurs......

Ceux qui avaient commis de grands crimes les confessaient à l'hiérophante, et juraient devant Dieu de n'en plus commettre. On les appelait dans toutes les langues d'un nom qui répond à *initiatus, initié,* celui *qui commence une nouvelle vie,* et qui entre en communication avec les dieux, c'est-à-dire avec les héros et les demi-dieux, qui ont mérité par leurs exploits bienfaisants d'être admis après leur mort auprès de l'Etre suprême.

Ce sont-là les particularités principales qu'on peut recueillir des anciens mystères dans Platon, dans Cicéron, dans Porphire, Eusèbe, Strabon et d'autres.

Les parricides n'étaient point reçus à ces expiations : le crime était trop énorme.....

On pourrait remarquer ici que Cassandre est précisément dans le cas où il doit être admis au nombre des initiés. Il n'est point coupable de l'empoisonnement d'Alexandre ; il n'a répandu le sang de Statira que dans l'horreur tumultueuse d'un combat, et en défendant son père. Ses remords sont plutôt d'une ame sensible et née pour la vertu, que d'un criminel qui craint la vengeance céleste.

(2) Il est bon d'opposer ici le jugement de Plutarque sur Alexandre à tous les paradoxes et aux lieux communs qu'il a plu à Juvénal et à ses imitateurs de débiter contre ce héros.

Plutarque, dans sa belle comparaison d'Alexandre et de César, dit que *le héros de la Macédoine semblait né pour le bonheur du monde, et le héros romain pour sa ruine.* En effet, rien n'est plus juste que la guerre d'Alexandre, général de la Grèce, contre les ennemis de la Grèce, et rien de plus injuste que la guerre de César contre sa patrie.

Remarquez surtout que Plutarque ne décide qu'après avoir pesé les vertus et les vices d'Alexandre et de César. J'avoue que Plutarque, qui donne toujours la préférence aux Grecs, semble avoir été trop loin. Qu'aurait-il dit de plus de Titus, de Trajan, des Antonins, de Julien même, sa religion à part? voilà ceux qui paraissaient être nés pour le bonheur du monde, plutôt que le meurtrier de Clitus, de Callisthène et de Parménion.

(3) Ce spectacle peut faire un bel effet au théâtre, si la pièce est représentée convenablement. Ce n'est pas qu'il y ait aucun mérite à faire paraître des prêtres et des prêtresses, un autel, des flambeaux, et toute la cérémonie d'un mariage; cet appareil, au contraire, ne serait qu'une misérable ressource, si d'ailleurs il n'excitait pas un grand intérêt, s'il ne formait pas une situation, s'il ne produisait pas de l'étonnement et de la colère dans Antigone, s'il n'était pas lié avec les desseins de Cassandre, s'il ne servait à expliquer le véritable sujet de ses expiations. C'est tout cela ensemble qui forme une situation. Tout appareil dont il ne résulte rien est puéril. Qu'importe la décoration au mérite d'un poème? Si le succès dépendait de ce qui frappe les yeux, il n'y aurait qu'à montrer des tableaux mouvants. La partie qui regarde la pompe du spectacle est sans doute la dernière; on ne doit pas la négliger : mais il ne faut pas trop s'y attacher.

Il faut que les situations théâtrales forment des tableaux animés. Un peintre qui met sur la toile la cérémonie d'un mariage, n'aura fait qu'un tableau assez commun, s'il n'a peint que deux époux, un autel et des assistants; mais s'il y ajoute un homme dans l'attitude de l'étonnement et de la colère, qui contraste avec la joie des deux époux; son ouvrage aura de la vie et de la force. Ainsi, au second acte, Statira qui embrasse Olimpie avec des larmes de joie, et l'hiérophante attendri et affligé, ainsi, au troisième acte, Cassandre reconnaissant Statira avec effroi, et Olimpie dans l'embarras et dans la douleur; ainsi, au quatrième acte, Olimpie au pied d'un autel, désespérée de sa faiblesse, et repoussant Cassandre qui se jette à ses genoux, ainsi, au cinquième, la même Olimpie s'élançant dans le bûcher aux yeux de ses amants épouvantés, et des prêtres, qui tous ensemble sont dans cette attitude douloureuse, empressée, égarée, qui annonce une marche précipitée, les bras étendus, et prêts à courir au secours : toutes ces peintures vivantes, formées par des acteurs pleins d'ame et de feu, donneraient au moins quelque idée de l'excès où peuvent être poussées la terreur et la pitié, qui sont le seul but, la seule constitution de la tragédie. Mais il faudrait un ouvrage dramatique qui, étant susceptible de toutes ces hardiesses, eût aussi les beautés qui rendent ces hardiesses respectables.

Si le cœur n'est pas ému par la beauté des vers, par la vérité des sentiments, les yeux ne seront pas contents de ces spectacles prodigués; et, loin de les applaudir, on les tournera en ridicule, comme de vains suppléments qui ne peuvent jamais remplacer le génie de la poésie.

Il est à croire que c'est cette crainte du ridicule qui a presque toujours resserré la scène française dans le petit cercle des dialogues, des monologues et des récits. Il nous a manqué de l'action; c'est un défaut que les étrangers nous reprochent, et dont nous osons à peine nous corriger......

(4) Le feu de Vesta était allumé dans presque tous les temples de la terre connue. Vesta signifiait *feu* chez les anciens Perses, et tous les savants en conviennent. Il est à croire que les autres nations firent une divinité de ce feu, que les Perses ne regar-

dèrent jamais que comme le symbole de la Divinité. Ainsi une erreur de nom produisit la déesse Vesta; comme elle a produit tant d'autres choses.

(5) Il n'y a point de royaume en Europe qui n'ait vu des reines s'ensevelir, les derniers jours de leur vie, dans des monastères, après les plus horribles catastrophes. Il y avait de ces asiles chez les anciens, comme parmi nous. La Calprenède fait retrouver Statira dans un puits; ne vaut-il pas mieux la retrouver dans un temple?

Quant à la confession de ses fautes dans les cérémonies de la religion, elle est de la plus haute antiquité, et est expressément ordonnée par les lois de Zoroastre, qu'on trouve dans le *Sadder*. Les initiés n'étaient point admis aux mystères sans avoir exposé le secret de leurs cœurs en présence de l'Etre suprême. S'il y a quelque chose qui console les hommes sur la terre, c'est de pouvoir être réconcilié avec le ciel et avec soi-même. En un mot, on a tâché de représenter ici ce que les malheurs des grands de la terre ont jamais eu de plus terrible, et ce que la religion ancienne a jamais eu de plus consolant et de plus auguste. Si ces mœurs, ces usages ont quelque conformité avec les nôtres, ils doivent porter plus de terreur et de pitié dans nos ames.

Il y a quelquefois dans le cloître je ne sais quoi d'attendrissant et d'auguste. La comparaison que fait secrètement le lecteur entre le silence de ces retraites et le tumulte du monde, entre la piété paisible qu'on suppose y régner et les discordes sanglantes qui désolent la terre, émeut et transporte une ame vertueuse et sensible.

(6) Cet exemple d'un prêtre qui se renferme dans les bornes de son ministère de paix nous a paru d'une très-grande utilité, et il serait à souhaiter qu'on ne les représentât jamais autrement sur un théâtre public, qui doit être l'école des mœurs. Il est vrai qu'un personnage qui se borne à prier le ciel, et à

enseigner la vertu, n'est pas assez agissant pour la scène; mais aussi il ne doit pas être au nombre des personnages dont les passions font mouvoir la pièce. Les héros emportés par leurs passions agissent, et un grand-prêtre instruit. Ce mélange, heureusement employé par des mains plus habiles, pourrait faire un jour un grand effet sur le théâtre......

On ose dire que le grand-prêtre Joad, dans la tragédie d'*Athalie*, semble s'éloigner trop de ce caractère de douceur et d'impartialité qui doit faire l'essence de son ministère.

Athalie avait, à la vérité, usé de représailles;... Mais il n'est pas dit que Joad ait consulté le Seigneur, ni qu'il lui ait fait la moindre prière avant de mettre la reine à mort. L'Écriture dit seulement qu'il conspira avec ses lévites, qu'il leur donna des lances, etc. sans dire que le Seigneur approuvât cette conduite.

(7) Il serait à souhaiter que cette scène fût représentée dans la place qui conduit au péristyle du temple; mais alors cette place occupant un grand espace, le vestibule un autre, et l'intérieur du temple ayant une assez grande profondeur, les personnages qui paraissent dans ce temple ne pourraient être entendus; il faut donc que le spectateur supplée au défaut de la décoration.

On a balancé long-temps si on laisserait l'idée de ce combat subsister, ou si on la retrancherait. On s'est déterminé à la conserver, parce qu'elle paraît convenir aux mœurs des personnages, à la pièce, qui est toute en spectacles, et que l'hiérophante semble y soutenir la dignité de son caractère. Les duels sont plus fréquents dans l'antiquité qu'on ne pense. Le premier combat dans Homère est un duel à la tête de deux armées, qui le regardent, et qui sont oisives; et c'est précisément ce que propose Cassandre.

(8) Le suicide est une chose très-commune sur la scène française. Il n'est pas à craindre que ces exemples soient imités

-par les spectateurs. Cependant, si on mettait sur le théâtre un homme tel que le Caton d'Addisson, philosophe et citoyen, qui, ayant dans une main le *Traité de l'immortalité de l'ame, de Platon*, et une épée dans l'autre, prouve par les raisonnements les plus forts qu'il est des conjectures où un homme de courage doit finir sa vie, il est à croire que les grands noms de Platon et de Caton réunis, la force des raisonnements et la beauté des vers, pourraient faire un assez puissant effet sur des ames vigoureuses et sensibles pour les porter à l'imitation, dans ces moments malheureux où tant d'hommes éprouvent le dégoût de la vie.

LE TRIUMVIRAT,

TRAGÉDIE

Représentée, pour la première fois, le 5 juillet 1764.

PRÉFACE

DE L'ÉDITEUR DE PARIS (1766).

Cette tragédie, assez ignorée, m'étant tombée entre les mains, j'ai été étonné d'y voir l'histoire presque entièrement falsifiée, et cependant les mœurs des Romains, du temps du Triumvirat, représentées avec le pinceau le plus fidèle.

Ce contraste singulier m'a engagé à la faire imprimer avec des remarques que j'ai faites sur ces temps illustres et funestes d'un empire qui, tout détruit qu'il est, attirera toujours les regards de vingt royaumes élevés sur ses débris, et dont chacun se vante aujourd'hui d'avoir été une province des Romains, et une des pièces de ce grand édifice. Il n'y a point de petite ville qui ne cherche à prouver qu'elle a eu l'honneur autrefois d'être saccagée par quelque consul romain; et l'on va même jusqu'à supposer des titres de cette espèce de vanité humiliante. Tout vieux château dont on ignore l'origine, a été bâti par César, du fond de l'Espagne au bord du Rhin : on voit partout une tour de César, qui ne fit élever aucune tour dans les pays qu'il subjugua, et qui préférait ses camps retranchés à des ouvrages de pierres et de ciment, qu'il n'avait pas le temps de construire dans la rapidité de ses expéditions. Enfin les temps des Scipions, de Sylla, de César, d'Auguste, sont beaucoup plus présents à notre mémoire que les premiers événements de nos propres monarchies. Il semble que nous soyons encore sujets des Romains.

J'ose dire, dans mes notes, ce que je pense de la plupart de ces hommes célèbres, tels que César, Pompée, Antoine, Auguste, Caton, Cicéron, en ne jugeant que par les faits, et en ne me préoccupant pour personne. Je ne prétends point juger la pièce. J'ai fait une étude particulière de l'histoire, et non pas du théâtre, que je connais assez peu, et qui me semble un objet de goût plutôt que de recherches. J'avoue que j'aime à voir, dans un ouvrage dramatique, les mœurs de l'antiquité, et à comparer les héros qu'on met sur le théâtre avec la conduite et le caractère que les historiens leur attribuent. Je ne demande pas qu'ils fassent sur la scène ce qu'ils ont réellement fait dans leur vie ; mais je me crois en droit d'exiger qu'ils ne fassent rien qui ne soit dans leurs mœurs : c'est-là ce qu'on appelle la vérité théâtrale.

Le public semble n'aimer que les sentiments tendres et touchants, les emportements et les craintes des amantes affligées. Une femme trahie intéresse plus que la chute d'un empire. J'ai

PRÉFACE.

trouvé dans cette pièce des objets qui se rapprochent plus de ma manière de penser et de celle de quelques lecteurs qui, sans exclure aucun genre, aiment les peintures des grandes révolutions, ou plutôt des hommes qui les ont faites. S'il n'avait été question que des amours d'Octave et du jeune Pompée dans cette pièce, je ne l'aurais ni commentée ni imprimée. Je m'en suis servi comme d'un sujet qui m'a fourni des réflexions sur le caractère des Romains, sur ce qui intéresse l'humanité, et sur ce qu'on peut découvrir de vérités historiques.

J'aurais desiré qu'on eût commenté ainsi les tragédies de *Pompée*, de *Sertorius*, de *Cinna*, des *Horaces*, et qu'on eût démêlé ce qui appartient à la vérité, et ce qui appartient à la fable. Il est certain, par exemple, que César ne tint à Ptolémée aucun des discours que lui prête le sublime et inégal auteur de la *Mort de Pompée*, et que Cornélie ne parla point à César comme on l'a fait parler, puisque Ptolémée était un enfant de douze à treize ans, et Cornélie une femme de dix-huit, qui ne vit jamais César, qui n'aborda point en Egypte, et qui ne joua aucun rôle dans les guerres civiles. Il n'y a jamais eu d'Emilie qui ait conspiré avec Cinna : tout cela est une invention du génie du poète. La conspiration de Cinna n'est probablement qu'un sujet fabuleux de déclamation, inventé par Sénèque, comme je le dis dans mes notes.

PRÉFACE.

De toutes les tragédies que nous avons, celle qui s'écarte le moins de la vérité historique, et qui peint le cœur le plus fidèlement, serait *Britannicus*, si l'intrigue n'était pas uniquement fondée sur les prétendus amours de Britannicus et de Junie, et sur la jalousie de Néron. J'espère que les éditeurs qui ont annoncé les commentaires des ouvrages de Racine par souscription, n'oublieront pas de remarquer comment ce grand homme a fondu et embelli Tacite dans sa pièce. Je pense que, si Néron n'avait pas la puérilité de se cacher derrière une tapisserie pour écouter l'entretien de Britannicus et de Junie, et si le cinquième acte pouvait être plus animé, cette pièce serait celle qui plairait le plus aux hommes d'Etat et aux esprits cultivés.

En un mot, on voit assez quel est mon but dans l'édition que je donne. Le manuscrit de cette tragédie est intitulé, *Octave et le jeune Pompée*; j'y ai ajouté le titre du *Triumvirat* : il m'a paru que ce titre réveille plus l'attention, et présente à l'esprit une image plus forte et plus grande. Je sais gré à l'auteur d'avoir supprimé Lépide, et de n'avoir parlé de cet indigne Romain que comme il le méritait.

Encore une fois, je ne prétends point juger de la pièce. Il faut toujours attendre le jugement du public; mais il me semble que l'auteur écrit plus pour les lecteurs que pour les spectateurs. Sa pièce m'a paru tenir beaucoup plus du terrible, que du genre qui attendrit le cœur et qui le déchire.

On m'assure même que l'auteur n'a point prétendu faire une tragédie pour le théâtre de Paris, et qu'il n'a voulu que rendre odieux la plupart des personnages de ces temps atroces : c'est en quoi il m'a paru qu'il avait réussi. La pièce est peut-être dans le goût anglais. Il est bon d'avoir des ouvrages dans tous les genres.

Il m'importe peu de connaître l'auteur. Je ne me suis occupé que de faire, sur cet ouvrage, des notes qui peuvent être utiles. Les gens de lettres qui aiment ces recherches, et pour qui seuls j'écris, en seront les juges.

J'ai employé la nouvelle orthographe. Il m'a paru qu'on doit écrire, autant qu'on le peut, comme on parle; et quand il n'en coûte qu'un *a* au lieu d'un *o*, pour distinguer les Français de saint François d'Assise, comme dit l'auteur de la *Henriade*, et pour faire sentir qu'on prononce *Anglais* et *Danois*, ce n'est ni une grande peine, ni une grande difficulté de mettre un *a*, qui indique la vraie prononciation, à la place de cet *o* qui vous trompe.

PERSONNAGES.

OCTAVE, surnommé depuis Auguste.
MARC-ANTOINE.
LE JEUNE POMPÉE.
JULIE, fille de Lucius César.
FULVIE, femme de Marc-Antoine.
ALBINE, suivante de Fulvie.
AUFIDE, tribun militaire.
Tribuns, Centurions, Licteurs, Soldats.

LE TRIUMVIRAT,
TRAGÉDIE.

ACTE PREMIER.

SCÈNE I.

Le théâtre représente l'île où les Triumvirs firent les proscriptions et le partage du monde. La scène est obscurcie; on entend le tonnerre, on voit des éclairs. La scène découvre des rochers, des précipices, et des tentes dans l'éloignement.

FULVIE, ALBINE.

FULVIE.

Quelle effroyable nuit! Que le courroux céleste
Eclate avec justice en cette île funeste (1)!

ALBINE.

Ces tremblements soudains, ces rochers renversés,
Ces volcans infernaux jusqu'au ciel élancés,
Ce fleuve soulevé roulant sur nous son onde,
Ont fait craindre aux humains les derniers jours du monde.
La foudre a dévoré ce détestable airain,
Ces tables de vengeance où le fatal burin
Epouvantait nos yeux d'une liste de crimes,
De l'ordre du carnage, et des noms des victimes.

Vous voyez en effet que nos proscriptions
Sont en horreur au Ciel ainsi qu'aux nations.

FULVIE.

Tombe sur nos tyrans cette foudre égarée,
Qui, frappant vainement une terre abhorrée,
A détruit dans les mains de nos maîtres cruels
Les instruments du crime, et non les criminels!
Je voudrais avoir vu cette île anéantie
Avec l'indigne affront dont on couvre Fulvie.
Que font nos trois tyrans dans ce désordre affreux?
Quelques remords au moins ont-ils approché d'eux?

ALBINE.

Dans cette île tremblante aux éclats du tonnerre,
Tranquilles dans leur tente, ils partageaient la terre;
Du sénat et du peuple ils ont réglé le sort,
Et dans Rome sanglante ils envoyaient la mort.

FULVIE.

Antoine me la donne; ô jour d'ignominie!
Il me quitte, il me chasse, il épouse Octavie (2);
D'un divorce odieux j'attends l'infame écrit;
Je suis répudiée, et c'est moi qu'on proscrit.

ALBINE.

Il vous brave à ce point! il vous fait cette injure!

FULVIE.

L'assassin des Romains craint-il d'être parjure?
Je l'ai trop bien servi : tout barbare est ingrat;
Il prétexte envers moi l'intérêt de l'Etat :
Mais ce grand intérêt n'est que celui d'un traître,
Qui ménageant Octave en est trompé peut-être.

ALBINE.

Octave vous aima (3) : se peut-il qu'aujourd'hui
Vos malheurs, vos affronts ne viennent que de lui?

FULVIE.

Qui peut connaître Octave? et que son caractère
Est différent en tout du grand cœur de son père!
Je l'ai vu, dans l'erreur de ses égarements,
Passer Antoine même en ses emportements (4);
Je l'ai vu des plaisirs chercher la folle ivresse;
Je l'ai vu des Catons affecter la sagesse.
Après m'avoir offert un criminel amour,
Ce Protée à ma chaîne échappa sans retour.
Tantôt il est affable, et tantôt sanguinaire.
Il adore Julie, il a proscrit son père;
Il hait, il craint Antoine, il lui donne sa sœur;
Antoine est forcené, mais Octave est trompeur.
Ce sont-là les héros qui gouvernent la terre;
Ils font, en se jouant, et la paix et la guerre;
Du sein des voluptés ils nous donnent des fers.
A quels maîtres, grands Dieux! livrez-vous l'univers?
Albine, les lions, au sortir des carnages,
Suivent en rugissant leurs compagnes sauvages;
Les tigres font l'amour avec férocité :
Tels sont nos Triumvirs. Antoine ensanglanté
Prépare de l'hymen la détestable fête.
Octave a de Julie entrepris la conquête;
Et dans ce jour de sang, de tristesse et d'horreur,
L'amour de tous côtés se mêle à la fureur.
Julie abhorre Octave; elle n'est occupée
Que de livrer son cœur au fils du grand Pompée.

Si Pompée est écrit sur ce livre fatal,
Octave en l'immolant frappe en lui son rival.
Voilà donc les ressorts du destin de l'empire,
Ces grands secrets d'Etat, que l'ignorance admire!
Ils étonnent de loin les vulgaires esprits;
Ils inspirent de près l'horreur et le mépris.

ALBINE.

Que de bassesse, ô Ciel! et que de tyrannie!
Quoi! les maîtres du monde en sont l'ignominie!
Je vous plains : je pensais que Lépide aujourd'hui
Contre ces deux ingrats vous servirait d'appui.
Vous unîtes vous-même Antoine avec Lépide.

FULVIE.

A peine est-il compté dans leur troupe homicide.
Subalterne tyran, pontife méprisé,
De son faible génie ils ont trop abusé;
Instrument odieux de leurs sanglants caprices,
C'est un vil scélérat soumis à ses complices;
Il signe leurs décrets sans être consulté,
Et pense agir encore avec autorité.
Mais, si dans mes chagrins quelques douceurs me restent,
C'est que mes deux tyrans en secret se détestent (5).
Cet hymen d'Octavie et ses faibles appas
Eloignent la rupture et ne l'empêchent pas.
Ils se connaissent trop; ils se rendent justice.
Un jour je les verrai préparant leur supplice,
Allumer la discorde avec plus de fureur
Que leur fausse amitié n'étale ici d'horreur.

SCÈNE II.

FULVIE, ALBINE, AUFIDE.

FULVIE.

Aufide, qu'a-t-on fait? quelle est ma destinée?
A quel abaissement suis-je enfin condamnée?

AUFIDE.

Le divorce est signé de cette même main
Que l'on voit à longs flots verser le sang romain;
Et bientôt vos tyrans viendront, sous cette tente,
Partager des proscrits la dépouille sanglante.

FULVIE.

Puis-je compter sur vous?

AUFIDE.

Né dans votre maison,
Si je sers sous Antoine et dans sa légion,
Je ne suis qu'à vous seule. Autrefois mon épée
Aux champs thessaliens servit le grand Pompée :
Je rougis d'être ici l'esclave des fureurs
Des vainqueurs de Pompée et de vos oppresseurs.
Mais que résolvez-vous?

FULVIE.

De me venger.

AUFIDE.

Sans doute,
Vous le devez, Fulvie.

FULVIE.

Il n'est rien qui me coûte,

Il n'est rien que je craigne ; et dans nos factions
On a compté Fulvie au rang des plus grands noms.
Je n'ai qu'une ressource, Aufide, en ma disgrace ;
Le parti de Pompée est celui que j'embrasse ;
Et Lucius César a des amis secrets (6)
Qui sauront à ma cause unir ses intérêts.
Il est, vous le savez, le père de Julie ;
Il fut proscrit ; enfin tout me le concilie.
Julie est-elle à Rome ?

AUFIDE.

On n'a pu l'y trouver.
Octave tout-puissant l'aura fait enlever ;
Le bruit en a couru.

FULVIE.

Le rapt et l'homicide,
Ce sont-là ses exploits ! voilà nos lois, Aufide.
Mais le fils de Pompée est-il en sûreté ?
Qu'en avez-vous appris ?

AUFIDE.

Son arrêt est porté ;
Et l'infame avarice au pouvoir asservie (7)
Doit trancher à prix d'or une si belle vie ;
Tels sont les vils Romains.

FULVIE.

Quoi ! tout espoir me fuit !
Non, je défie encor le sort qui me poursuit ;
Les tumultes des camps ont été mes asiles :
Mon génie était né pour les guerres civiles (8),
Pour ce siècle effroyable où j'ai reçu le jour.
Je veux... Mais j'aperçois, dans ce sanglant séjour,

ACTE I, SCÈNE II.

Les licteurs des tyrans, leurs lâches satellites,
Qui de ce camp barbare occupent les limites.
Vous qu'un emploi funeste attache ici près d'eux,
Demeurez; écoutez leurs complots ténébreux;
Vous m'en avertirez; et vous viendrez m'apprendre
Ce que je dois souffrir, ce qu'il faut entreprendre.

(Elle sort avec Albine.)

AUFIDE.

Moi, le soldat d'Antoine! A quoi suis-je réduit?
De trente ans de travaux quel exécrable fruit!

(Tandis qu'il parle, on avance la tente où Octave et Antoine vont se placer. Les licteurs l'entourent, et forment un demi-cercle. Aufide se range à côté de la tente.)

SCÈNE III.

OCTAVE, ANTOINE, *debout dans la tente, une table derrière eux.*

ANTOINE.

Octave, c'en est fait, et je la répudie;
Je resserre nos nœuds par l'hymen d'Octavie;
Mais ce n'est pas assez pour éteindre ces feux
Qu'un intérêt jaloux allume entre nous deux.
Deux chefs toujours unis sont un exemple rare;
Pour les concilier, il faut qu'on les sépare.
Vingt fois votre Agrippa, vos confidents, les miens,
Depuis que nous régnons ont rompu nos liens.
Un compagnon de plus, ou qui du moins croit l'être,
Sur le trône avec nous affectant de paraître,

Lépide est un fantôme aisément écarté (9),
Qui rentre de lui-même en son obscurité.
Qu'il demeure pontife, et qu'il préside aux fêtes
Que Rome en gémissant consacre à nos conquêtes;
La terre n'est qu'à nous et qu'à nos légions.
Il est temps de fixer le sort des nations;
Réglons surtout le nôtre; et, quand tout nous seconde,
Cessons de différer le partage du monde.

(*Ils s'asseyent à la table où ils doivent signer.*)

OCTAVE.

Mes desseins dès long-temps ont prévenu vos vœux;
J'ai voulu que l'empire appartînt à tous deux.
Songez que je prétends la Gaule et l'Illyrie,
Les Espagnes, l'Afrique et surtout l'Italie.
L'Orient est à vous (10).

ANTOINE.

Telle est ma volonté;
Tel est le sort du monde entre nous arrêté.
Vous l'emportez sur moi dans ce nouveau partage:
Je ne me cache point quel est votre avantage;
Rome va vous servir : vous aurez sous vos lois
Les vainqueurs de la terre, et je n'ai que des rois (11).
Je veux bien vous céder. J'exige en récompense
Que votre autorité, secondant ma puissance,
Extermine à jamais les restes abattus
Du parti de Pompée et du traître Brutus;
Qu'aucun n'échappe aux lois que nous avons portées.

OCTAVE.

D'assez de sang peut-être elles sont cimentées.

ACTE I, SCÈNE III.

ANTOINE.

Comment? vous balancez! je ne vous connais plus.
Qui peut troubler ainsi vos vœux irrésolus?

OCTAVE.

Le Ciel même a détruit ces tables si cruelles.

ANTOINE.

Le Ciel qui nous seconde en permet de nouvelles.
Craignez-vous un augure (12)?

OCTAVE.

                       Et ne craignez-vous pas
De révolter la terre à force d'attentats?
Nous voulons enchaîner la liberté romaine,
Nous voulons gouverner; n'excitons plus la haine.

ANTOINE.

Nommez-vous la justice une inhumanité?
Octave, un triumvir par César adopté,
Quand je venge un ami, craint de venger un père!
Vous oublîriez son sang pour flatter le vulgaire!
A qui prétendez-vous accorder un pardon,
Quand vous m'avez vous-même immolé Cicéron?

OCTAVE.

Rome pleure sa mort.

ANTOINE.

                Elle pleure en silence.
Cassius et Brutus, réduits à l'impuissance,
Inspireront peut-être aux autres nations
Une éternelle horreur de nos proscriptions.
Laissons-les en tracer d'effroyables images,
Et contre nos deux noms révolter tous les âges.

Assassins de leur maître et de leur bienfaiteur,
C'est leur indigne nom qui doit être en horreur :
Ce sont les cœurs ingrats qu'il est temps qu'on punisse ;
Seuls ils sont criminels, et nous faisons justice.
Ceux qui les ont servis, qui les ont approuvés,
Aux mêmes châtiments seront tous réservés.
De vingt mille guerriers, péris dans nos batailles,
D'un œil sec et tranquille on voit les funérailles ;
Sur leurs corps étendus, victimes du trépas,
Nous volons sans pâlir à de nouveaux combats :
Et de la trahison cent malheureux complices
Seraient au grand César de trop chers sacrifices !

OCTAVE.

Dans Rome, en ce jour même, on venge encor sa mort ;
Mais sachez qu'à mon cœur il en coûte un effort.
Trop d'horreur à la fin peut souiller sa vengeance ;
Je serais plus son fils, si j'avais sa clémence.

ANTOINE.

La clémence aujourd'hui peut nous perdre tous deux.

OCTAVE.

L'excès des cruautés serait plus dangereux.

ANTOINE.

Redoutez-vous le peuple ?

OCTAVE.

      Il faut qu'on le ménage ;
Il faut lui faire aimer le frein de l'esclavage.
D'un œil d'indifférence il voit la mort des grands ;
Mais, quand il craint pour lui, malheur à ses tyrans* !

---

* Vers imité de celui de Juvénal en parlant de Domitien :
 Sed, periit postquam cerdonibus esse timendus
 Cœperat... Satir. IV, 153.

ACTE I, SCÈNE III.

ANTOINE.

J'entends : à mes périls vous cherchez à lui plaire ;
Vous voulez devenir un tyran populaire.

OCTAVE.

Vous m'imputez toujours quelques secrets desseins.
Sacrifier Pompée (13), est-ce plaire aux Romains ?
Mes ordres aujourd'hui renversent leur idole.
Tandis que je vous parle, on le frappe, on l'immole :
Que voulez-vous de plus ?

ANTOINE.

Vous ne m'abusez pas ;
Il vous en coûta peu d'ordonner son trépas :
A nos vrais intérêts sa mort fut nécessaire.
Mais d'un rival secret vous voulez vous défaire ;
Il adorait Julie, et vous étiez jaloux ;
Votre amour outragé conduisait tous vos coups.
De nos engagements remplissez l'étendue :
De Lucius César la mort est suspendue ;
Oui, Lucius César contre nous conjuré...

OCTAVE.

Arrêtez.

ANTOINE.

Ce coupable est-il pour nous sacré ?
Je veux qu'il meure...

OCTAVE, *se levant*.

Lui ? le père de Julie ?

ANTOINE.

Oui, lui-même.

OCTAVE.

Ecoutez : notre intérêt nous lie ;

L'hymen étreint ces nœuds : mais, si vous persistez
A demander le sang que vous persécutez,
Dès ce jour, entre nous je romps toute alliance.

ANTOINE.

Octave, je sais trop que notre intelligence
Produira la discorde et trompera nos vœux.
Ne précipitons point des temps si dangereux.
Voulez-vous m'offenser?

OCTAVE.

Non ; mais je suis le maître
D'épargner un proscrit qui ne devait pas l'être.

ANTOINE.

Mais vous-même avec moi vous l'aviez condamné.
De tous nos ennemis c'est le plus obstiné.
Qu'importe si sa fille un moment vous fut chère ?
A notre sûreté je dois le sang du père.
Les plaisirs inconstants d'un amour passager
A nos grands intérêts n'ont rien que d'étranger.
Vous avez jusqu'ici peu connu la tendresse ;
Et je n'attendais pas cet excès de faiblesse.

OCTAVE.

De faiblesse !... et c'est vous qui m'oseriez blâmer ?
C'est Antoine aujourd'hui qui me défend d'aimer ?

ANTOINE.

Nous avons tous les deux mêlé dans les alarmes
Les fêtes, les plaisirs, à la fureur des armes :
César en fit autant (14) ; mais par la volupté
Le cours de ses exploits ne fut point arrêté.
Je le vis dans l'Egypte, amoureux et sévère,
Adorer Cléopâtre en immolant son frère.

OCTAVE.

Ce fut pour la servir. Je puis vous voir un jour
Plus aveuglé que lui, plus faible à votre tour.
Je vous connais assez; mais, quoi qu'il en arrive,
J'ai rayé Lucius, et je prétends qu'il vive.

ANTOINE.

Je n'y consentirai qu'en vous voyant signer
L'arrêt de ces proscrits qu'on ne peut épargner.

OCTAVE.

Je vous l'ai déjà dit, j'étais las du carnage
Où la mort de César a forcé mon courage.
Mais puisqu'il faut enfin ne rien faire à demi,
Que le salut de Rome en doit être affermi,
Qu'il me faut consommer l'horreur qui nous rassemble;
Je cède, je me rends... j'y souscris... Ma main tremble.

(*Il s'assied et signe.*)

Allez, tribuns, portez ces malheureux édits:

(*A Antoine qui s'assied et signe.*)

Et nous, puissions-nous être à jamais réunis!

ANTOINE.

Vous, Aufide, demain vous conduirez Fulvie;
Sa retraite est marquée aux champs de l'Apulie:
Que je n'entende plus ses cris séditieux.

OCTAVE.

Ecoutons ce tribun qui revient en ces lieux;
Il arrive de Rome, et pourra nous apprendre,
Quel respect à nos lois le sénat a dû rendre.

SCÈNE IV.

OCTAVE, ANTOINE, AUFIDE, un Tribun, Licteurs.

ANTOINE, *au tribun.*

A-t-on des Triumvirs accompli les desseins ?
Le sang assure-t-il le repos des humains ?

LE TRIBUN.

Rome tremble et se tait au milieu des supplices.
Il nous reste à frapper quelques secrets complices,
Quelques vils ennemis d'Antoine et des Césars,
Restes des conjurés de ces ides de Mars,
Qui, dans les derniers rangs cachant leur haine obscure,
Vont du peuple en secret exciter le murmure.
Paulus, Albin, Cotta, les plus grands sont tombés ;
A la proscription peu se sont dérobés.

OCTAVE.

A-t-on de l'univers affermi la conquête ?
Et du fils de Pompée apportez-vous la tête ?
Pour le bien de l'Etat j'ai dû la demander.

LE TRIBUN.

Les Dieux n'ont pas voulu, Seigneur, vous l'accorder:
Trop chéri des Romains, ce jeune téméraire
Se parait à leurs yeux des vertus de son père ;
Et lorsque, par mes soins, des têtes des proscrits
Aux murs du Capitole on affichait le prix,
Pompée à leur salut mettait des récompenses.
Il a, par des bienfaits, combattu vos vengeances :
Mais quand vos légions ont marché sur nos pas,
Alors, fuyant de Rome et cherchant les combats,

Il s'avance à Césène, et vers les Pyrénées
Doit au fils de Caton joindre ses destinées ;
Tandis qu'en Orient Cassius et Brutus,
Conjurés trop fameux par leurs fausses vertus,
A leur faible parti rendant un peu d'audace,
Osent vous défier dans les champs de la Thrace.

ANTOINE.

Pompée est échappé !

OCTAVE.

Ne vous alarmez pas ;
En quelques lieux qu'il soit, la mort est sur ses pas.
Si mon père a du sien triomphé dans Pharsale,
J'attends contre le fils une fortune égale ;
Et le nom de César dont je suis honoré
De sa perte à mon bras fait un devoir sacré.

ANTOINE.

Préparons donc soudain cette grande entreprise ;
Mais que notre intérêt jamais ne nous divise.
Le sang du grand César est déjà joint au mien :
Votre sœur est ma femme ; et ce double lien
Doit affermir le joug où nos mains triomphantes
Tiendront à nos genoux les nations tremblantes.

SCÈNE V.

OCTAVE ; LE TRIBUN, *éloigné*.

OCTAVE.

Que feront tous ces nœuds ? nous sommes deux tyrans !
Puissances de la terre, avez-vous des parents ?
Dans le sang des Césars Julie a pris naissance ;

Et, loin de rechercher mon utile alliance,
Elle n'a regardé cette triste union
Que comme un des arrêts de la proscription.

(*Au tribun.*)

Revenez... Quoi! Pompée échappe à ma vengeance?
Quoi! Julie avec lui serait d'intelligence?
On ignore en quels lieux elle a porté ses pas?

LE TRIBUN.

Son père en est instruit, et l'on n'en doute pas.
Lui-même de sa fille a préparé la fuite.

OCTAVE.

De quoi s'informe ici ma raison trop séduite?
Quoi! lorsqu'il faut régir l'univers consterné,
Entouré d'ennemis, du meurtre environné,
Teint du sang des proscrits que j'immole à mon père,
Détesté des Romains, peut-être d'un beau-frère,
Au milieu de la guerre, au sein des factions,
Mon cœur serait ouvert à d'autres passions!
Quel mélange inouï! quelle étonnante ivresse
D'amour, d'ambition, de crimes, de faiblesse!
Quels soucis dévorants viennent me consumer!
Destructeur des humains, t'appartient-il d'aimer?

FIN DU PREMIER ACTE.

ACTE SECOND.

SCÈNE I.

FULVIE, AUFIDE.

AUFIDE.

Oui, j'ai tout entendu; le sang et le carnage
Ne coûtaient rien, Madame, à votre époux volage.
Je suis toujours surpris que ce cœur effréné,
Plongé dans la licence, au vice abandonné,
Dans les plaisirs affreux qui partagent sa vie,
Garde une cruauté tranquille et réfléchie.
Octave même, Octave en paraît indigné;
Il regrettait le sang où son bras s'est baigné;
Il n'était plus lui-même : il semble qu'il rougisse
D'avoir eu si long-temps Antoine pour complice.
Peut-être aux yeux des siens il feint un repentir,
Pour mieux tromper la terre et mieux l'assujettir;
Ou peut-être son ame, en secret révoltée,
De sa propre furie était épouvantée.
J'ignore s'il est né pour éprouver un jour
Vers l'humaine équité quelque faible retour (15);
Mais il a disputé sur le choix des victimes;
Et je l'ai vu trembler en signant tant de crimes.

FULVIE.

Qu'importe à mes affronts ce faible et vain remord ?
Chacun d'eux tour-à-tour me donne ici la mort.
Octave, que tu crois moins dur et moins féroce,
Sous un air plus humain cache un cœur plus atroce ;
Il agit en barbare, et parle avec douceur :
Je vois de son esprit la profonde noirceur ;
Le sphinx est son emblème (16), et nous dit qu'il préfère
Ce symbole du fourbe aux aigles de son père.
A tromper l'univers il mettra tous ses soins ;
De vertus incapable, il les feindra du moins ;
Et l'autre aura toujours, dans sa vertu guerrière,
Les vices forcenés de son ame grossière.
Ils osent me bannir ; c'est-là ce que je veux.
Je ne demandais pas à gémir auprès d'eux,
A respirer encore un air qu'ils empoisonnent.
Remplissons sans tarder les ordres qu'ils me donnent ;
Partons. Dans quels pays, dans quels lieux ignorés
Ne les verrons-nous pas comme à Rome abhorrés ?
Je trouverai partout l'aliment de ma haine.

SCÈNE II.

FULVIE, ALBINE, AUFIDE.

ALBINE.

Madame, espérez tout : Pompée est à Césène :
Mille Romains en foule ont devancé ses pas ;
Son nom et ses malheurs enfantent des soldats.
On dit qu'à la valeur joignant la diligence,
Dans cette île barbare il porte la vengeance ;

Que les trois assassins à leur tour sont proscrits,
Que de leur sang impur on a fixé le prix.
On dit que Brutus même avance vers le Tibre,
Que la terre est vengée, et qu'enfin Rome est libre.
Déjà dans tout le camp ce bruit s'est répandu ;
Et le soldat murmure, ou demeure éperdu.

FULVIE.

On en dit trop, Albine ; un bien si desirable
Est trop prompt et trop grand pour être vraisemblable ;
Mais ces rumeurs au moins peuvent me consoler,
Si mes persécuteurs apprennent à trembler.

AUFIDE.

Il est des fondements à ce bruit populaire.
Un peu de vérité fait l'erreur du vulgaire.
Pompée a su tromper le fer des assassins,
C'est beaucoup ; tout le reste est soumis aux destins.
Je sais qu'il a marché vers les murs de Césène :
De son départ au moins la nouvelle est certaine ;
Et le bruit qu'on répand nous confirme aujourd'hui
Que les cœurs des Romains se sont tournés vers lui.
Mais son danger est grand : des légions entières
Marchent sur son passage, et bordent les frontières ;
Pompée est téméraire, et ses rivaux prudents.

FULVIE.

La prudence est surtout nécessaire aux méchants ;
Mais souvent on la trompe : un heureux téméraire
Confond, en agissant, celui qui délibère.
Enfin Pompée approche. Unis par la fureur,
Nos communs intérêts m'annoncent un vengeur.
Les révolutions fatales ou prospères,

Du sort qui conduit tout, sont les jeux ordinaires :
La fortune à nos yeux fit monter sur son char
Sylla, deux Marius, et Pompée et César ;
Elle a précipité ces foudres de la guerre :
De leur sang tour-à-tour elle a rougi la terre.
Rome a changé de lois, de tyrans et de fers.
Déjà nos Triumvirs éprouvent des revers.
Cassius et Brutus menacent l'Italie.
J'irais chercher Pompée aux sables de Libye.
Après mes deux affronts indignement soufferts,
Je me consolerais en troublant l'univers.
Rappelons et l'Espagne et la Gaule irritée
A cette liberté que j'ai persécutée ;
Puissé-je dans le sang de ces monstres heureux,
Expier les forfaits que j'ai commis pour eux !
Pardonne, Cicéron, de Rome heureux génie,
Mes destins t'ont vengé, tes bourreaux m'ont punie :
Mais je mourrai contente, en des malheurs si grands,
Si je meurs comme toi le fléau des tyrans.
    (*A Aufide.*)
Avant que de partir, tâchez de vous instruire
Si de quelque espérance un rayon peut nous luire.
Profitez des moments où les soldats troublés
Dans le camp des tyrans paraissent ébranlés.
Annoncez-leur Pompée : à ce grand nom peut-être
Ils se repentiront d'avoir un autre maître.
Allez.
    (*Ici on voit dans l'enfoncement Julie couchée entre des rochers.*)

SCÈNE III.

FULVIE, ALBINE.

FULVIE.

Que vois-je au loin dans ces rochers déserts,
Sur ces bords escarpés d'abîmes entr'ouverts?
Que présente à mes yeux la terre encor tremblante?

ALBINE.

Je vois, ou je me trompe, une femme expirante.

FULVIE.

Est-ce quelque victime immolée en ces lieux?
Peut-être les tyrans l'exposent à nos yeux;
Et par un tel spectacle ils ont voulu m'apprendre,
De leur triumvirat ce que je dois attendre.
Allez, j'entends d'ici ses sanglots et ses cris :
Dans son cœur oppressé rappelez ses esprits :
Conduisez-la vers moi.

SCÈNE IV.

FULVIE, *sur le devant du théâtre;* JULIE, *au fond, vers un des côtés, soutenue par* ALBINE.

JULIE.

            Dieux vengeurs que j'adore!
Ecoutez-moi, voyez pour qui je vous implore!
Secourez un héros, ou faites-moi mourir!

FULVIE.

De ses plaintifs accents je me sens attendrir.

JULIE.

Où suis-je? et dans quels lieux les flots m'ont-ils jetée?
Je promène en tremblant ma vue épouvantée.

Où marcher?... Quelle main m'offre ici son secours?
Et qui vient ranimer mes misérables jours?

FULVIE.

Sa gémissante voix ne m'est point inconnue.
Avançons... Ciel! que vois-je! en croirai-je ma vue?
Destins, qui vous jouez des malheureux mortels,
Amenez-vous Julie en ces lieux criminels?
Ne me trompé-je point?... N'en doutons plus, c'est-elle.

JULIE.

Quoi! d'Antoine, grand Dieu! c'est l'épouse cruelle!
Je suis perdue!

FULVIE.

Hélas! que craignez-vous de moi?
Est-ce aux infortunés d'inspirer quelque effroi?
Voyez-moi sans trembler; je suis loin d'être à craindre;
Vous êtes malheureuse, et je suis plus à plaindre.

JULIE.

Vous!

FULVIE.

Quel événement, et quels dieux irrités,
Ont amené Julie en ces lieux détestés?

JULIE.

Je ne sais où je suis : un déluge effroyable,
Qui semblait engloutir une terre coupable,
Des tremblements affreux, des foudres dévorants,
Dans les flots débordés ont plongé mes suivants.
Avec un seul guerrier, de la mort échappée,
J'ai marché quelque temps dans cette île escarpée;
Mes yeux ont vu de loin des tentes, des soldats;
Ces rochers ont caché ma terreur et mes pas :

ACTE II, SCÈNE IV.

Celui qui me guidait a cessé de paraître.
A peine devant vous puis-je me reconnaître;
Je me meurs.

FULVIE.

Ah, Julie!

JULIE.

Eh quoi, vous soupirez!

FULVIE.

De vos maux et des miens mes sens sont déchirés.

JULIE.

Vous souffrez comme moi! quel malheur vous opprime?
Hélas! où sommes-nous?

FULVIE.

Dans le séjour du crime,
Dans cette île exécrable où trois monstres unis
Ensanglantent le monde, et restent impunis.

JULIE.

Quoi! c'est ici qu'Antoine et le barbare Octave
Ont condamné Pompée, et font la terre esclave!

FULVIE.

C'est sous ces pavillons qu'ils règlent notre sort;
De Pompée ici même ils ont signé la mort.

JULIE.

Soutenez-moi, grands Dieux!

FULVIE.

De cet affreux repaire
Ces tigres sont sortis. Leur troupe sanguinaire
Marche en ce même instant au rivage opposé.
L'endroit où je vous parle, est le moins exposé;

Mes tentes sont ici; gardez qu'on ne vous voie.
Venez, calmez ce trouble où votre ame se noie.

JULIE.

Et la femme d'Antoine est ici mon appui !

FULVIE.

Grâces à ses forfaits, je ne suis plus à lui.
Je n'ai plus désormais de parti que le vôtre.
Le destin par pitié nous rejoint l'une à l'autre.
Qu'est devenu Pompée?

JULIE.

Ah! que m'avez-vous dit?
Pourquoi vous informer d'un malheureux proscrit?

FULVIE.

Est-il en sûreté? parlez en assurance :
J'atteste ici les Dieux, et Rome, et ma vengeance,
Ma haine pour Octave, et mes transports jaloux,
Que mes soins répondront de Pompée et de vous,
Que je vais vous défendre au péril de ma vie.

JULIE.

Hélas! c'est donc à vous qu'il faut que je me fie!
Si vous avez aussi connu l'adversité,
Vous n'aurez pas sans doute assez de cruauté
Pour achever ma mort, et trahir ma misère.
Vous voyez où des Dieux me conduit la colère.
Vous avez dans vos mains, par d'étranges hasards,
Le destin de Pompée et du sang des Césars.
J'ai réuni ces noms : l'intérêt de la terre
A formé notre hymen au milieu de la guerre.
Rome, Pompée, et moi, tout est prêt à périr :
Aurez-vous la vertu d'oser les secourir?

ACTE II, SCÈNE IV.

FULVIE.

J'oserais plus encor ; s'il est sur ce rivage,
Qu'il daigne seulement seconder mon courage.
Oui, je crois que le Ciel, si long-temps inhumain,
Pour nous venger tous trois, l'a conduit par la main ;
Oui, j'armerai son bras contre la tyrannie.
Parlez : ne craignez plus.

JULIE.

Errante, poursuivie,
Je fuyais avec lui le fer des assassins
Qui de Rome sanglante inondaient les chemins ;
Nous allions vers son camp : déjà sa renommée
Vers Césène assemblait les débris d'une armée ;
A travers les dangers près de nous renaissants,
Il conduisait mes pas incertains et tremblants.
La mort était partout : les sanglants satellites
Des plaines de Césène occupaient les limites.
La nuit nous égarait vers ce funeste bord
Où règnent les tyrans, où préside la mort.
Notre fatale erreur n'était point reconnue,
Quand la foudre a frappé notre suite éperdue.
La terre en mugissant s'entr'ouvre sous nos pas.
Ce séjour en effet est celui du trépas.

FULVIE.

Eh bien, est-il encore en cette île terrible ?
S'il ose se montrer, sa perte est infaillible,
Il est mort.

JULIE.

Je le sais.

FULVIE.

        Où dois-je le chercher ?
Dans quel secret asile a-t-il pu se cacher ?

JULIE.

Ah ! Madame...

FULVIE.

        Achevez ; c'est trop de défiance ;
Je pardonne à l'amour un doute qui m'offense.
Parlez, je ferai tout.

JULIE.

        Puis-je le croire ainsi ?

FULVIE.

Je vous le jure encore.

JULIE.

        Eh bien... Il est ici.

FULVIE.

C'en est assez ; allons.

JULIE.

        Il cherchait un passage
Pour sortir avec moi de cette île sauvage ;
Et ne le voyant plus dans ces rochers déserts,
Des ombres du trépas mes yeux se sont couverts.
Je mourais, quand le Ciel, une fois favorable,
M'a présenté par vous une main secourable.

SCÈNE V.

FULVIE, JULIE, ALBINE, un TRIBUN.

LE TRIBUN.

Madame, une étrangère est ici près de vous.
De leur autorité les Triumvirs jaloux
De l'île à tout mortel ont défendu l'entrée.

JULIE.

Ah! j'atteste la foi que vous m'avez jurée!

LE TRIBUN.

Je la dois amener devant leur tribunal.

FULVIE, à Julie.

Gardez-vous d'obéir à cet ordre fatal.

JULIE.

Avilirais-je ainsi l'honneur de mes ancêtres?
Soldats des Triumvirs, allez dire à vos maîtres
Que Julie, entraînée en ce séjour affreux,
Attend pour en sortir des secours généreux;
Que partout je suis libre, et qu'ils peuvent connaître
Ce qu'on doit de respect au sang qui m'a fait naître,
A mon rang, à mon sexe, à l'hospitalité,
Aux droits des nations et de l'humanité.
Conduisez-moi chez vous, magnanime Fulvie.

FULVIE.

Votre noble fierté ne s'est point démentie :
Elle augmente la mienne; et ce n'est pas en vain
Que le sort vous conduit sur ce bord inhumain.
Puissé-je en mes desseins ne m'être point trompée!

JULIE.

O Dieux! prenez ma vie, et veillez sur Pompée!
Dieux! si vous me livrez à mes persécuteurs,
Armez-moi d'un courage égal à leurs fureurs!

FIN DU SECOND ACTE.

ACTE TROISIÈME.

SCÈNE I.

SEXTUS POMPÉE, *seul.*

Je ne la trouve plus : quoi! mon destin fatal
L'amène à mes tyrans, la livre à mon rival!
Les voilà, je les vois ces pavillons horribles
Où nos trois meurtriers, retirés et paisibles,
Ordonnent le carnage avec des yeux sereins,
Comme on donne une fête et des jeux aux Romains.
O Pompée! ô mon père! infortuné grand homme!
Quel est donc le destin des défenseurs de Rome!
O Dieux, qui des méchants suivez les étendards,
D'où vient que l'univers est fait pour les Césars!
J'ai vu périr Caton (17), leur juge et votre image;
Les Scipions sont morts aux déserts de Carthage (18);
Cicéron, tu n'es plus (19); et ta tête et tes mains
Ont servi de trophée aux derniers des humains.
Mon sort va me rejoindre à ces grandes victimes.
Le fer des Achillas et celui des Septimes,
D'un vil roi de l'Egypte instruments criminels,
Ont fait couler le sang du plus grand des mortels (20).
Ce n'est que par sa mort que son fils lui ressemble.
Des brigands réunis, que la rapine assemble,
Un prétendu César, un fils de Cépias (21),
Qui commande le meurtre et qui fuit les combats,

Dans leur tranquille rage ordonnent de ma vie :
Octave est maître enfin du monde et de Julie.
De Julie! ah! tyran, ce dernier coup du sort
Atterre mon esprit luttant contre la mort.
Détestable rival, usurpateur infame,
Tu ne m'assassinais que pour ravir ma femme;
Et c'est moi qui la livre à tes indignes feux!
Tu règnes, et je meurs, et je te laisse heureux!
Et tes flatteurs, tremblants sur un tas de victimes,
Déjà du nom d'Auguste ont décoré tes crimes!
Quel est cet assassin qui s'avance vers moi?

SCÈNE II.

POMPÉE, AUFIDE.

POMPÉE, *l'épée à la main.*
Approche, et puisse Octave expirer avec toi!
AUFIDE.
Jugez mieux d'un soldat qui servit votre père.
POMPÉE.
Et tu sers un tyran!
AUFIDE.
Je l'abjure, et j'espère
N'être pas inutile, en ce séjour affreux,
Au fils, au digne fils d'un héros malheureux.
Seigneur, je viens à vous de la part de Fulvie.
POMPÉE.
Est-ce un piége nouveau que tend la tyrannie?
A son barbare époux viens-tu pour me livrer?

ACTE III, SCÈNE II.

AUFIDE.

Du péril le plus grand je viens pour vous tirer.

POMPÉE.

L'humanité, grands Dieux ! est-elle ici connue ?

AUFIDE.

Sur ce billet au moins daignez jeter la vue.

(Il lui donne des tablettes.)

POMPÉE.

Julie ! ô Ciel ! Julie ! est-il bien vrai ?

AUFIDE.

Lisez.

POMPÉE.

O fortune ! ô mes yeux ? êtes-vous abusés ?
Retour inattendu de mes destins prospères !
Je mouille de mes pleurs ces divins caractères.

(Il lit.)

« Le sort paraît changer, et Fulvie est pour nous ;
« Ecoutez ce Romain ; conservez mon époux. »
Qui que tu sois, pardonne ; à toi je me confie ;
Je te crois généreux sur la foi de Julie.
Quoi ! Fulvie a pris soin de son sort et du mien !
Qui l'y peut engager ? quel intérêt ?

AUFIDE.

Le sien.

D'Antoine abandonnée avec ignominie,
Elle est des trois tyrans la plus grande ennemie.
Elle ne borne pas sa haine et ses desseins
A dérober vos jours au fer des assassins ;
Il n'est point de péril que son courroux ne brave :
Elle veut vous venger.

POMPÉE.

Oui, vengeons-nous d'Octave.
Elevé dans l'Asie au milieu des combats,
Je n'ai connu de lui que ses assassinats;
Et dans les champs d'honneur, qu'il redoute peut-être,
Ses yeux, qu'il eût baissés, ne m'ont point vu paraître.
Antoine d'un soldat a du moins la vertu.
Il est vrai que mon bras ne l'a point combattu;
Et depuis que mon père expira sous un traître,
Nous fûmes ennemis sans jamais nous connaître.
Commençons par Octave; allons, et que ma main,
Au bord de mon tombeau, se plonge dans son sein.

AUFIDE.

Venez donc chez Fulvie; et sachez qu'elle est prête
D'Octave, s'il le faut, à vous livrer la tête.
De quelques vétérans je tenterai la foi;
Sous votre illustre père ils servaient comme moi.
On change de parti dans les guerres civiles.
Aux desseins de Fulvie ils peuvent être utiles.
L'intérêt, qui fait tout, les pourrait engager
A vous donner retraite, et même à vous venger.

POMPÉE.

Je pourrais arracher Julie à ce perfide?
Je pourrais des Romains immoler l'homicide?
Octave périrait?

AUFIDE.

Seigneur, n'en doutez pas.

POMPÉE.

Marchons.

SCÈNE III.

POMPÉE, JULIE, AUFIDE.

JULIE.

Que faites-vous? où portez-vous vos pas?
On vous cherche; on poursuit tous ceux que cet orage
Put jeter comme moi sur cet affreux rivage.
Votre père, en Egypte aux assassins livré,
D'ennemis plus sanglants n'était pas entouré.
L'amitié de Fulvie est funeste et cruelle;
C'est un danger de plus qu'elle traîne après elle.
On l'observe, on l'épie, et tout me fait trembler;
Dans ces horribles lieux je crains de vous parler.
Regagnons ces rochers et ces cavernes sombres
Où la nuit va porter ses favorables ombres.
Demain les trois tyrans, aux premiers traits du jour,
Partent, avec la mort, de ce fatal séjour;
Ils vont loin de vos yeux ensanglanter le Tibre.
Ne précipitez rien : demain vous êtes libre.

POMPÉE.

Noble et tendre moitié d'un guerrier malheureux,
O vous, ainsi que Rome, objet de tous mes vœux!
Laissez-moi m'opposer au destin qui m'outrage.
Si j'étais dans des lieux dignes de mon courage,
Si je pouvais guider nos braves légions
Dans les camps de Brutus, ou dans ceux des Catons,
Vous ne me verriez pas attendre de Fulvie
Un secours incertain contre la tyrannie.

Les Dieux nous ont conduits dans ces sanglants déserts ;
Marchons aux seuls sentiers que ces Dieux m'ont ouverts.

JULIE.

Octave en ce moment doit entrer chez Fulvie :
Si vous êtes connu, c'est fait de votre vie.

AUFIDE.

Seigneur, craignez plutôt d'être ici découvert;
Aux tribuns, aux soldats ce passage est ouvert :
Entre ces deux dangers que prétendez-vous faire?

JULIE.

Pompée, au nom des Dieux, au nom de votre père,
Dont le malheur vous suit, et qui ne s'est perdu
Que par sa confiance et son trop de vertu,
Ayez quelque pitié d'une épouse alarmée !
Avons-nous un parti, des amis, une armée?
Trois monstres tout-puissants ont détruit les Romains;
Vous êtes seul ici contre mille assassins...
Ils viennent, c'en est fait, et je les vois paraître.

AUFIDE.

Ah! laissez-vous conduire; on peut vous reconnaître:
Le temps presse, venez; vous vous perdez sans fruit.

JULIE.

Je ne vous quitte pas.

POMPÉE.

A quoi suis-je réduit!

SCÈNE IV.

POMPÉE, JULIE, AUFIDE *sur le devant;* OCTAVE, Licteurs *au fond.*

OCTAVE.

Je prétends vous parler; ne fuyez point, Julie.

JULIE.

Aufide me ramène aux tentes de Fulvie.

OCTAVE.

(*A Aufide.*)

Demeurez, je le veux... Vous, quel est ce Romain?
Est-il de votre suite?

JULIE.

Ah! je succombe enfin.

AUFIDE.

C'est un de mes soldats dont l'utile courage
S'est distingué dans Rome en ces jours de carnage;
Et de Rome, à mon ordre, il arrive aujourd'hui.

OCTAVE, *à Pompée.*

Parle, que fait Pompée? où Pompée a-t-il fui?

POMPÉE.

Il ne fuit point, Octave; il vous cherche, et peut-être
Avant la fin du jour vous le verrez paraître.

OCTAVE.

Tu sais en quel état il faut le présenter :
C'est sa tête, en un mot, qu'il me faut apporter;
Et tu dois être instruit quelle est la récompense.

POMPÉE.

Elle est publique assez.

JULIE.

O terreur !

POMPÉE.

O vengeance !

SCÈNE V.

Les PERSONNAGES précédents, un TRIBUN militaire.

LE TRIBUN.

Vous êtes obéi ; grâce à votre heureux sort,
Pompée en ce moment est ou captif ou mort.

OCTAVE.

Que dis-tu ?

LE TRIBUN.

Ses suivants s'avançaient dans la plaine
Qui s'étend de Pisaure aux remparts de Césène :
Les rebelles, bientôt entourés et surpris,
De leurs témérités ont eu le digne prix.

POMPÉE.

Ah Ciel !

LE TRIBUN.

A la valeur que tous ont fait paraître,
On croit qu'ils combattaient sous les yeux de leur maître.

POMPÉE, à part.

Je perds tous mes amis !

LE TRIBUN.

S'il est parmi les morts,
Vos soldats à vos pieds vont apporter son corps.
S'il est vivant, s'il fuit, il va tomber, sans doute,
Aux piéges que nos mains ont tendus sur sa route ;
Il ne peut échapper au trépas qui l'attend.

OCTAVE.
Allez, continuez ce service important.
Vous, Aufide, en tout temps j'éprouvai votre zèle;
Je sais qu'Antoine en vous trouve un guerrier fidèle;
Allez : si ce soldat peut servir aujourd'hui,
Souvenez-vous surtout de répondre de lui.
Vous, licteurs, arrêtez le premier téméraire
Qui viendrait sans mon ordre en ce lieu solitaire.

POMPÉE, à Aufide.
Viens guider mes fureurs.

JULIE.
O Dieux qui m'écoutez,
Dans quel péril nouveau vous nous précipitez!

SCÈNE VI.

OCTAVE, JULIE.

OCTAVE, arrêtant Julie.
Je vous ai déjà dit que vous deviez m'entendre.
Votre abord en cette île a droit de me surprendre;
Mais cessez de me craindre, et calmez votre cœur.

JULIE.
Seigneur, je ne crains rien; mais je frémis d'horreur.

OCTAVE.
Vous changerez peut-être en connaissant Octave.

JULIE.
J'ai le sort des Romains; il me traite en esclave.
Vous pouviez respecter mon nom et mon malheur.

OCTAVE.
Sachez que de tous deux je suis le protecteur.

Les respects des humains et Rome vous attendent ;
Ce nom que vous portez, et leurs vœux vous demandent :
Je dois vous y conduire, et le sang des Césars
Ne doit plus qu'en triomphe entrer dans ses remparts.
Pourquoi les quittez-vous ? Ne pourrai-je connaître
Qui vous dérobe à Rome où le Ciel vous fit naître ?

JULIE.

Demandez-moi plutôt, dans ces horribles temps,
Pourquoi dans Rome encore il est des habitants ?
La ruine, la mort de tous côtés s'annonce :
Mon père était proscrit ; et voilà ma réponse.

OCTAVE.

Mes soins veillent sur lui ; ses jours sont assurés :
Je les ai défendus ; vous les rendez sacrés.

JULIE.

Ainsi je dois bénir vos lois et votre empire,
Lorsque vous permettez que mon père respire.

OCTAVE.

Il s'arma contre moi ; mais tout est oublié :
Ne lui ressemblez point par son inimitié.
Mais enfin, près de moi qui vous a pu conduire ?

JULIE.

La colère des Dieux obstinés à me nuire.

OCTAVE.

Ces dieux se calmeront. Ma sévère équité
A vengé le héros qui m'avait adopté.
Il n'appartient qu'à moi d'honorer dans Julie
Le sang, l'auguste sang dont vous êtes sortie.
Je dois compte de vous à Rome, aux demi-dieux
Que le monde à genoux révère en vos aïeux.

ACTE III, SCÈNE VI.

JULIE.

Vous!

OCTAVE.

Un fils de César ne doit jamais permettre
Qu'en d'étrangères mains on ose vous remettre.

JULIE.

Vous son fils!... ô héros! ô généreux vainqueur!
Quel fils as-tu choisi! quel est ton successeur!
César vous a laissé son pouvoir en partage;
Sa magnanimité n'est pas votre héritage :
S'il versa quelquefois le sang du citoyen,
Ce fut dans les combats, en répandant le sien.
C'est par d'autres exploits que vous briguez l'empire.
Il savait pardonner, et vous savez proscrire :
Prodigue de bienfaits, et vous d'assassinats,
Vous n'êtes point son fils; je ne vous connais pas.

OCTAVE.

Il vous parle par moi : Julie, il vous pardonne
Les noms injurieux que votre erreur me donne.
Ne me reprochez plus ces arrêts rigoureux
Qu'arrache à ma justice un devoir malheureux.
La paix va succéder aux jours de la vengeance.

JULIE.

Quoi! vous me donneriez un rayon d'espérance?

OCTAVE.

Vous pouvez tout.

JULIE.

Qui? moi!

OCTAVE.

Vous devez présumer

Quel est le seul moyen qui peut me désarmer,
Et qui de ma clémence est la cause et le gage.

JULIE.

Vous parlez de clémence au milieu du carnage !
Hélas ! si tant de sang, de supplices, de morts
Ont pu laisser dans vous quelque accès aux remords,
Si vous craignez du moins cette haine publique,
Cette horreur attachée au pouvoir tyrannique ;
Ou si quelques vertus germent dans votre cœur,
En les mettant à prix n'en souillez point l'honneur ;
N'en avilissez pas le caractère auguste.
Est-ce à vos passions à vous rendre plus juste ?
Soyez grand par vous-même.

OCTAVE.

Allez, je vous entends,
Et j'avais bien prévu vos refus insultants.
Un rival criminel, une race ennemie...

JULIE.

Qui ?

OCTAVE.

Vous le demandez ! vous savez trop, Julie,
Quel est depuis long-temps l'objet de mon courroux,
Et Pompée...

JULIE.

Ah ! cruel, quel nom prononcez-vous ?
Pompée est loin de moi : qui vous dit que je l'aime ?

OCTAVE.

Qui me le dit ? vos pleurs ; qui me le dit ? vous-même.
Pompée est loin de vous, et vous le regrettez !
Vous pensez m'adoucir lorsque vous m'insultez !

Lorsque de Rome enfin votre imprudente fuite
Du sein de vos parents vous entraîne à sa suite.
JULIE.
Ainsi vous ajoutez l'opprobre à vos fureurs.
Ah! ce n'est pas à vous à m'enseigner les mœurs !
Je ne suis point réduite à tant d'ignominie ;
Et ce n'est pas pour vous que je me justifie.
J'ai quitté mon pays que vous ensanglantez,
Mes parents et mes Dieux que vous persécutez.
J'ai dû sortir de Rome où vous alliez paraître ;
Mon père l'ordonnait, vous le savez peut-être :
C'est vous que je fuyais ; mes funestes destins,
Quand je vous évitais, m'ont remise en vos mains.
Commandez, s'il le faut, à la terre asservie ;
Mon cœur ne dépend point de votre tyrannie.
Vous pouvez tout sur Rome, et rien sur mon devoir.
OCTAVE.
Vous ignorez mes droits, ainsi que mon pouvoir.
Vous vous trompez, Julie, et vous pourrez apprendre
Que Lucius sans moi ne peut choisir un gendre ;
Que c'est à moi surtout que l'on doit obéir.
Déjà Rome m'attend : soyez prête à partir.
JULIE.
Voilà donc ce grand cœur, ce héros magnanime,
Qui du monde calmé veut mériter l'estime !
Voilà ce règne heureux de paix et de douceur !
Il fut un meurtrier : il devient ravisseur !
OCTAVE.
Il est juste envers vous ; mais, quoiqu'il en puisse être,
Sachez que le mépris n'est pas fait pour un maître.

Que vous aimiez Pompée, ou qu'un autre rival,
Encouragé par vous, cherche l'honneur fatal
D'oser un seul moment disputer ma conquête,
On sait si je me venge ; il y va de sa tête :
C'est un nouveau proscrit que je dois condamner ;
Et je jure, par vous, de ne point pardonner.

JULIE.

Moi, j'atteste ici Rome et son divin génie,
Tous ces héros armés contre la tyrannie,
Le pur sang des Césars, et dont vous n'êtes pas,
Qu'à vos proscriptions vous joindrez mon trépas,
Avant que vous forciez cette ame indépendante
A joindre une main pure à votre main sanglante.
Les meurtres que dans Rome ont commis vos fureurs,
De celui que j'attends sont les avant-coureurs.
Un nouvel Appius a trouvé Virginie ;
Son sang eut des vengeurs : il fut une patrie ;
Rome subsiste encor. Les femmes, en tout temps,
Ont servi dans nos murs à punir les tyrans.
Les rois, vous le savez, furent chassés pour elles.
Nouveau Tarquin, tremblez !

(*Elle sort.*)

SCÈNE VII.

OCTAVE, *seul.*

Que d'injures nouvelles !
Quel reproche accablant pour mon cœur oppressé !
Ce cœur m'en a dit plus, qu'elle n'a prononcé.
Le cruel est haï, j'en fais l'expérience.
Je suis puni déjà de ma toute-puissance.

ACTE III, SCÈNE VII.

A peine je gouverne, à peine j'ai goûté
Ce pouvoir qu'on m'envie, et qui m'a tant coûté.
Tu veux régner, Octave, et tu chéris la gloire;
Tu voudrais que ton nom vécût dans la mémoire :
Il portera ta honte à la postérité.
Etre à jamais haï! quelle immortalité!
Mais l'être de Julie, et l'être avec justice!
Entendre cet arrêt qui fait seul ton supplice!
Le peux-tu supporter ce tourment douloureux
D'un esprit emporté par de contraires vœux,
Qui fait le mal qu'il hait, et fuit le bien qu'il aime *,
Qui cherche à se tromper, et qui se hait lui-même?
Faut-il donc que l'amour ajoute à mes fureurs?
Ah! l'amour était fait pour adoucir nos mœurs.
D'indignes voluptés corrompaient mon jeune âge!
L'ambition succède avec toute sa rage.
Par quel nouveau torrent je me laisse emporter!
Que d'ennemis à vaincre! et comment les dompter?
Mânes du grand César! ô mon maître! ô mon père!
Que Brutus immola, mais que Brutus révère;
Héros terrible et doux à tous tes ennemis,
Tu m'as laissé l'empire à ta valeur soumis :
La moitié de ce faix accable ma jeunesse.
Je n'ai que tes défauts, je n'ai que ta faiblesse;
Et je sens dans mon cœur, de remords combattu,
Que je n'ose avec toi disputer de vertu.

FIN DU TROISIÈME ACTE.

* Vers d'un des cantiques sacrés de Racine.

ACTE QUATRIÈME.

SCÈNE I.

FULVIE, ALBINE.

ALBINE.

Quand sous vos pavillons, de sa crainte occupée,
Invoquant en secret l'ombre du grand Pompée,
Les sanglots à la bouche, et la mort dans les yeux,
Julie appelle en vain les enfers et les Dieux,
Vous la laissez, Fulvie, à sa douleur mortelle.

FULVIE.

Qu'elle se plaigne aux Dieux ; je vais agir pour elle.
J'attends ici Pompée.

ALBINE.

    Eh ! ne pouviez-vous pas
De cette île avec eux précipiter vos pas ?

FULVIE.

Non ; de nos ennemis la fureur attentive
Couvre de meurtriers et l'une et l'autre rive :
Rien ne peut nous tirer de ce gouffre d'horreur ;
J'y reste encore un jour, et c'est pour leur malheur.

ALBINE.

Qu'espérez-vous d'un jour ?

FULVIE.

    La mort ; mais la vengeance.

ALBINE.

Eh! peut-on se venger de la toute-puissance?

FULVIE.

Oui, quand on ne craint rien.

ALBINE.

Dans nos vaines douleurs,
D'un sexe infortuné les armes sont les pleurs.
Le puissant foule aux pieds le faible qui menace,
Et rit, en l'écrasant, de sa débile audace.

FULVIE.

Désormais à Fulvie ils n'insulteront plus;
Ils ne se joûront pas de mes pleurs superflus.
Je sais que ces brigands, affamés de rapine,
En comblant mon opprobre, ont juré ma ruine.
Prodigues ravisseurs, et bas intéressés,
Ils m'enlèvent les biens que mon père a laissés;
On les donne pour dot à ma fière rivale.
Mais, Albine, crois-moi, la pompe nuptiale
Peut se changer encore en un trop juste deuil;
Et tout usurpateur est près de son cercueil.
J'ai pris le seul parti qui reste à ma fortune.
De Pompée et de moi la querelle est commune :
Je l'attends; il suffit.

ALBINE.

Il est seul, sans secours.

FULVIE.

Il en aura dans moi.

ALBINE.

Vous hasardez ses jours.

FULVIE.

Je prodigue les miens. Va, retourne à Julie;
Soutiens son désespoir et sa force affaiblie;
Porte-lui tes conseils, son âge en a besoin;
Et de mon sort affreux laisse-moi tout le soin.

ALBINE.

L'état où je vous vois, m'épouvante et m'afflige.

FULVIE.

Porte ailleurs ton effroi; va, laisse-moi, te dis-je.
Pompée arrive enfin; je le vois. Dieux vengeurs,
Ainsi que nos affronts unissez nos fureurs!

SCÈNE II.

POMPÉE, FULVIE.

FULVIE.

Etes-vous affermi?

POMPÉE.

J'ai consulté ma gloire;
J'ai craint qu'elle ne vît une action trop noire
Dans le meurtre inouï qui nous tient occupés.

FULVIE.

Elle parle avec Rome; elle vous dit : Frappez.
Ils partent dès demain, ces destructeurs du monde;
Ils partent triomphants : et cette nuit profonde
Est le temps, le seul temps où nous pouvons tous deux,
Sans autre appui que nous, venger Rome sur eux.
Seriez-vous en suspens?

POMPÉE.

Non : mes mains seront prêtes.

ACTE IV, SCÈNE II.

Je voudrais de cette hydre abattre les trois têtes.
Je ne puis immoler qu'un de mes ennemis;
Octave est le plus grand; c'est lui que je choisis.

FULVIE.

Vous courez à la mort.

POMPÉE.

Elle ennoblit ma cause.
De cet indigne sang c'est peu que je dispose;
C'est peu de me venger : je n'aurais qu'à rougir
De frapper sans péril, et sans savoir mourir.

FULVIE.

Vous faites encor plus; vous vengez la patrie,
Et le sang innocent qui s'élève et qui crie;
Vous servez l'univers.

POMPÉE.

J'y suis déterminé.
L'assassin des Romains doit être assassiné.
Ainsi mourut César; il fut clément et brave :
Et nous pardonnerions à ce lâche d'Octave!
Ce que Brutus a pu, je ne le pourrais pas!
Et j'irais pour ma cause emprunter d'autres bras!
Le sort en est jeté. Faites venir Aufide.

FULVIE.

Il veille près de nous dans ce camp homicide.
Qu'on l'appelle... Déjà (*) les feux sont presque éteints;
Et le silence règne en ces lieux inhumains.

(*) On voit dans l'éloignement des restes de feu faiblement allumés autour des tentes, et le théâtre représente une nuit.

SCÈNE III.

POMPÉE, FULVIE, AUFIDE.

FULVIE, *à Aufide.*

Approchez. Que fait-on dans ces tentes coupables ?

AUFIDE.

Le sommeil y répand ses pavots favorables,
Lorsque les murs de Rome, au carnage livrés,
Retentissent au loin des cris désespérés
Que jettent vers les cieux les filles et les mères
Sur les corps étendus des enfants et des pères.
Le sang ruisselle à Rome : Octave dort en paix.

POMPÉE.

Vengeance, éveille-toi ! Mort, punis ses forfaits !
Dites-moi dans quels lieux ses tentes sont dressées ?

FULVIE.

Vous avez remarqué ces roches entassées
Qui laissent un passage à ces vallons secrets,
Arrosés d'un ruisseau que bordent des cyprès ;
Le pavillon d'Antoine est auprès du rivage :
Passez, et dédaignez de venger mon outrage.
Vous trouverez plus loin l'enceinte et les palis
Où du clément César est le barbare fils.
Avancez, vengez-vous.

AUFIDE.

Une troupe sanglante
Dans la nuit, à toute heure, environne sa tente.
Des plaisirs de leurs chefs affreux imitateurs,
Ils dorment auprès d'eux dans le sein des horreurs.

ACTE IV, SCÈNE III.

POMPÉE.

Vous avez préparé votre fidèle esclave?

FULVIE.

Il vous attend : marchez jusques au lit d'Octave.

POMPÉE, *à Fulvie.*

Je laisse entre vos mains, dans ce cruel séjour,
L'objet, le seul objet pour qui j'aimais le jour;
Le seul qui pût unir deux familles fatales,
Deux races de héros en infortune égales,
Le sang des vrais Césars. Ayez soin de son sort;
Enseignez à son cœur à supporter ma mort.
Qu'elle envisage moins ma perte que ma gloire;
Que, mort pour la venger, je vive en sa mémoire :
C'est tout ce que je veux. Mais en portant mes coups,
Je vous laisse exposée, et je frémis pour vous :
Antoine est en ces lieux maître de votre vie;
Il peut venger sur vous le frère d'Octavie.

FULVIE.

Qui? lui! qui? ce mortel sans pudeur et sans foi!
Cet oppresseur de Rome, et du monde, et de moi!
Lui, qui m'ose exiler! Quoi! dans mon entreprise
Vous pensez qu'un tyran, qu'une mort me suffise?
Aviez-vous soupçonné que je ne saurais pas
Porter, ainsi que vous, et souffrir le trépas;
Que je dévorerais mes douleurs impuissantes?
Voyez de ces tyrans les demeures sanglantes;
C'est l'école du meurtre, et j'ai dû m'y former;
De leur esprit de rage ils ont su m'animer :
Leur loi devient la mienne; il faut que je la suive :

Il faut qu'Antoine meure, et non pas que je vive.
Il périra, vous dis-je.

POMPÉE.

Et par qui?

FULVIE.

Par ma main (22).

POMPÉE.

Osez-vous bien remplir un si hardi dessein?

FULVIE.

Osez-vous en douter? le destin nous rassemble
Pour délivrer la terre, et pour mourir ensemble.
Que le triumvirat, par nous deux aboli,
Dans la tombe avec nous demeure enseveli.
J'ai trop vécu comme eux : le terme de ma vie
Est conforme aux horreurs dont les Dieux l'ont remplie;
Et Pompée, aux enfers descendant sans effroi,
Y va traîner Octave avec Antoine et moi.

AUFIDE.

Non, espérez encor; les soldats de ces traîtres
Ont changé quelquefois de drapeaux et de maîtres.
Ils ont trahi Lépide (23) : ils pourront aujourd'hui
Vendre au fils de Pompée un mercenaire appui.
Pour gagner les Romains, pour forcer leur hommage,
Il ne faut qu'un grand nom, de l'or, et du courage.
On a vu Marius entraîner sur ses pas (24)
Les mêmes assassins payés pour son trépas.
Nous séduirons les uns, nous combattrons le reste.
Ce coup désespéré peut vous être funeste;
Mais il peut réussir. Brutus et Cassius (25)
N'avaient pas, après tout, des projets mieux conçus.

Téméraires vengeurs de la cause commune,
Ils ont frappé César, et tenté la fortune.
Ils devaient mille fois périr dans le sénat :
Ils vivent cependant, ils partagent l'Etat;
Et dans Rome avec vous je les verrai peut-être.
Mes guerriers sur vos pas à l'instant vont paraître.
Nous vous suivrons de près ; il en est temps, marchons.
POMPÉE.
Je t'invoque, Brutus ! je t'imite ; frappons !

(Il sort avec Aufide.)

SCÈNE IV.
FULVIE, JULIE, ALBINE.
JULIE.
Il m'échappe, il me fuit ; ô Ciel ! m'a-t-il trompée ?
Autel ! fatal autel ! mânes du grand Pompée !
Votre fils devant vous m'a-t-il fait prosterner
Pour trahir mes douleurs et pour m'abandonner ?
FULVIE.
S'il arrive un malheur, armez-vous de courage :
Il faut s'attendre à tout.
JULIE.
              Quel horrible langage !
S'il arrive un malheur ! Est-il donc arrivé ?
FULVIE.
Non, mais ayez un cœur plus grand, plus élevé.
JULIE.
Il l'est ; mais il gémit : vous haïssez, et j'aime.
Je crains tout pour Pompée, et non pas pour moi-même.
Que fait-il ?

FULVIE.

Il vous sert... Les flambeaux dans ces lieux
De leur faible clarté ne frappent plus mes yeux (*).
Sommeil! sommeil de mort! favorise ma rage!

JULIE.

Où courez-vous?

FULVIE.

Restez; j'ai pitié de votre âge,
De vos tristes amours, et de tant de douleurs.
Gémissez, s'il le faut : laissez-moi mes fureurs.

SCÈNE V.

JULIE, ALBINE.

JULIE.

Que veut-elle me dire? et qu'est-ce qu'on prépare?
Séjour de meurtriers, île affreuse et barbare,
Je l'avais bien prévu, tu seras mon tombeau.
Albine, instruisez-moi de mon malheur nouveau :
Pompée est-il connu? voit-il sa dernière heure?
N'est-il plus d'espérance? est-il temps que je meure?
Je suis prête, parlez.

ALBINE.

Dans cette horrible nuit,
J'ignore, ainsi que vous, s'il succombe ou s'il fuit,
Si Fulvie au trépas aura pu le soustraire :
Elle suit les conseils d'une aveugle colère,
Qu'en ses transports soudains rien ne peut captiver;
Elle expose Pompée au lieu de le sauver.

(*) Les flambeaux qui éclairent les tentes, s'éteignent.

ACTE IV, SCÈNE V.

JULIE.

Je m'y suis attendue; et quand ma destinée
Dans cet orage affreux m'a près d'elle amenée,
Je ne me flattais pas d'y rencontrer un port.
Je sais que c'est ici le séjour de la mort.
Je suis perdue, Albine, et ne suis point trompée.
La fille d'un César, la veuve d'un Pompée,
Sera digne du moins, dans ces extrémités,
Du sang qu'elle a reçu, des noms qu'elle a portés.
On ne me verra point déshonorer sa cendre
Par d'inutiles cris qu'on dédaigne d'entendre;
Rougir de lui survivre, et tromper mes douleurs
Par l'espoir incertain de trouver des vengeurs.
Pour affronter la mort, il échappe à ma vue :
Il a craint ma faiblesse; il m'a trop mal connue :
S'il prétend que je vive, il m'outrage en effet.
Allons.

SCÈNE VI.

JULIE, ALBINE, POMPÉE.

JULIE.

O Dieux! Pompée!

POMPÉE.

Il est mort, c'en est fait.

JULIE.

Qui?

POMPÉE.

L'univers est libre.

JULIE.

O Rome! ô ma patrie!
Octave est mort par vous!

POMPÉE.

Oui, je vous ai servie :
De la terre et de vous j'ai puni l'oppresseur.

JULIE.

O succès inouï! trop heureuse fureur!

POMPÉE.

Ses gardes, assoupis dans leur infame ivresse,
Laissaient un accès libre à ma main vengeresse.
Un de ses favoris, un de ses assassins,
Un ministre odieux de ses affreux desseins,
Seul auprès du tyran reposait dans sa tente :
J'entre; un dieu me conduit: une idée effrayante,
De la mort que j'apporte un songe avant-coureur,
Dans son profond sommeil excitant sa terreur,
De ses proscriptions lui présentait l'image;
Quelques sons mal formés de sang et de carnage
S'échappaient de sa bouche, et son perfide cœur
Jusque dans le repos déployait sa fureur.
De funèbres accents ont prononcé *Pompée :*
Dans son cœur à ce nom j'ai plongé cette épée;
Mon rival a passé du sommeil au trépas,
Trépas encor trop doux pour tant d'assassinats :
Il aurait dû périr par un supplice insigne.
Je sais que de Pompée il eût été plus digne
D'attaquer un César au milieu des combats;
Mais un César tyran ne le méritait pas.
Le silence et la mort ont servi ma retraite.

ACTE IV, SCÈNE VI.

JULIE.

Je goûte en frémissant une joie inquiète.
L'effroi qui me saisit, corrompant mon espoir,
Empoisonne en secret le bonheur de vous voir.
Pourrez-vous fuir du moins de cette île exécrable?

POMPÉE.

Moi, fuir!

JULIE.

Il reste encore un tyran redoutable.

POMPÉE.

Si le Ciel nous seconde, il n'en restera plus.

JULIE.

Et comment rassurer mes esprits éperdus?
Antoine va venger la mort de son complice.

POMPÉE.

D'Antoine en ce moment les dieux vous font justice;
Et je mourrai du moins heureux dans mes malheurs
Sur les corps tout sanglants de nos deux oppresseurs.
Venez, il n'est plus temps d'écouter vos alarmes.

JULIE.

Ciel! pourquoi ces flambeaux, ces cris, ce bruit des armes?

POMPÉE.

Je ne vois plus l'esclave à qui j'étais remis,
Et qui, me conduisant parmi mes ennemis,
Jusques au lit d'Octave a guidé ma furie.

SCÈNE VII.

POMPÉE, JULIE, ALBINE, AUFIDE.

AUFIDE.

Tout serait-il perdu? L'esclave de Fulvie,
Saisi par les soldats, est déjà dans les fers.
De César dans le camp le nom remplit les airs.
On marche, on est armé; le reste, je l'ignore.
J'ai des soldats. Allons.

JULIE, à *Aufide*.

Ah! c'est toi que j'implore;
C'est toi qui de Pompée es devenu l'appui.

AUFIDE.

Je vous réponds du moins de mourir près de lui.

POMPÉE.

Mettez votre courage à supporter ma perte.
La tente de Fulvie à vos pas est ouverte;
Rentrez, attendez-y les derniers coups du sort :
Confondez vos tyrans encore après ma mort.
Conservez pour eux tous une haine éternelle;
C'est ainsi qu'à Pompée il faut être fidèle.
Pour moi, digne de vivre et mourir votre époux,
Je leur vendrai bien cher des jours qui sont à vous.
Le lâche fuit en vain; la mort vole à sa suite :
C'est en la défiant que le brave l'évite.

FIN DU QUATRIÈME ACTE.

ACTE CINQUIÈME.

SCÈNE I.

JULIE, FULVIE, *Gardes dans le fond.*

JULIE.

Vous me l'aviez bien dit qu'il me fallait tout craindre.
Voilà donc nos succès!

FULVIE.

     Vous êtes seule à plaindre :
Vous aviez devant vous un avenir heureux;
Vous perdez de beaux jours, et moi des jours affreux.
Vivez, si vous l'osez : je déteste la vie;
Ma main n'a pu suffire à mon ame hardie.
Ces monstres que le Ciel veut encor protéger,
Sont plus heureux que nous dans l'art de se venger.
Pompée en s'approchant de ce perfide Octave (26),
Et croyant le punir, n'a frappé qu'un esclave,
Qu'un des vils instruments de ses sanglants complots,
Indigne de mourir sous la main d'un héros.
D'un plus grand ennemi j'allais purger le monde;
Je marchais, j'avançais dans cette nuit profonde;
Mon bras était levé, lorsque de toutes parts
Les flambeaux rallumés ont frappé mes regards.
Octave tout sanglant a paru dans la tente.
De leurs lâches licteurs une troupe insolente

Me conduit en ces lieux captive auprès de vous.
Fléchissez vos tyrans; je brave ici leurs coups.
Qu'on me laisse le jour, ou bien qu'on me punisse;
Ma vengeance est perdue, et voilà mon supplice.
Ciel! si tu veux encor prolonger mes destins,
Que ce soit seulement pour mieux armer mes mains,
Pour mieux servir ma haine et ma fureur trompée.

JULIE.

Hélas! avez-vous su ce que devient Pompée?
Est-il vivant ou mort en ces déserts sanglants?
Aufide aura-t-il pu dérober aux tyrans
Ce héros tant proscrit que la terre abandonne?

FULVIE.

Il n'ose m'en flatter; mais aucun ne soupçonne
Que Pompée en effet soit errant sur ces bords.
Vers Césène aujourd'hui tous ses amis sont morts;
Le bruit de son trépas commence à se répandre :
Les tyrans sont trompés; et vous pouvez comprendre
Que ce bruit peut servir encore à le sauver;
C'est un soin que mes mains n'ont pu se réserver.
Vous êtes libre au moins; son salut vous regarde :
Vous me voyez captive, on m'arrête, on me garde;
Je ne puis rien pour vous, ni pour lui, ni pour moi.
J'attends la mort.

SCÈNE II.

JULIE, FULVIE, OCTAVE, ANTOINE, Tribuns, Licteurs.

ANTOINE.

Tribuns, exécutez ma loi;
Gardez cette coupable, et répondez-moi d'elle :

ACTE V, SCÈNE II.

Suivez de ses complots la trame criminelle ;
Qu'on l'observe ; et surtout que nous soyons instruits
Des complices secrets par son ordre introduits.

FULVIE.

Je n'ai point de complice ; et ces noms méprisables
Sont faits pour vos suivants, sont faits pour vos semblables,
Pour ces Romains nouveaux qui, formés pour servir,
Se sont déshonorés jusqu'à vous obéir.
Traîtres, ne cherchez point la main qui vous menace ;
La voici : vous deviez connaître mon audace.
L'art des proscriptions, que j'apprenais sous vous,
M'enseignait à vous perdre, et dirigeait mes coups.
Je n'ai pu sur vous deux assouvir ma vengeance ;
Je l'attends de vous seuls et de votre alliance ;
Je l'attends des forfaits qui vous ont faits amis ;
Ils vont vous diviser comme ils vous ont unis :
Il n'est point d'amitiés entre les parricides.
L'un de l'autre jaloux, l'un vers l'autre perfides,
Vous détestant tous deux, du monde détestés,
Traînant de mers en mers vos infidélités,
L'un par l'autre écrasés, et bourreaux et victimes,
Puissent vos maux sans nombre être égaux à vos crimes !
Citoyens révoltés, prétendus souverains,
Qui vous faites un jeu du malheur des humains,
Qui, passant du carnage aux bras de la mollesse,
Du meurtre et du plaisir goûtez en paix l'ivresse,
Mon nom deviendra cher aux siècles à venir,
Pour avoir seulement tenté de vous punir.

ANTOINE.

Qu'on la ramène ; allez.

SCÈNE III.

JULIE, OCTAVE, ANTOINE, Gardes.

JULIE, *à Octave.*
Ah! souffrez que Julie
Loin de ses oppresseurs accompagne Fulvie.
Mon bras n'est point armé; je n'ai contre vous trois
Que mon cœur, ma misère, et nos Dieux, et nos lois :
Vous les méprisez tous : mais si César encore,
Ce nom sacré pour vous, ce nom que Rome honore,
Sur vos cœurs endurcis a quelque autorité,
Osez-vous à son sang ravir la liberté?
Pensait-il qu'en ces lieux sa nièce fugitive
Du fils qu'il adopta deviendrait la captive?

OCTAVE.
Pensait-il que Julie avec tant de fureur
Du sang qui la forma pourrait trahir l'honneur?
Je ne crois point votre ame encore assez hardie
Pour oser partager les crimes de Fulvie;
Mais, sans vous imputer ses forfaits insensés,
L'amante de Pompée est criminelle assez.

JULIE.
Oui, je l'aime, César, et vous l'avez dû croire;
Je l'aime, je le dis, j'en fais toute ma gloire.
J'ai préféré Pompée errant, abandonné,
A César tout-puissant, à César couronné.
Caton contre les Dieux prit le parti du père :
Je mourrai pour le fils; cette mort m'est plus chère

Que ne l'est à vos yeux tout le sang des proscrits :
Sa main les rachetait; mon cœur en fut le prix.
Ne lui disputez pas sa noble récompense;
César, contentez-vous de la toute-puissance.
S'il honora dans Rome, et surtout aux combats,
Un nom dont il est digne, et qu'il n'usurpe pas,
Si vous êtes jaloux du nom qu'il fait revivre,
Songez à l'égaler, plutôt qu'à le poursuivre.

OCTAVE.

Oui, César est jaloux comme il est irrité.
Je crois valoir Pompée, et j'en suis peu flatté.
Et vous... Mais nous allons approfondir le crime.

SCÈNE IV.

OCTAVE, ANTOINE, JULIE, un TRIBUN, Gardes.

ANTOINE.

Eh bien! qu'avez-vous fait?

LE TRIBUN.

On conduit la victime.

JULIE.

Quelle victime, ô Ciel!

OCTAVE.

Quel est ce malheureux?
Où l'a-t-on retrouvé?

LE TRIBUN.

Vers ces antres affreux,
Au milieu des rochers qu'a frappés le tonnerre;
Du sang de nos soldats il a rougi la terre.

Aufide, de Fulvie un secret confident,
A côté de ce traître est mort en combattant ;
Il n'a cédé qu'à peine au nombre, à ses blessures.
Nos soins multipliés dans ces roches obscures
Ont du sang qu'il perdait arrêté les torrents,
Et rappelé la vie en ses membres sanglants.
On a besoin qu'il vive, et que dans les supplices
Il vous instruise au moins du nom de ses complices.

ANTOINE.

C'est quelqu'un des proscrits, qui, frappant au hasard,
Nous rapportait la mort aux lieux dont elle part.
On l'aura pu choisir dans une foule obscure.
Casca fit à César la première blessure (27).
Je reconnais Fulvie et ses vaines fureurs,
Qui toujours contre nous armeront des vengeurs ;
Mais je la forcerai de nommer ce perfide.

LE TRIBUN.

Il n'en est pas besoin ; sa fureur intrépide
De ce grand attentat se fait encore honneur.
Il n'en cachera pas le motif et l'auteur.

OCTAVE.

Vous pâlissez, Julie.

LE TRIBUN.
Il vient.

JULIE.
Ciel implacable,
Vous nous abandonnez !

SCÈNE V.

Les PERSONNAGES précédents; POMPÉE, *blessé et soutenu;*
GARDES.

OCTAVE.

Quel es-tu? misérable!
A ce meurtre inouï qui pouvait t'engager?

POMPÉE.

Est-ce Octave qui parle, et m'ose interroger?

LE TRIBUN.

Réponds au Triumvir.

POMPÉE.

Eh bien! ce nom funeste,
Eh bien! ce titre affreux que la terre déteste,
Devait t'apprendre assez mon devoir, mes desseins.

JULIE.

Je me meurs!

OCTAVE.

Qui sont-ils?

POMPÉE.

Ceux de tous les Romains.

ANTOINE.

Dans un simple soldat quelle étrange arrogance!

OCTAVE.

Sa fermeté m'étonne ainsi que sa vaillance.
Qu'es-tu donc?

POMPÉE.

Un Romain digne d'un meilleur sort.

OCTAVE.

Qui t'amenait ici?

POMPÉE.

Ton châtiment, ta mort;
Tu sais qu'elle était juste.

JULIE.

Enfin, la nôtre est sûre!

POMPÉE.

Du monde entier sur toi j'ai dû venger l'injure.
Apprenez, Triumvirs, oppresseurs des humains,
Qu'il est des Scévola comme il est des Tarquins.
Même erreur m'a trompé... Licteurs, qu'on me présente
Le feu qui doit punir ma main trop imprudente;
Elle est prête à tomber dans le brasier vengeur,
Ainsi qu'elle fut prête à te percer le cœur.

OCTAVE.

Lui! le soldat d'Aufide! A ce nouvel outrage,
A ces discours hardis, et surtout au courage
Que ce Romain déploie à mes yeux confondus,
A ces traits de grandeur sur son front répandus,
Si je n'étais instruit que Pompée en sa fuite
Au pied de l'Apennin brave encor ma poursuite,
Je croirais... Mais déjà vous me tirez d'erreur,
Vous pleurez, vous tremblez : c'est Pompée.

JULIE.

Ah, Seigneur!

POMPÉE.

Tu ne t'es pas trompé : le Romain qui te brave,
Qui vengeait sa patrie et d'Antoine et d'Octave,
Possède un nom trop beau, trop cher à l'univers,
Pour ne s'en pas vanter dans l'opprobre des fers.

ACTE V, SCÈNE V.

De Pompée en ces lieux je t'ai promis la tête :
Frappez, maîtres du monde, elle est votre conquête.

JULIE.

Malheureuse!

OCTAVE.

O destins!

JULIE.

O pur sang des héros!

POMPÉE.

Je n'ai pu de mon père égaler les travaux :
Je cède à des tyrans ainsi que ce grand homme ;
Et je meurs comme lui le défenseur de Rome.

JULIE.

Octave, es-tu content? tu tiens entre tes mains
Et Julie, et Pompée, et le sort des humains.
Prétends-tu qu'à tes pieds mes lâches pleurs s'épuisent?
Le faible les répand; les tyrans les méprisent.
Je me reprocherais jusqu'au moindre soupir
Qui serait inutile et le ferait rougir.
Je ne te parle plus du vainqueur de Pharsale.
Si ton père a du sien pleuré la mort fatale,
Celui qui des Romains n'est plus que le bourreau
N'est pas digne de suivre un exemple si beau.
Tes édits l'ont proscrit, arrache-lui la vie;
Mais commence par moi, commence par Julie :
Tandis que je vivrai, tes jours sont en danger.
Va, ne me laisse point un héros à venger.
Toi qui m'osas aimer, apprends à me connaître ;
Tyran, tu vois sa femme : elle est digne de l'être.

OCTAVE.

Par un crime de plus fléchit-on mon courroux?
Il n'est que plus coupable en étant votre époux.
Antoine, vous voyez ce que nos lois demandent.

ANTOINE.

Son supplice : il le faut ; nos légions l'attendent.
Je ne balance point ; César a pardonné :
Mais César bienfaisant est mort assassiné.
Les intérêts, les temps, les hommes, tout diffère.
Je combattis long-temps, et j'honorai son père ;
Il s'arma noblement pour le sénat romain :
Je ne connais son fils que pour un assassin.

POMPÉE.

Lâches! par d'autres mains vous frappez vos victimes.
J'ai fait une vertu de ce qui fait vos crimes ;
Je n'ai pu vous frapper au milieu des combats :
Vous aviez vos bourreaux, je n'avais que mon bras.
J'ai sauvé cent proscrits ; et je l'étais moi-même :
Vous l'êtes par les lois. Votre grandeur suprême
Fut votre premier crime, et méritait la mort.
Par le droit des brigands arbitres de mon sort,
Vous croyez m'abaisser! vous! dans votre insolence
Sachez qu'aucun mortel n'aura cette puissance.
Le Ciel même, le Ciel, qui me laisse périr,
Peut accabler Pompée, et non pas l'avilir.

ANTOINE.

Vous voyez sa fureur ; elle nous justifie.
Assurez notre empire, assurez votre vie.

JULIE.

Barbares!

ACTE V, SCÈNE V.

OCTAVE.

Je connais son courage effréné ;
Et Julie en l'aimant l'a déjà condamné.

ANTOINE.

Sa mort depuis long-temps fut par nous préparée ;
Elle est trop légitime, elle est trop différée.
C'est vous qu'il attaquait ; c'est vous seul qui devez
Annoncer le destin que vous lui réservez.

OCTAVE.

Vous approuvez ainsi l'arrêt que je vais rendre ?

ANTOINE.

Prononcez, j'y souscris.

POMPÉE.

Je suis prêt à l'entendre,
A le subir.

OCTAVE, *après un long silence.*

Je suis le maître de son sort :
Si je n'étais que juge, il irait à la mort :
Je suis fils de César, j'ai son exemple à suivre ;
C'est à moi d'en donner... Je pardonne ; il doit vivre.
Antoine imitez-moi : j'annonce aux nations
Que je finis le meurtre et les proscriptions ;
Elles ont trop duré : je veux que Rome apprenne...

ANTOINE.

Que vous voulez sur moi laisser tomber la haine,
Ramener les esprits pour m'en mieux éloigner,
Séduire les Romains, pardonner pour régner.

OCTAVE.

Non ; je veux vous apprendre à vaincre la vengeance ;
L'amour est plus terrible, a plus de violence.

A mon âge peut-être il devait m'emporter;
Il me combat encore, et je veux le dompter.
Commençons l'un et l'autre un empire plus juste.
Que l'on oublie Octave, et qu'on chérisse Auguste (28).
Soyez jaloux de moi, mais pour mieux effacer
Jusqu'aux traces du sang qu'il nous fallut verser.
Pardonnons à Fulvie, à ces malheureux restes
Des proscrits échappés à nos ordres funestes :
Par les cris des humains laissons-nous désarmer;
Et puisse Rome un jour apprendre à nous aimer (29)!
(A Julie.)
Je vous rends à Pompée, en lui rendant la vie;
Il n'aurait rien reçu s'il vivait sans Julie.
(A Pompée.)
Sois pour ou contre nous, brave ou subis nos lois;
Sans te craindre ou t'aimer, je t'en laisse le choix.
Soutenons à l'envi les grands noms de nos pères,
Ou généreux amis, ou nobles adversaires.
Si du peuple romain tu te crois le vengeur,
Ne sois mon ennemi que dans les champs d'honneur.
Loin du Triumvirat va chercher un refuge.
Je prends entre nous deux la victoire pour juge.
Ne versons plus de sang qu'au milieu des hasards :
Je m'en remets aux Dieux; ils sont pour les Césars.

JULIE.

Octave, est-ce bien vous? est-il vrai?

POMPÉE.

Tu m'étonnes!
En vain tu deviens grand, en vain tu me pardonnes :
Rome, l'Etat, mon nom, nous rendent ennemis.

La haine qu'entre nous nos pères ont transmis
Est par eux commandée, et comme eux immortelle.
Rome par toi soumise à son secours m'appelle.
J'emploîrai tes bienfaits, mais pour la délivrer :
Va, je la dois servir ; mais je dois t'admirer.

FIN DU TRIUMVIRAT.

EXTRAIT
DES NOTES SUR LE TRIUMVIRAT.
(1766.)

(1) E*n cette île funeste.*

Cette île, où les Triumvirs commencèrent les proscriptions, est dans la rivière Réno, auprès de Bononia, que nous nommons Bologne. Elle n'est pas si grande qu'elle semble l'être dans cette tragédie; mais je crois qu'on peut très-bien supposer, surtout en poésie, que l'île et la rivière étaient plus considérables autrefois qu'aujourd'hui; et surtout ce tremblement de terre dont il est parlé dans *Pline,* peut avoir diminué l'un et l'autre.

(2) *Il épouse Octavie.*

Il est bon d'observer qu'Antoine n'épousa Octavie que long-temps après; mais c'est assez qu'il ait été beau-frère d'Octave. Il ne répudia point Octavie, mais il fut sur le point de la répudier quand il fut amoureux de Cléopâtre, et elle mourut de chagrin et de colère.

(3) *Octave vous aima.*

Les historiens disent que Fulvie fit les avances à Octave, et qu'il ne la trouva pas assez belle; ce qui paraît en effet par les vers licencieux qu'il fit contre Fulvie.

(4) *Passer Antoine même en ses emportements.*

Il est très-vrai qu'Auguste fut long-temps livré à des débauches de toute espèce. Suétone nous en apprend quelques-unes. Ce même Sextus Pompée dont nous parlerons lui repro-

EXTRAIT DES NOTES SUR LE TRIUMVIRAT.

cha des faiblesses infames, *effeminatum insectatus est.* Antoine, avant le Triumvirat, déclara que César, grand-oncle d'Auguste, ne l'avait adopté pour son fils que parce qu'il avait servi à ses plaisirs; *adoptionem avunculi stupro meritum.*

Presque tous les auteurs latins qui ont parlé d'Ovide prétendent qu'Auguste n'eut l'insolence d'exiler ce chevalier romain, qui était beaucoup plus honnête homme que lui, que parce qu'il avait été surpris par lui dans un inceste avec sa propre fille Julia, et qu'il ne relégua même sa fille que par jalousie.

Antoine n'était pas moins connu par ses débordements effrénés. On le vit parcourir toute l'Apulie dans un char superbe traîné par des lions, avec la courtisane Cithéris, qu'il caressait publiquement en insultant au peuple romain. Cicéron lui reproche encore un pareil voyage fait aux dépens des peuples avec une baladine nommée Hippias et des farceurs. C'était un soldat grossier qui jamais dans ses débauches n'avait eu de respect pour la bienséance; il s'abandonnait à la plus honteuse ivrognerie et aux plus infames excès.

(5) .... *Mes deux tyrans en secret se détestent.*

Octave et Antoine se haïssaient et se craignaient l'un et l'autre. La vengeance du meurtre de César ne fut jamais que le prétexte de leur ambition. Ils n'agirent que pour eux-mêmes, soit quand ils furent ennemis, soit quand ils furent alliés.

Le monde fut ravagé par eux depuis l'Euphrate jusqu'au fond de l'Espagne. Nous sommes encore éblouis de leur splendeur, et nous ne devrions être étonnés que de l'atrocité de leur conduite. L'éclat de la grandeur de Rome se répand sur eux; elle nous en impose, et nous fait presque respecter ce que nous haïssons dans le fond du cœur.

Les derniers temps de l'empire d'Auguste sont encore cités avec admiration, parce que Rome goûta sous lui l'abondance, les plaisirs et la paix. Il régna avec gloire; mais enfin il ne fut jamais cité comme un bon prince. Quand le sénat complimentait les empereurs à leur avènement, que leur souhaitait-il? d'être plus heureux qu'Auguste, meilleurs que Trajan, *felicior Augusto, melior Trajano.* L'opinion de l'empire romain fut donc qu'Auguste n'avait été qu'heureux, mais que Trajan avait été bon.

(6) . . . . *Lucius César a des amis secrets.*

Ce Lucius César avait épousé une tante d'Antoine, et Antoine le proscrivit. Il fut sauvé par les soins de sa femme, qui s'appelait Julie. Je n'ai trouvé dans aucun historien qu'il ait eu une fille du même nom; je laisse à ceux qui connaissent mieux que moi les règles du théâtre et les priviléges de la poésie à décider s'il est permis d'introduire sur la scène un personnage important qui n'a pas réellement existé. Je crois que si cette Julie était aussi connue qu'Antoine et Octave, elle ferait un plus grand effet. Je propose cette idée moins comme une critique que comme un doute.

(7) . . . . *L'infame avarice,* etc.

Le prix de chaque tête était de cent mille sesterces, qui font aujourd'hui environ vingt-deux mille livres de notre monnaie. Mais il est probable que le sang de Sextus Pompée, de Cicéron et des principaux proscrits, fut mis à un prix plus haut, puisque Popilius Lænas, assassin de Cicéron, reçut la valeur de deux cent mille francs pour sa récompense.

Au reste, le prix ordinaire de cent mille sesterces, pour les hommes libres qui assassineraient des citoyens, fut réduit à quarante mille pour les esclaves. L'ordonnance en fut affichée dans toutes les places publiques de Rome. Il y eut trois cents sénateurs de proscrits, deux mille chevaliers, plus de cent négociants, tous pères de famille.

L'avarice eut tant de part dans ces proscriptions, de la part même des Triumvirs, qu'ils imposèrent une taxe exorbitante sur les femmes et sur les filles des proscrits, afin qu'il n'y eût aucun genre d'atrocité dont ces prétendus vengeurs de la mort de César ne souillassent leur usurpation.

(8) *Mon génie était né pour les guerres civiles.*

Fulvie se rend ici une exacte justice. Elle précipita le frère d'Antoine dans sa ruine; elle cabala avec Auguste et contre Auguste, elle fut l'ennemie mortelle de Cicéron; elle était digne de ces temps funestes.

(9) *Lépide est un fantôme.* ...

Il était en effet tel que l'auteur le dépeint ici. Le lâche proscrivit jusqu'à son propre frère, pour s'attirer l'affection de ses deux collègues, qu'il ne put jamais obtenir. Il fut obligé de se démettre de sa place de triumvir après la bataille de Philippes : il demeura pontife, comme l'auteur le dit, mais sans crédit et sans honneurs.

(10) *L'Orient est à vous.* ...

Ce ne fut point ainsi que fut fait le partage dans l'île de Réno. Ce ne fut qu'après la bataille de Philippes qu'Octave se réserva l'Italie; et ce nouveau partage même fut la source de tous les malheurs d'Antoine, et de la prospérité d'Auguste.

(11) .... *Et je n'ai que des rois.*

On remarque, en effet, qu'avant la bataille d'Actium il y eut un jour quatorze rois dans l'antichambre d'Antoine; mais ces rois ne valaient ni les légions romaines, ni même le seul Agrippa, qui gagna la bataille, et qui fit triompher le peu courageux Auguste de la valeur d'Antoine.

(12) *Craignez-vous un augure ?* ....

Auguste feignit toujours d'être superstitieux; et peut-être le fut-il quelquefois. Il eut, au rapport de Suétone, la faiblesse de croire qu'un poisson qui sautait hors de la mer sur le rivage d'Actium lui présageait le gain de la bataille. Ayant ensuite rencontré un ânier, il lui demanda le nom de son âne; l'ânier lui répondit qu'il s'appelait *Vainqueur*. Octave ne douta plus qu'il ne dût remporter la victoire. Il fit faire des statues d'airain de l'ânier, de l'âne et du poisson : il les plaça dans le Capitole.

(13) *Sacrifier Pompée*....

Ce Sextus Pompéius, dont nous avons déjà parlé, était fils du grand Pompée. Son caractère était noble, violent et téméraire. Il se fit une réputation immortelle dans le temps des proscriptions; il eut le courage de faire afficher dans Rome qu'il donnerait à ceux qui sauveraient les proscrits le double de ce que les Triumvirs promettaient aux assassins. Il finit par être tué en Phrygie par ordre d'Antoine.

(14) *César en fit autant*....

Cela est incontestable; et je crois qu'on peut remarquer que presque tous les chefs de parti dans les guerres civiles ont été des voluptueux. La plupart insultèrent toujours aux misères publiques, en se livrant à la plus énorme licence; et les rapines les plus odieuses servirent à payer leurs plaisirs.

(15) *Vers l'humaine équité quelque faible retour.*

Il faut avouer qu'Auguste eut de ces retours heureux, quand le crime ne lui fut plus nécessaire, et qu'il vit qu'étant maître absolu, il n'avait plus d'autre intérêt que celui de paraître juste; mais il me semble qu'il fut presque toujours plus impitoyable que clément.

Si la conspiration de Cinna est vraie, Auguste ne pardonna que malgré lui, vaincu par les raisons ou par les importunités de Livie, qui avait pris sur lui un grand ascendant, et qui lui persuada que le pardon lui serait plus utile que le châtiment. Ce ne fut donc que par politique qu'on le vit une fois exercer la clémence : ce ne fut point par générosité.

(16) *Le sphynx est son emblême*, etc.

Il est vrai qu'Auguste porta long-temps au doigt un anneau sur lequel un sphynx était gravé. On dit qu'il voulait marquer par-là qu'il était impénétrable. Pline le naturaliste rapporte que, lorsqu'il fut seul maître de la république, les applications odieuses, trop souvent faites par les Romains à l'occasion du sphynx, le déterminèrent à ne plus se servir de ce cachet, et qu'il y substitua la tête d'Alexandre.

(17) *J'ai vu périr Caton*, etc.

Je propose quelques réflexions sur la vie et sur la mort de Caton. Il ne commanda jamais d'armée; il ne fut que simple préteur: et cependant nous prononçons son nom avec plus de vénération que celui des Césars, des Pompée, des Brutus, des Cicéron et des Scipions même; c'est que tous ont eu beaucoup d'ambition ou de grandes faiblesses. C'est comme citoyen vertueux, c'est comme stoïcien rigide qu'on révère Caton malgré soi; tant l'amour de la patrie est respecté par ceux même à qui les vertus patriotiques sont inconnues! tant la philosophie stoïcienne force à l'admiration ceux même qui en sont le plus éloignés! Il est certain que Caton fit tout pour le devoir, tout pour la patrie, et jamais rien pour lui. Il est presque le seul Romain de son temps qui mérite cet éloge. Lui-seul, quand il fut questeur, eut le courage, non-seulement de refuser aux exécuteurs des proscriptions de Sylla l'argent qu'ils redemandaient encore en vertu des rescriptions que Sylla leur avait laissées sur le trésor public; mais il les accusa de concussion et d'homicide, et les fit condamner à mort; donnant ainsi un terrible exemple aux Triumvirs, qui dédaignèrent d'en profiter. Il fut ennemi de quiconque aspirait à la tyrannie. Retiré dans Utique après la bataille de Tapsa, que César avait gagnée, il exhorte les sénateurs d'Utique à imiter son courage, à se défendre contre l'usurpateur; il les trouve intimidés; il a l'humanité de pourvoir à leur sûreté dans leur fuite. Quand il voit qu'il ne lui reste plus aucune espérance de sauver sa patrie, et que sa vie est inutile, il sort de la vie.

(18) *Les Scipions sont morts aux déserts de Carthage.*

Je ne connais que Métellus Scipion qui fit la guerre contre César en Afrique, conjointement avec le roi Juba. Il perdit la grande bataille de Tapsa; et voulant ensuite traverser la mer d'Afrique, la flotte de César coula son vaisseau à fond. Scipion périt dans les flots, et non dans les déserts. J'aimerais mieux que l'auteur eût mis : *Les Scipions sont morts aux syrtes de Carthage.* Il faut de la vérité autant qu'on le peut.

(19) *Cicéron, tu n'es plus*, etc.

Je remarquerai, sur le meurtre de Cicéron, qu'il fut assassiné par un tribun militaire nommé Popilius Lænas, pour lequel il avait daigné plaider, et auquel il avait sauvé la vie. Ce meurtrier reçut d'Antoine deux cent mille livres de notre monnaie pour la tête et les deux mains de Cicéron, qu'il lui apporta dans le forum. Antoine les fit clouer à la tribune aux harangues.

Quoique nous ayons presque tous les ouvrages de Cicéron, Saint-Évremont est le premier qui nous ait avertis qu'il fallait considérer en lui l'homme d'Etat et le bon citoyen. Il n'est bien connu que par l'histoire excellente que Midleton nous a donnée de ce grand homme. Il était le meilleur orateur de son temps, et le meilleur philosophe.

(20) *Ont fait couler le sang du plus grand des mortels.*

Je propose ici une conjecture. Il me semble que l'intérêt des ministres du jeune Ptolémée, âgé de treize ans, n'était point du tout d'assassiner Pompée : mais de le garder en otage, comme un gage des faveurs qu'ils pouvaient obtenir du vainqueur, et comme un homme qu'ils pouvaient lui opposer s'il voulait les opprimer.

Après la victoire de Pharsale, César dépêcha des émissaires secrets à Rhodes, pour empêcher qu'on ne reçût Pompée. Il dut, ce me semble, prendre les mêmes précautions avec l'Égypte; il n'y a personne qui en pareil cas négligeât un intérêt si important. On peut croire que César prit cette précaution nécessaire, et que les Égyptiens allèrent plus loin qu'il ne voulait; ils crurent s'assurer de sa bienveillance en lui présentant la tête de Pompée. On a dit qu'il versa des larmes en la voyant; mais ce qui est bien plus sûr, c'est qu'il ne vengea point sa mort: il ne punit point Septime, tribun romain, qui était le plus coupable de cet assassinat; et lorsque ensuite il fit tuer Achillas, ce fut dans la guerre d'Alexandrie, et pour un sujet tout différent. Il est donc très-vraisemblable que, si César n'ordonna pas la mort de Pompée, il fut au moins la cause très-prochaine de cette mort. L'impunité accordée à Septime est une preuve bien forte contre César. Il aurait pardonné à Pompée, je le crois, s'il l'avait eu entre ses mains: mais je crois aussi qu'il ne le regretta pas; et une preuve indubitable, c'est que la première chose qu'il fit, ce fut de confisquer tous ses biens à Rome. On vendit à l'encan la belle maison de Pompée, Antoine l'acheta, et les enfants de Pompée n'eurent aucun héritage.

(21) .... *Un fils de Cépias.*

Dion Cassius nous apprend que le surnom du père d'Auguste était Cépias. Cet Octavius Cépias fut le premier sénateur de sa branche. Le grand-père d'Auguste n'était qu'un riche chevalier qui négociait dans la petite ville de Veletri, et qui épousa la sœur aînée de César, soit qu'alors la famille des Césars fût pauvre, soit qu'elle voulût plaire au peuple par cette alliance disproportionnée. On reprochait à Auguste que son bisaïeul avait été un petit marchand, un changeur à Veletri. Ce changeur passait même pour le fils d'un affranchi.

Il y a mille exemples de grandes fortunes qui ont eu une basse origine, ou que l'orgueil appelle basse : il n'y a rien de bas aux yeux du philosophe; et quiconque s'est élevé doit avoir eu cette espèce de mérite qui contribue à l'élévation.

(22) . . . . . *Par ma main.*

Ce trait n'est pas historique, mais il ne m'étonne point dans Fulvie, c'était une femme extrême en ses fureurs, et digne, comme elle le dit, du temps funeste où elle était née. Elle fut presque aussi sanguinaire qu'Antoine. Voyez ce que rapporte Cicéron dans sa troisième Philippique.

(23) *Ils ont trahi Lépide,* etc.

Cette réflexion de Fulvie est très-convenable, puisqu'elle est fondée sur la vérité : car, après la bataille de Modène, qu'Antoine avait perdue, il eut la confiance de se présenter presque seul devant le camp de Lépide; plus de la moitié des légions passa de son côté. Lépide fut obligé de s'unir avec lui; et cette aventure même fut l'origine du Triumvirat.

(24) *On a vu Marius entraîner sur ses pas*
Les mêmes assassins payés pour son trépas.

Non-seulement ceux de Minturne, qui avaient ordre de tuer Marius, se déclarèrent en sa faveur; mais étant encore proscrit en Afrique, il alla droit à Rome avec quelques Africains, et leva des troupes dès qu'il y fut arrivé.

(25) . . . . . . *Brutus et Cassius,*
N'avaient pas, après tout, des projets mieux conçus.

Il est constant que Brutus et Cassius n'avaient pris aucune mesure pour se maintenir contre la faction de César. Ils ne s'étaient pas assurés d'une seule cohorte; et même, après avoir commis le meurtre, ils furent obligés de se refugier au Capitole. Brutus harangua le peuple du haut de cette forteresse, et on ne lui répondit que par des injures et des outrages; on fut prêt de l'assiéger. Les conjurés eurent beaucoup de peine à ramener les esprits; et lorsque Antoine eut montré aux Romains le corps de César sanglant, le peuple, animé par ce spectacle, et furieux de douleur et de colère, courut le fer et la flamme à la main vers les maisons de Brutus et de Cassius. Ils furent obligés de sortir de Rome.

(26) *Pompée, en s'approchant de ce perfide Octave,*
Et croyant le punir, n'a frappé qu'un esclave.

Il y eut quelques exemples de pareille méprise dans les guerres civiles de Rome. Lucius Terentius, voulant tuer le père du grand Pompée, pénétra seul jusque dans sa tente, et crut long-temps l'avoir percé de coups : il ne reconnut son erreur que lorsqu'il voulut faire soulever les troupes, et qu'il vit paraître à leur tête celui qu'il croyait avoir égorgé.

(27) *Casca fit à César la première blessure.*

Casca n'était point un homme du peuple. Il est vrai qu'il n'y eut en lui rien de recommandable ; mais enfin c'était un sénateur, et on ne devait pas le traiter d'homme obscur, à moins qu'on n'entende par ce mot un homme sans gloire, ce qui me semble un peu forcé.

(28) . . . . . . *Et qu'on chérisse Auguste.*

C'est de bonne heure qu'Octave prend ici le nom d'Auguste. Suétone nous dit qu'Octave ne fut surnommé Auguste, par un décret du sénat, qu'après la bataille d'Actium. On balança si on lui donnerait le titre d'*Augustus* ou de *Romulus*. Celui d'*Augustus* fut préféré ; il signifie vénérable, et même quelque chose de plus, qui répond au grec *sebastos*.

Il paraît pourtant qu'Octave avait déjà osé s'arroger le surnom d'Auguste à son premier consulat, qu'il se fit donner à l'âge de vingt ans contre toutes les lois, ou plutôt qu'Agrippa et les légions lui firent donner.

(29) *Et puisse Rome un jour apprendre à nous aimer!*

Il est constant que ce fut à la fin le but d'Octave, après tant de crimes. Il vécut assez long-temps pour que la génération qu'il vit naître oubliât presque les malheurs de ses pères. Il y eut toujours des cœurs romains qui détestèrent la tyrannie, non-seulement sous lui, mais sous ses successeurs : on regretta la république, mais on ne put la rétablir ; les empereurs avaient l'argent et les troupes. Ces troupes enfin furent les maîtresses de l'État; car les tyrans ne peuvent se maintenir que par les soldats : tôt ou tard les soldats connaissent leurs forces, ils assassinent le maître qui les paie, et vendent l'empire à d'autres. L'empire romain eut très-rarement trois empereurs de suite de la même famille depuis Néron.

Je finirai par remarquer ici que l'entreprise désespérée que le poète attribue à Sextus Pompée et à Fulvie est un trait de furieux qui veulent se venger à quelque prix que ce soit, sûrs de perdre la vie en se vengeant; car si l'auteur leur donne quelque espérance de pouvoir faire déclarer les soldats en leur faveur, c'est plutôt une illusion qu'une espérance. Mais enfin ce n'est pas un trait d'une lâche ingratitude. Fulvie est criminelle, mais le jeune Pompée ne l'est pas. Il est proscrit, on lui enlève sa femme; il se résout à mourir, pourvu qu'il punisse le tyran et le ravisseur : Auguste fait ici une belle action en le laissant aller comme un brave ennemi qu'il veut combattre les armes à la main. Cette générosité même est préparée dans la pièce par les remords qu'Octave éprouve dès le premier acte. Mais assurément cette magnanimité n'était pas alors dans le caractère d'Octave : le poète lui fait ici un honneur qu'il ne méritait pas.

Le rôle qu'on fait jouer à Antoine est assez conforme à son caractère; mais il n'agit point dans la pièce, c'est une figure dans l'ombre, qui ne sert, à mon avis, qu'à faire sortir le personnage d'Octave. Je pense que c'est pour cette raison que le manuscrit porte seulement pour titre : *Octave et le jeune Pompée*, et non pas *le Triumvirat* : mais j'y ai ajouté ce nouveau titre, comme je le dis dans la préface, parce que les Triumvirs étaient dans l'île, et que les proscriptions furent ordonnées par eux.

LES SCYTHES,

TRAGÉDIE

Représentée, pour la première fois, le 16 mars 1767.

ÉPÎTRE DÉDICATOIRE.

Il y avait autrefois en Perse un bon vieillard *qui cultivait son jardin,* car il faut finir par-là; et ce jardin était accompagné de vignes et de champs; *et paulùm silvæ super his erat;* et ce jardin n'était pas auprès de Persépolis, mais dans une vallée immense entourée des montagnes du Caucase, couvertes de neiges éternelles; et ce vieillard n'écrivait ni sur la population, ni sur l'agriculture, comme on faisait par passe-temps à Babylone, ville qui tire son nom de *Babil :* mais il avait défriché des terres incultes, et triplé le nombre des habitants autour de sa cabane.

Ce bon homme vivait sous Artaxerxès, plusieurs années après l'aventure d'Obéide et d'Indatire; et il fit une tragédie en vers persans, qu'il fit représenter par sa famille et par quelques bergers du mont Caucase; car il s'amusait à faire des vers persans assez passablement, ce qui lui avait attiré de violents ennemis dans Babylone, c'est-à-dire une demi-douzaine de gredins qui aboyaient sans cesse après lui, et qui lui imputaient les plus grandes platitudes, et les plus impertinents livres qui eussent jamais déshonoré la Perse; et il les laissait aboyer, et griffonner, et calomnier; et c'était pour être loin de cette racaille, qu'il s'était retiré avec sa famille auprès du Caucase, *où il cultivait son jardin.*

Mais, comme dit le poète persan Horace, *principibus placuisse viris, non ultima laus est.* Il y avait à la cour d'Artaxerxès un principal satrape, et son nom était Elochivis (1), comme qui dirait habile, généreux et plein d'esprit, tant la langue persane a d'énergie. Non-seulement le grand satrape Elochivis versa sur le jardin de ce bon homme les douces influences de la cour, mais il fit rendre à ce territoire les libertés et franchises dont il avait joui du temps de Cyrus; et de plus il favorisa une famille adoptive du vieillard. La nation surtout lui avait une très-grande obligation de ce qu'ayant le département des meurtres, il avait travaillé avec le même zèle et la même ardeur que Nalrisp, ministre de paix, à donner à la Perse cette paix tant desirée; ce qui n'était jamais arrivé qu'à lui.

Ce satrape avait l'ame aussi grande que Giafar le Barmécide et Aboulcasem; car il est dit dans les annales de Babylone, recueillies par Mir-Kond, que, lorsque l'argent manquait dans le trésor du roi,

---

(1) L'auteur désignait, par cette anagramme, M. le duc de Choiseul, et par Nalrisp, M. le duc de Praslin.

appelé l'*oreiller,* Elochivis en donnait souvent du sien; et qu'en une année il distribua ainsi dix mille dariques, que dom Calmet évalue à une pistole la pièce. Il payait quelquefois trois cents dariques, ce qui ne valait pas trois aspres; et Babylone craignait qu'il ne se ruinât en bienfaits.

Le grand satrape Nalrisp joignait aussi, au goût le plus sûr et à l'esprit le plus naturel, l'équité et la bienfaisance. Il faisait les délices de ses amis, et son commerce était enchanteur; de sorte que les Babyloniens, tout malins qu'ils étaient, respectaient et aimaient ces deux satrapes, ce qui était assez rare en Perse.

Il ne fallait pas les louer en face; *recalcitrabant undique tuti :* c'était la coutume autrefois; mais c'était une mauvaise coutume, qui exposait l'encenseur et l'encensé aux méchantes langues.

Le bon vieillard fut assez heureux pour que ces deux illustres Babyloniens daignassent lire sa tragédie persane, intitulée *les Scythes.* Ils en furent assez contents. Ils dirent qu'avec le temps ce campagnard pourrait se former; qu'il y avait dans sa rapsodie du naturel et de l'extraordinaire, et même de l'intérêt; et que, pour peu qu'on corrigeât seulement trois cents vers à chaque acte, la pièce pourrait être à l'abri de la censure des mal-intentionnés : mais les mal-intentionnés prirent la chose à la lettre.

Cette indulgence ragaillardit le bon-homme, qui leur était bien respectueusement dévoué, et qui avait le cœur bon, quoiqu'il se permît de rire quelquefois aux dépens des méchants et des orgueilleux. Il prit la liberté de faire une épître dédicatoire à ses deux patrons en grand style, qui endormit toute la cour et toutes les académies de Babylone, et que je n'ai jamais pu retrouver dans les annales de la Perse.

PRÉFACE.

On sait que chez des nations polies et ingénieuses, dans des grandes villes comme Paris et Londres, il faut absolument des spectacles dramatiques. On a peu besoin d'élégies, d'odes, d'églogues : mais les spectacles étant devenus nécessaires, toute tragédie, quoique médiocre, porte son excuse avec elle, parce qu'on en peut donner quelques représentations au public, qui se délasse, par des nouveautés passagères, des chefs-d'œuvre immortels dont il est rassasié.

La pièce qu'on présente ici aux amateurs, peut du moins avoir un caractère de nouveauté, en ce qu'elle peint des mœurs qu'on n'avait point encore exposées sur le théâtre tragique. Brumoy s'imaginait, comme on l'a déjà remarqué ailleurs, qu'on ne pouvait traiter que des sujets historiques. Il cherchait les raisons pour lesquelles les sujets d'invention n'avaient point réussi : mais la véritable raison est que les pièces de Scudéri et de Bois-Robert, qui sont dans ce goût, manquent en effet d'invention, et ne sont que des fables insipides, sans mœurs et sans caractère. Brumoy ne pouvait deviner le génie.

Ce n'est pas assez, nous l'avouons, d'inventer un sujet dans lequel, sous des noms nouveaux, on traite des passions usées et des événements communs. *Omnia jam vulgata.* Il est vrai que les spectateurs s'intéressent toujours pour une amante abandonnée, pour une mère dont on immole le fils, pour un héros aimable en danger, pour une grande passion malheureuse; mais s'il n'est rien de neuf dans ces peintures, les auteurs alors ont le malheur de n'être regardés que comme des imitateurs. La place de Campistron est triste; le lecteur dit : Je connaissais tout cela, et je l'avais vu bien mieux exprimé.

Pour donner au public un peu de ce neuf qu'il demande toujours, et que bientôt il sera impossible de trouver, un amateur du théâtre a été forcé de mettre sur la scène l'ancienne chevalerie, le contraste des Mahométans et des Chrétiens, celui des Américains et des Espagnols, celui des Chinois et des Tartares. Il a été forcé de joindre, à des passions si souvent traitées, des mœurs que nous ne connaissions pas sur la scène.

On hasarde aujourd'hui le tableau contrasté des anciens Scythes et des anciens Persans, qui peut-être est la peinture de quelques nations modernes. C'est une entreprise un peu téméraire d'introduire des pasteurs, des laboureurs avec des princes, et de mêler les mœurs champêtres avec celles des cours. Mais enfin cette invention théâtrale (heureuse ou non) est puisée entièrement dans la nature. On peut même rendre héroïque cette nature si simple; on peut faire parler des pâtres guerriers et libres avec une fierté qui s'élève au-dessus de la bassesse que nous attribuons très-injustement à leur état, pourvu que cette fierté ne soit jamais boursoufflée; car qui doit l'être? Le boursoufflé, l'ampoulé ne convient pas même à César. Toute grandeur doit être simple.

C'est ici, en quelque sorte, l'état de nature mis en opposition avec l'état de l'homme artificiel, tel qu'il est dans les grandes villes. On peut enfin étaler, dans des cabanes, des sentiments aussi touchants que dans des palais.

On avait souvent traité en burlesque cette opposition si frappante des citoyens des grandes villes avec les habitants des campagnes; tant le burlesque est aisé, tant les choses se présentent en ridicule à certaines nations!

On trouve beaucoup de peintres qui réussissent dans le grotesque, et peu dans le grand.

Un homme de beaucoup d'esprit, et qui a un nom dans la littérature, s'étant fait expliquer le sujet d'*Alzire*, qui n'avait pas encore été représentée, dit à celui qui lui exposait ce plan : *J'entends, c'est Arlequin sauvage.*

Il est certain qu'*Alzire* n'aurait pas réussi, si l'effet théâtral n'avait pas convaincu les spectateurs que ces sujets peuvent être aussi propres à la tragédie que les aventures des héros les plus connus et les plus imposants.

La tragédie des *Scythes* est un plan beaucoup plus hasardé. Qui voit-on paraître d'abord sur la scène? deux vieillards auprès de leurs cabanes, des bergers, des laboureurs. De qui parle-t-on? d'une fille qui prend soin de la vieillesse de son père, et qui fait le service le plus pénible. Qui épouse-t-elle? un pâtre qui n'est jamais sorti des champs paternels. Les deux vieillards s'asseyent sur un banc de gazon. Mais que des acteurs habiles pourraient faire valoir cette simplicité!

Ceux qui se connaissent en déclamation et en expression de la nature, sentiront surtout quel effet pourraient faire deux vieillards dont l'un tremble pour son fils, et l'autre pour son gendre, dans le temps que le jeune pasteur est aux prises avec la mort; un père affaibli par l'âge et par la crainte, qui chancelle, qui tombe sur un siége de mousse, qui se relève avec peine, qui crie d'une voix entrecoupée qu'on coure aux armes, qu'on vole au secours de son fils; un ami éperdu qui partage ses douleurs et sa faiblesse, qui l'aide d'une main tremblante à se relever : ce même père qui, dans ces moments de saisissement et d'angoisse, apprend que son fils est tué, et qui, le moment d'après, apprend que son fils est vengé : ce sont-là, si je ne me trompe, de ces peintures vivantes et animées qu'on ne connaissait pas autrefois, et dont M. Le Kain a donné des leçons terribles qu'on doit imiter désormais.

C'est-là le véritable art de l'acteur. On ne savait guère auparavant que réciter proprement des couplets, comme nos maîtres de musique apprenaient à chanter proprement. Qui aurait osé, avant mademoiselle Clairon, jouer dans *Oreste* la scène de l'urne comme elle l'a jouée? qui aurait imaginé de peindre ainsi la nature, de tomber évanouie tenant l'urne d'une main, en laissant l'autre descendre immobile et sans vie? Qui aurait osé, comme M. Le Kain, sortir, les bras ensanglantés, du tombeau de Ninus, tandis que l'admirable actrice qui représentait Sémiramis se traînait mourante sur les marches du tombeau même? Voilà ce que les petits-maîtres et les petites-maîtresses appelèrent d'abord *des postures,* et ce que les connaisseurs, étonnés de la perfection inattendue de l'art, ont appelé *des tableaux de Michel-Ange.* C'est-là en effet la véritable action théâtrale. Le reste était une conversation quelquefois passionnée.

C'est dans ce grand art de parler aux yeux qu'excelle le plus grand acteur qu'ait jamais eu l'Angleterre, M. Garrik, qui a effrayé et attendri parmi nous ceux même qui ne savaient pas sa langue.

Cette magie a été fortement recommandée il y a quelques années par un philosophe, qui, à l'exemple d'Aristote, a su joindre aux sciences abstraites l'éloquence, la connaissance du cœur humain, et l'intelligence du théâtre. Il a été en tout de l'avis de l'auteur de *Sémiramis,* qui a toujours voulu qu'on animât la scène par un plus grand appareil, par plus de pittoresque, par des mouvements plus passionnés qu'elle ne semblait en comporter auparavant. Ce philosophe sensible a même proposé des choses que l'auteur de *Sémiramis, d'Oreste* et de *Tancrède,* n'oserait jamais hasarder. C'est bien assez qu'il ait fait entendre les cris et les paroles de Clytemnestre qu'on égorge derrière la scène; paroles qu'une actrice doit prononcer d'une voix aussi terrible que douloureuse, sans quoi tout est manqué. Ces paroles faisaient dans Athènes un effet prodigieux ; tout le monde frémissait quand il entendait, *O teknon! teknon! oikteiré ten tekousan.* Ce n'est que par degrés qu'on peut accoutumer notre théâtre à ce grand pathétique.

> Mais il est des objets que l'art judicieux
> Doit offrir à l'oreille, et reculer des yeux.

Souvenons-nous toujours qu'il ne faut pas pousser le terrible jusqu'à l'horrible. On peut effrayer la nature, mais non pas la révolter et la dégoûter.

Gardons-nous surtout de chercher dans un grand appareil, et dans un vain jeu de théâtre, un supplément à l'intérêt et à l'éloquence. Il vaut cent fois mieux sans doute savoir faire parler ses acteurs que de se borner à les faire agir. Nous ne pouvons trop répéter que quatre beaux vers de sentiment valent mieux que quarante belles attitudes. Malheur à qui croirait plaire par des pantomimes, avec des solécismes, ou avec des vers froids et durs, pires que toutes les fautes contre la langue! Il n'est rien de beau, en aucun genre, que ce qui soutient l'examen attentif de l'homme de goût.

L'appareil, l'action, le pittoresque, font un grand effet, sans doute : mais ne mettons jamais le bizarre et le gigantesque à la place de la nature, et le forcé à la place du simple : que le décorateur ne l'emporte point sur l'auteur; car alors, au lieu de tragédie, on aurait la *rareté*, la *curiosité*.

La pièce qu'on soumet ici aux lumières des connaisseurs, est simple, mais très-difficile à bien jouer : on ne la donne point au théâtre, parce qu'on ne la croit point assez bonne. D'ailleurs presque tous les rôles étant principaux, il faudrait un concert et un jeu de théâtre parfait pour faire supporter la pièce à la représentation. Il y a plusieurs tragédies dans ce cas, telles que *Brutus, Rome sauvée, la Mort de César,* qu'il est impossible de bien jouer dans l'état de médiocrité où on laisse tomber le théâtre, faute d'avoir des écoles de déclamation, comme il y en eut chez les Grecs, et chez les Romains leurs imitateurs.

Le concert unanime des acteurs est très-rare dans la tragédie. Ceux qui sont chargés des seconds rôles, ne prennent jamais de part à l'action; ils craignent de contribuer à former un grand tableau : ils redoutent le parterre, trop enclin à donner du ridicule à tout ce qui n'est pas d'usage. Très-peu savent distinguer le familier du naturel. D'ailleurs la misérable habitude de débiter des vers comme de la prose, de méconnaître le rhythme et l'harmonie, a presque anéanti l'art de la déclamation.

L'auteur, n'osant donc pas donner les Scythes au théâtre, ne présente cet ouvrage que comme une très-faible esquisse que quelqu'un des jeunes gens qui s'élèvent aujourd'hui, pourra finir un jour.

On verra alors que tous les états de la vie humaine peuvent être représentés sur la scène tragique, en observant toujours toutefois les bienséances, sans lesquelles il n'y a point de vraies beautés chez les nations policées, et surtout aux yeux des cours éclairées.

Enfin l'auteur des Scythes s'est occupé pendant quarante ans du soin d'étendre la carrière de l'art. S'il n'y a pas réussi, il aura du moins, dans sa vieillesse, la consolation de voir son objet rempli par des jeunes gens qui marcheront d'un pas plus ferme que lui dans une route qu'il ne peut plus parcourir.

PERSONNAGES.

HERMODAN, père d'Indatire, habitant d'un canton scythe.
INDATIRE.
ATHAMARE, prince d'Ecbatane.
SOZAME, ancien général persan, retiré en Scythie.
OBÉIDE, fille de Sozame.
SULMA, compagne d'Obéide.
HIRCAN, officier d'Athamare.
Scythes et Persans.

LES SCYTHES,
TRAGÉDIE.

ACTE PREMIER.

SCÈNE I.

Le théâtre représente un bocage et un berceau, avec un banc de gazon : on voit, dans le lointain, des campagnes et des cabanes.

HERMODAN, INDATIRE, *et deux Scythes couverts de peaux de tigres, ou de lions.*

HERMODAN.

Indatire, mon fils, quelle est donc cette audace ?
Qui sont ces étrangers ? quelle insolente race
A franchi les sommets des rochers d'Immaüs ?
Apportent-ils la guerre aux rives de l'Oxus ?
Que viennent-ils chercher dans nos forêts tranquilles ?

INDATIRE.

Mes braves compagnons, sortis de leurs asiles,
Avec rapidité se sont rejoints à moi,
Ainsi qu'on les voit tous s'attrouper sans effroi
Contre les fiers assauts des tigres d'Hircanie.
Notre troupe assemblée est faible, mais unie,

Instruite à défier le péril et la mort.
Elle marche aux Persans, elle avance; et d'abord
Sur un coursier superbe à nos yeux se présente
Un jeune homme entouré d'une pompe éclatante;
L'or et les diamants brillent sur ses habits;
Son turban disparaît sous les feux des rubis :
Il voudrait, nous dit-il, parler à notre maître.
Nous le saluons tous, en lui faisant connaître
Que ce titre de maître, aux Persans si sacré,
Dans l'antique Scythie est un titre ignoré :
« Nous sommes tous égaux sur ces rives si chères,
« Sans rois et sans sujets, tous libres et tous frères.
« Que veux-tu dans ces lieux? viens-tu pour nous traiter
« En hommes, en amis, ou pour nous insulter? »
Alors il me répond, d'une voix douce et fière,
Que, des États persans visitant la frontière,
Il veut voir à loisir ce peuple si vanté
Pour ses antiques mœurs et pour sa liberté.
Nous avons avec joie entendu ce langage;
Mais j'observais pourtant je ne sais quel nuage,
L'empreinte des ennuis ou d'un dessein profond,
Et les sombres chagrins répandus sur son front.
Nous offrons cependant à sa troupe brillante
Des hôtes de nos bois la dépouille sanglante,
Nos utiles toisons, tout ce qu'en nos climats
La nature indulgente a semé sous nos pas;
Mais surtout des carquois, des flèches, des armures,
Ornements des guerriers, et nos seules parures.
Ils présentent alors, à nos regards surpris,
Des chefs-d'œuvre d'orgueil sans mesure et sans prix,

Instruments de mollesse, où, sous l'or et la soie,
Des inutiles arts tout l'effort se déploie.
Nous avons rejeté ces présents corrupteurs,
Trop étrangers pour nous, trop peu faits pour nos mœurs,
Superbes ennemis de la simple nature :
L'appareil des grandeurs au pauvre est une injure;
Et recevant enfin des dons moins dangereux,
Dans notre pauvreté nous sommes plus grands qu'eux.
Nous leur donnons le droit de poursuivre en nos plaines
Sur nos lacs, en nos bois, au bord de nos fontaines,
Les habitants des airs, de la terre et des eaux.
Contents de notre accueil, ils nous traitent d'égaux;
Enfin nous nous jurons une amitié sincère.
Ce jour, n'en doutez point, nous est un jour prospère.
Ils pourront voir nos jeux et nos solennités,
Les charmes d'Obéide, et mes félicités.

HERMODAN.

Ainsi donc, mon cher fils, jusqu'en notre contrée,
La Perse est triomphante : Obéide adorée
Par un charme invincible a subjugué tes sens!
Cet objet, tu le sais, naquit chez les Persans.

INDATIRE.

On le dit; mais qu'importe où le Ciel la fit naître?

HERMODAN.

Son père jusqu'ici ne s'est point fait connaître;
Depuis quatre ans entiers qu'il goûte dans ces lieux
La liberté, la paix que nous donnent les Dieux,
Malgré notre amitié, j'ignore quel orage
Transplanta sa famille en ce désert sauvage.
Mais dans ses entretiens j'ai souvent démêlé

Que d'une cour ingrate il était exilé.
Il est persécuté : la vertu malheureuse
Devient plus respectable, et m'est plus précieuse.
Je vois avec plaisir que, du sein des honneurs,
Il s'est soumis sans peine à nos lois, à nos mœurs,
Quoiqu'il soit dans un âge où l'ame la plus pure
Peut rarement changer le pli de la nature.

INDATIRE.

Son adorable fille est encore au-dessus.
De son sexe et du nôtre elle unit les vertus;
Courageuse et modeste, elle est belle, et l'ignore;
Sans doute elle est d'un rang que chez elle on honore :
Son ame est noble au moins; car elle est sans orgueil,
Simple dans ses discours, affable en son accueil.
Sans avilissement à tout elle s'abaisse;
D'un père infortuné soulage la vieillesse,
Le console, le sert, et craint d'apercevoir
Qu'elle va quelquefois par-delà son devoir.
On la voit supporter la fatigue obstinée,
Pour laquelle on sent trop qu'elle n'était point née;
Elle brille surtout dans nos champêtres jeux,
Nobles amusements d'un peuple belliqueux;
Elle est de nos beautés l'amour et le modèle :
Le Ciel la récompense en la rendant plus belle.

HERMODAN.

Oui, je la crois, mon fils, digne de tant d'amour.
Mais d'où vient que son père, admis dans ce séjour,
Plus formé qu'elle encore aux usages des Scythes,
Adorateur des lois que nos mœurs ont prescrites,
Notre ami, notre frère en nos cœurs adopté,

Jamais de son destin n'a rien manifesté?
Sur son rang, sur les siens, pourquoi se taire encore?
Rougit-on de parler de ce qui nous honore?
Et puis-je abandonner ton cœur trop prévenu
Au sang d'un étranger qui craint d'être connu?
INDATIRE.
Quel qu'il soit, il est libre, il est juste, intrépide;
Il m'aime, il est enfin le père d'Obéide.
HERMODAN.
Que je lui parle au moins.

SCÈNE II.

HERMODAN, INDATIRE, SOZAME.

INDATIRE, *allant à Sozame.*
     O vieillard généreux!
O cher concitoyen de nos pâtres heureux!
Les Persans, en ce jour, venus dans la Scythie,
Seront donc les témoins du saint nœud qui nous lie!
Je tiendrai de tes mains un don plus précieux
Que le trône où Cyrus se crut égal aux Dieux.
J'en atteste les miens et le jour qui m'éclaire,
Mon cœur se donne à toi comme il est à mon père:
Je te sers comme lui. Quoi! tu verses des pleurs!
SOZAME.
J'en verse de tendresse; et si dans mes malheurs
Cette heureuse alliance, où mon bonheur se fonde,
Guérit d'un cœur flétri la blessure profonde,
La cicatrice en reste; et les biens les plus chers
Rappellent quelquefois les maux qu'on a soufferts.

INDATIRE.

J'ignore tes chagrins; ta vertu m'est connue :
Qui peut donc t'affliger? ma candeur ingénue
Mérite que ton cœur au mien daigne s'ouvrir.

HERMODAN.

A la tendre amitié tu peux tout découvrir;
Tu le dois.

SOZAME.

O mon fils! ô mon cher Indatire!
Ma fille est, je le sais, soumise à mon empire;
Elle est l'unique bien que les Dieux m'ont laissé.
J'ai voulu cet hymen, je l'ai déjà pressé :
Je ne la gêne point sous la loi paternelle;
Son choix ou son refus, tout doit dépendre d'elle.
Que ton père aujourd'hui, pour former ce lien,
Traite son digne sang comme je fais le mien;
Et que la liberté de ta sage contrée
Préside à l'union que j'ai tant desirée.
Avec ce digne ami laisse-moi m'expliquer :
Va, ma bouche jamais ne pourra révoquer
L'arrêt qu'en ta faveur aura porté ma fille.
Va, cher et noble espoir de ma triste famille,
Mon fils, obtiens ses vœux; je te réponds des miens.

INDATIRE.

J'embrasse tes genoux, et je revole aux siens.

SCÈNE III.

HERMODAN, SOZAME.

SOZAME.

Ami, reposons-nous sur ce siége sauvage,
Sous ce dais qu'ont formé la mousse et le feuillage :
La nature nous l'offre ; et je hais dès long-temps
Ceux que l'art a tissus dans les palais des grands.

HERMODAN.

Tu fus donc grand en Perse ?

SOZAME.

Il est vrai.

HERMODAN.

Ton silence
M'a privé trop long-temps de cette confidence.
Je ne hais point les grands : j'en ai vu quelquefois
Qu'un desir curieux attira dans nos bois :
J'aimai de ces Persans les mœurs nobles et fières.
Je sais que les humains sont nés égaux et frères ;
Mais je n'ignore pas que l'on doit respecter
Ceux qu'en exemple au peuple un roi veut présenter ;
Et la simplicité de notre république
N'est point une leçon pour l'Etat monarchique.
Craignais-tu qu'un ami te fût moins attaché ?
Crois-moi, tu t'abusais.

SOZAME.

Si je t'ai tant caché
Mes honneurs, mes chagrins, ma chute, ma misère,
La source de mes maux, pardonne au cœur d'un père :

J'ai tout perdu ; ma fille est ici sans appui ;
Et j'ai craint que le crime, et la honte d'autrui
Ne rejaillît sur elle et ne flétrît sa gloire.
Apprends d'elle et de moi la malheureuse histoire.

HERMODAN. (*Ils s'asseyent tous deux.*)
Sèche tes pleurs, et parle.

SOZAME.
Apprends que sous Cyrus
Je portais la terreur aux peuples éperdus.
Ivre de cette gloire à qui l'on sacrifie,
Ce fut moi dont la main subjugua l'Hircanie,
Pays libre autrefois.

HERMODAN.
Il est bien malheureux :
Il fut libre.

SOZAME.
Ah ! crois-moi, tous ces exploits affreux,
Ce grand art d'opprimer, trop indigne du brave,
D'être esclave d'un roi pour faire un peuple esclave,
De ramper par fierté pour se faire obéir,
M'ont égaré long-temps, et font mon repentir...
Enfin Cyrus, sur moi répandant ses largesses,
M'orna de dignités, me combla de richesses ;
A ses conseils secrets je fus associé.
Mon protecteur mourut, et je fus oublié.
J'abandonnai Cambyse, illustre téméraire,
Indigne successeur de son auguste père.
Ecbatane, du Mède autrefois le séjour,
Cacha mes cheveux blancs à sa nouvelle cour :
Mais son frère Smerdis, gouvernant la Médie,

Smerdis, de la vertu persécuteur impie,
De mes jours honorés empoisonna la fin.
Un enfant de sa sœur, un jeune homme sans frein,
Généreux, il est vrai, vaillant, peut-être aimable,
Mais dans ses passions caractère indomptable,
Méprisant son épouse en possédant son cœur,
Pour la jeune Obéide épris avec fureur,
Prétendit m'arracher, en maître despotique,
Ce soutien de mon âge, et mon espoir unique.
Athamare est son nom : sa criminelle ardeur
M'entraînait au tombeau, couvert de déshonneur.

HERMODAN.

As-tu par son trépas repoussé cet outrage ?

SOZAME.

J'osai l'en menacer. Ma fille eut le courage
De me forcer à fuir les transports violents
D'un esprit indomptable en ses emportements.
De sa mère en ce temps les Dieux l'avaient privée ;
Par moi seul à ce prince elle fut enlevée.
Les dignes courtisans de l'infame Smerdis,
Monstres par ma retraite à parler enhardis,
Employèrent bientôt leurs armes ordinaires,
L'art de calomnier en paraissant sincères ;
Ils feignaient de me plaindre en osant m'accuser,
Et me cachaient la main qui savait m'écraser.
C'est un crime en Médie, ainsi qu'à Babylone,
D'oser parler en homme à l'héritier du trône...

HERMODAN.

O de la servitude effets avilissants !
Quoi ! la plainte est un crime à la cour des Persans !

SOZAME.

Le premier de l'Etat, quand il a pu déplaire,
S'il est persécuté, doit souffrir et se taire.

HERMODAN.

Comment recherchas-tu cette basse grandeur ?

SOZAME. (*Les deux vieillards se lèvent.*)

Ce souvenir honteux soulève encor mon cœur.
Ami, tout ce que peut l'adroite calomnie,
Pour m'arracher l'honneur, la fortune et la vie,
Tout fut tenté par eux, et tout leur réussit.
Smerdis proscrit ma tête ; on partage, on ravit
Mes emplois et mes biens, le prix de mon service :
Ma fille en fait sans peine un noble sacrifice,
Ne voit plus que son père ; et, subissant son sort,
Accompagne ma fuite, et s'expose à la mort.
Nous partons, nous marchons de montagne en abîme ;
Du Taurus escarpé nous franchissons la cime.
Bientôt dans vos forêts, grâce au Ciel, parvenu,
J'y trouvai le repos qui m'était inconnu.
J'y voudrais être né. Tout mon regret, mon frère,
Est d'avoir parcouru ma fatale carrière
Dans les camps, dans les cours, à la suite des rois,
Loin des seuls citoyens gouvernés par les lois.
Mais je sens que ma fille aux déserts enterrée,
Du faste des grandeurs autrefois entourée,
Dans le secret du cœur pourrait entretenir
De ses honneurs passés l'importun souvenir ;
J'ai peur que la raison, l'amitié filiale,
Combattent faiblement l'illusion fatale
Dont le charme trompeur a fasciné toujours

Des yeux accoutumés à la pompe des cours :
Voilà ce qui tantôt, rappelant mes alarmes,
A rouvert un moment la source de mes larmes.

HERMODAN.

Que peux-tu craindre ici? qu'a-t-elle à regretter?
Nous valons pour le moins ce qu'elle a su quitter ;
Elle est libre avec nous, applaudie, honorée :
D'aucuns soins dangereux sa paix n'est altérée.
La franchise qui règne en notre heureux séjour,
Fait mépriser les fers et l'orgueil de ta cour.

SOZAME.

Je mourrais trop content si ma chère Obéide
Haïssait comme moi cette cour si perfide.
Pourra-t-elle en effet penser, dans ses beaux ans,
Ainsi qu'un vieux soldat détrompé par le temps?
Tu connais, cher ami, mes grandeurs éclipsées,
Et mes soupçons présents, et mes douleurs passées :
Cache-les à ton fils; et que de ses amours
Mes chagrins inquiets n'altèrent point le cours.

HERMODAN.

Va, je te le promets; mais apprends qu'on devine
Dans ces rustiques lieux ton illustre origine.
Tu n'en es pas moins cher à nos simples esprits.
Je tairai tout le reste, et surtout à mon fils :
Il s'en alarmerait.

SCÈNE IV.

HERMODAN, SOZAME, INDATIRE.

INDATIRE.
Obéide se donne,
Obéide est à moi, si ta bonté l'ordonne,
Si mon père y souscrit.
SOZAME.
Nous l'approuvons tous deux ;
Notre bonheur, mon fils, est de te voir heureux.
(*A Hermodan.*)
Cher ami, ce grand jour renouvelle ma vie ;
Il me fait citoyen de ta noble patrie.

SCÈNE V.

SOZAME, HERMODAN, INDATIRE, un SCYTHE.

LE SCYTHE.
Respectables vieillards, sachez que nos hameaux
Seront bientôt remplis de nos hôtes nouveaux.
Leur chef est empressé de voir, dans la Scythie,
Un guerrier qu'il connut aux champs de la Médie.
Il nous demande à tous en quels lieux est caché
Ce vieillard malheureux qu'il a long-temps cherché.
HERMODAN, *à Sozame.*
O ciel ! jusqu'en mes bras il viendrait te poursuivre !
INDATIRE.
Lui, poursuivre Sozame ! il cesserait de vivre.

LE SCYTHE.

Ce généreux Persan ne vient point défier
Un peuple de pasteurs innocent et guerrier;
Il paraît accablé d'une douleur profonde :
Peut-être est-ce un banni qui se dérobe au monde,
Un illustre exilé, qui, dans nos régions,
Fuit une cour féconde en révolutions.
Nos pères en ont vu qui, loin de ces naufrages,
Rassasiés de trouble, et fatigués d'orages,
Préféraient de nos mœurs la grossière âpreté
Aux attentats commis avec urbanité.
Celui-ci paraît fier, mais sensible, mais tendre;
Il veut cacher les pleurs que je l'ai vu répandre.

HERMODAN, *à Sozame.*

Ses pleurs me sont suspects, ainsi que ses présents.
Pardonne à mes soupçons; mais je crains les Persans.
Ces esclaves brillants veulent au moins séduire.
Peut-être c'est à toi qu'on cherche encore à nuire;
Peut-être ton tyran, par ta fuite trompé,
Demande ici ton sang à sa rage échappé.
D'un prince quelquefois le malheureux ministre
Pleure en obéissant à son ordre sinistre.

SOZAME.

Oubliant tous les rois dans ces heureux climats,
Je suis oublié d'eux, et je ne les crains pas.

INDATIRE, *à Sozame.*

Nous mourrions à tes pieds, avant qu'un téméraire
Pût manquer seulement de respect à mon père.

LE SCYTHE.

S'il vient pour te trahir, va, nous l'en punirons.
Si c'est un exilé, nous le protégerons.

INDATIRE.

Ouvrons en paix nos cœurs à la pure allégresse.
Que nous fait d'un Persan la joie ou la tristesse?
Et qui peut chez le Scythe envoyer la terreur?
Ce mot honteux de crainte a révolté mon cœur.
Mon père, mes amis, daignez de vos mains pures
Préparer cet autel redouté des parjures,
Ces festons, ces flambeaux, ces gages de ma foi.

(A Sozame.)

Viens présenter la main qui combattra pour toi,
Cette main trop heureuse, à ta fille promise,
Terrible aux ennemis, à toi toujours soumise.

FIN DU PREMIER ACTE.

ACTE SECOND.

SCÈNE I.

OBÉIDE, SULMA.

SULMA.

Vous y résolvez-vous ?

OBÉIDE.

Oui, j'aurai le courage
D'ensevelir mes jours en ce désert sauvage.
On ne me verra point, lasse d'un long effort,
D'un père inébranlable attendre ici la mort
Pour aller dans les murs de l'ingrate Ecbatane
Essayer d'adoucir la loi qui le condamne ;
Pour aller recueillir des débris dispersés
Que tant d'avides mains ont en foule amassés.
Quand sa fuite en ces lieux fut par lui méditée,
Ma jeunesse peut-être en fut épouvantée ;
Mais j'eus honte bientôt de ce secret retour
Qui rappelait mon cœur à mon premier séjour.
J'ai sans doute à ce cœur fait trop de violence,
Pour démentir jamais tant de persévérance.
Je me suis fait enfin, dans ces grossiers climats,
Un esprit et des mœurs que je n'espérais pas.
Ce n'est plus Obéide à la cour adorée,
D'esclaves couronnés à toute heure entourée ;

Tous ces grands de la Perse, à ma porte rampants,
Ne viennent plus flatter l'orgueil de mes beaux ans.
D'un peuple industrieux les talents mercenaires
De mon goût dédaigneux ne sont plus tributaires :
J'ai pris un nouvel être; et, s'il m'en a coûté
Pour subir le travail avec la pauvreté,
La gloire de me vaincre et d'imiter mon père,
En m'en donnant la force, est mon noble salaire.

SULMA.

Votre rare vertu passe votre malheur :
Dans votre abaissement je vois votre grandeur;
Je vous admire en tout : mais le cœur est-il maître
De renoncer aux lieux où le Ciel nous fit naître?
La nature a ses droits : ses bienfaisantes mains
Ont mis ce sentiment dans les faibles humains.
On souffre en sa patrie; elle peut nous déplaire :
Mais quand on l'a perdue, alors elle est bien chère.

OBÉIDE.

Le Ciel m'en donne une autre, et je la dois chérir,
La supporter du moins, y languir, y mourir;
Telle est ma destinée... Hélas! tu l'as suivie!
Tu quittas tout pour moi, tu consoles ma vie!
Mais je serais barbare en t'osant proposer
De porter ce fardeau qui commence à peser.
Dans les lâches parents qui m'ont abandonnée
Tu trouveras peut-être une ame assez bien née,
Compatissante assez pour acquitter vers toi
Ce que le sort m'enlève, et ce que je te dois :
D'une pitié bien juste elle sera frappée,
En voyant de mes pleurs une lettre trempée.

ACTE II, SCÈNE I.

Pars, ma chère Sulma; revois, si tu le veux,
La superbe Ecbatane et ses peuples heureux;
Laisse dans ces déserts ta fidèle Obéide.

SULMA.

Ah! que la mort plutôt frappe cette perfide,
Si jamais je conçois le criminel dessein
De chercher loin de vous un bonheur incertain!
J'ai vécu pour vous seule; et votre destinée
Jusques à mon tombeau tient la mienne enchaînée.
Mais je vous l'avoûrai, ce n'est pas sans horreur
Que je vois tant d'appas, de gloire, de grandeur,
D'un soldat de Scythie être ici le partage.

OBÉIDE.

Après mon infortune, après l'indigne outrage
Qu'a fait à ma famille, à mon âge, à mon nom,
De l'immortel Cyrus un fatal rejeton;
De la cour à jamais lorsque tout me sépare,
Quand je dois tant haïr ce funeste Athamare;
Sans état, sans patrie, inconnue en ces lieux,
Tous les humains, Sulma, sont égaux à mes yeux;
Tout m'est indifférent.

SULMA.

Ah! contrainte inutile!
Est-ce avec des sanglots qu'on montre un cœur tranquille?

OBÉIDE.

Cesse de m'arracher, en croyant m'éblouir,
Ce malheureux repos dont je cherche à jouir.
Au parti que je prends je me suis condamnée.
Va, si mon cœur m'appelle aux lieux où je suis née,

Ce cœur doit s'en punir : il se doit imposer
Un frein qui le retienne, et qu'il n'ose briser.

SULMA.

D'un père infortuné victime volontaire,
Quels reproches, hélas! auriez-vous à vous faire?

OBÉIDE.

Je ne m'en ferai plus. Dieux! je vous le promets;
Obéide à vos yeux ne rougira jamais.

SULMA.

Qui, vous?

OBÉIDE.

Tout est fini. Mon père veut un gendre,
Il désigne Indatire, et je sais trop l'entendre *;
Le fils de son ami doit être préféré.

SULMA.

Votre choix est donc fait?

OBÉIDE.

Tu vois l'autel sacré (1)
Que préparent déjà mes compagnes heureuses,
Ignorant de l'hymen les chaînes dangereuses,
Tranquilles, sans regrets, sans cruel souvenir.

SULMA.

D'où vient qu'à cet aspect vous paraissez frémir?

---

* Var. *Il ne commande point; mais je sais trop l'entendre.*

(1) De jeunes filles apportent l'autel; elles l'ornent de guirlandes de fleurs, et attachent des festons aux arbres qui l'entourent.

SCÈNE II.
OBÉIDE, SULMA, INDATIRE.

INDATIRE.

Cet autel me rappelle en ces forêts si chères ;
Tu conduis tous mes pas ; je devance nos pères :
Je viens lire en tes yeux, entendre de ta voix
Que ton heureux époux est nommé par ton choix :
L'hymen est parmi nous le nœud que la nature
Forme entre deux amants de sa main libre et pure.
Chez les Persans, dit-on, l'intérêt odieux,
Les folles vanités, l'orgueil ambitieux,
De cent bizarres lois la contrainte importune,
Soumettent tristement l'amour à la fortune :
Ici le cœur fait tout : ici l'on vit pour soi ;
D'un mercenaire hymen on ignore la loi ;
On fait sa destinée. Une fille guerrière
De son guerrier chéri court la noble carrière,
Se plaît à partager ses travaux et son sort,
L'accompagne aux combats, et sait venger sa mort.
Préfères-tu nos mœurs aux mœurs de ton empire ?
La sincère Obéide aime-t-elle Indatire ?

OBÉIDE.

Je connais tes vertus, j'estime ta valeur,
Et de ton cœur ouvert la naïve candeur ;
Je te l'ai déjà dit, je l'ai dit à mon père ;
Et son choix et le mien doivent te satisfaire.

INDATIRE.

Non, tu sembles parler un langage étranger ;
Et même, en m'approuvant, tu viens de m'affliger.

Dans les murs d'Ecbatane est-ce ainsi qu'on s'explique ?
Obéide, est-il vrai qu'un astre tyrannique
Dans cette ville immense a pu te mettre au jour ?
Est-il vrai que tes yeux brillèrent à la cour,
Et que l'on t'éleva dans ce riche esclavage
Dont à peine en ces lieux nous concevons l'image ?
Dis-moi, chère Obéide, aurais-je le malheur
Que le Ciel t'eût fait naître au sein de la grandeur ?

OBÉIDE.

Ce n'est point ton malheur, c'est le mien... Ma mémoire
Ne me retrace plus cette trompeuse gloire;
Je l'oublie à jamais.

INDATIRE.

Plus ton cœur adoré
En perd le souvenir, plus je m'en souviendrai.
Vois-tu d'un œil content cet appareil rustique,
Le monument heureux de notre culte antique,
Où nos pères bientôt recevront les serments
Dont nos cœurs et nos Dieux sont les sacrés garants ?
Obéide, il n'a rien de la pompe inutile
Qui fatigue ces dieux dans ta superbe ville;
Il n'a pour ornement que des tissus de fleurs,
Présents de la nature, images de nos cœurs.

OBÉIDE.

Va, je crois que des Cieux le grand et juste maître
Préfère ce saint culte et cet autel champêtre
A nos temples fameux que l'orgueil a bâtis.
Les Dieux qu'on y fait d'or, y sont bien mal servis*.

---

* Imitation de ce vers de La Fontaine dans *Philémon et Baucis* :
Depuis qu'on l'a fait d'or, il est sourd à nos voix.

ACTE II, SCÈNE II.

INDATIRE.

Sais-tu que ces Persans venus sur ces rivages
Veulent voir notre fête et nos riants bocages?
Par la main des vertus ils nous verront unis.

OBÉIDE.

Les Persans!... que dis-tu?... les Persans!

INDATIRE.

Tu frémis.
Quelle pâleur, ô Ciel! sur ton front répandue!
Des esclaves d'un roi peux-tu craindre la vue?

OBÉIDE.

Ah, ma chère Sulma!

SULMA.

Votre père et le sien
Viennent former ici votre éternel lien.

INDATIRE.

Nos parents, nos amis, tes compagnes fidèles
Viennent tous consacrer nos fêtes solennelles.

OBÉIDE, *à Sulma*.

Allons... je l'ai voulu.

SCÈNE III.

OBÉIDE, SULMA, INDATIRE, SOZAME, HERMODAN.
(*Des filles couronnées de fleurs, et des Scythes sans armes, font un demi-cercle autour de l'autel.*)

HERMODAN.

Voici l'autel sacré,
L'autel de la nature à l'amour préparé,
Où je fis mes serments, où jurèrent nos pères.

(*A Obéide.*)
Nous n'avons point ici de plus pompeux mystères :
Notre culte, Obéide, est simple comme nous.

SOZAME, *à Obéide.*

De la main de ton père accepte ton époux.

(*Obéide et Indatire mettent la main sur l'autel.*)

INDATIRE.

Je jure à ma patrie, à mon père, à moi-même,
A nos Dieux éternels, à cet objet que j'aime,
De l'aimer encor plus quand cet heureux moment
Aura mis Obéide aux mains de son amant;
Et, toujours plus épris, et toujours plus fidèle,
De vivre, de combattre, et de mourir pour elle.

OBÉIDE.

Je me soumets, grands Dieux, à vos augustes lois :
Je jure d'être à lui... Ciel! qu'est-ce que je vois?

(*Ici Athamare et des Persans paraissent.*)

SULMA.

Ah! Madame.

OBÉIDE.

Je meurs! qu'on m'emporte.

INDATIRE.

Ah! Sozame,
Quelle terreur subite a donc frappé son ame?
Compagnes d'Obéide, allons à son secours.

(*Les femmes scythes sortent avec Indatire.*)

SCÈNE IV.

SOZAME, HERMODAN, ATHAMARE, HIRCAN, Scythes.

ATHAMARE.

Scythes, demeurez tous...

SOZAME.

Voici donc de mes jours
Le jour le plus étrange et le plus effroyable.

ATHAMARE.

Me reconnais-tu bien?

SOZAME.

Quel sort impitoyable
T'a conduit dans ces lieux de retraite et de paix?
Tu dois être content des maux que tu m'as faits.
Ton indigne monarque avait proscrit ma tête;
Viens-tu la demander? malheureux, elle est prête;
Mais tremble pour la tienne. Apprends que tu te vois
Chez un peuple équitable et redouté des rois.
Je demeure étonné de l'audace inouïe
Qui t'amène si loin pour hasarder ta vie.

ATHAMARE.

Peuple juste, écoutez; je m'en remets à vous :
Le neveu de Cyrus vous fait juge entre nous.

HERMODAN.

Toi, neveu de Cyrus! et tu viens chez les Scythes!

ATHAMARE.

L'équité m'y conduit... Vainement tu t'irrites,
Infortuné Sozame, à l'aspect imprévu
Du fatal ennemi par qui tu fus perdu.

Je te persécutai; ma fougueuse jeunesse
Offensa ton honneur, accabla ta vieillesse :
Un roi t'a dépouillé de tes biens, de ton rang;
Un jugement inique a poursuivi ton sang.
Scythes, ce roi n'est plus; et la première idée
Dont après son trépas mon ame est possédée,
Est de rendre justice à cet infortuné.
Oui, Sozame, à tes pieds les Dieux m'ont amené
Pour expier ma faute, hélas! trop pardonnable :
La suite en fut terrible, inhumaine, exécrable;
Elle accabla mon cœur : il la faut réparer;
Dans tes honneurs passés daigne à la fin rentrer.
Je partage avec toi mes trésors, ma puissance;
Ecbatane est du moins sous mon obéissance :
C'est tout ce qui demeure aux enfants de Cyrus;
Tout le reste a subi les lois de Darius.
Mais je suis assez grand, si ton cœur me pardonne :
Ton amitié, Sozame, ajoute à ma couronne.
Nul monarque, avant moi, sur le trône affermi,
N'a quitté ses Etats pour chercher un ami :
Je donne cet exemple, et ton maître te prie;
Entends sa voix, entends la voix de ta patrie;
Cède aux vœux de ton roi qui vient te rappeler,
Cède aux pleurs qu'à tes yeux mes remords font couler.

HERMODAN.

Je me sens attendri d'un spectacle si rare.

SOZAME.

Tu ne me séduis point, généreux Athamare.
Si le repentir seul avait pu t'amener,
Malgré tous mes affronts je saurais pardonner.

ACTE II, SCÈNE IV.

Tu sais quel est mon cœur; il n'est point inflexible :
Mais je lis dans le tien; je le connais sensible;
Je vois trop les chagrins dont il est désolé;
Et ce n'est pas pour moi que tes pleurs ont coulé.
Il n'est plus temps : adieu. Les champs de la Scythie
Me verront achever ma languissante vie.
Instruit bien chèrement, trop fier et trop blessé
Pour vivre dans ta cour où tu m'as offensé,
Je mourrai libre ici... Je me tais : rends-moi grâce
De ne pas révéler ta dangereuse audace.
   (à *Hermodan*.)
Ami, courons chercher et ma fille et ton fils.

HERMODAN.

Viens, redoublons les nœuds qui nous ont tous unis.

SCÈNE V.

ATHAMARE, HIRCAN.

ATHAMARE.

Je demeure immobile. O Ciel! ô destinée!
O passion fatale à me perdre obstinée!
Il n'est plus temps, dit-il : il a pu sans pitié
Voir son roi repentant, son maître humilié!
Ami, quand nous percions cette horde assemblée,
J'ai vu près de l'autel une femme voilée,
Qu'on a soudain soustraite à mon œil égaré.
Quel est donc cet autel de guirlandes paré?
Quelle était cette fête en ces lieux ordonnée?
Pour qui brûlaient ici les flambeaux d'hyménée?
Ciel! quel temps je prenais! A cet aspect d'horreur
Mes remords douloureux se changent en fureur.
Grands Dieux, s'il était vrai!

HIRCAN.

       Dans les lieux où vous êtes
Gardez-vous d'écouter ces fureurs indiscrètes :
Respectez, croyez-moi, les modestes foyers
D'agrestes habitants, mais de vaillants guerriers,
Qui, sans ambition, comme sans avarice,
Observateurs zélés de l'exacte justice,
Ont mis leur seule gloire en leur égalité,
De qui vos grandeurs même irritent la fierté.
N'allez point alarmer leur noble indépendance;
Ils savent la défendre; ils aiment la vengeance;
Ils ne pardonnent point quand ils sont offensés.

ATHAMARE.

Tu t'abuses, ami; je les connais assez;
J'en ai vu dans nos camps, j'en ai vu dans nos villes,
De ces Scythes altiers, à nos ordres dociles,
Qui briguaient, en vantant leurs stériles climats,
L'honneur d'être comptés au rang de nos soldats.

HIRCAN.

Mais, souverains chez eux...

ATHAMARE.

       Ah! c'est trop contredire
Le dépit qui me ronge, et l'amour qui m'inspire :
Ma passion m'emporte, et ne raisonne pas.
Si j'eusse été prudent, serais-je en leurs Etats?
Au bout de l'univers Obéide m'entraîne;
Son esclave échappé lui rapporte sa chaîne,
Pour l'enchaîner moi-même au sort qui me poursuit,
Pour l'arracher des lieux où sa douleur me fuit,

Pour la sauver enfin de l'indigne esclavage
Qu'un malheureux vieillard impose à son jeune âge;
Pour mourir à ses pieds d'amour et de fureur,
Si ce cœur déchiré ne peut fléchir son cœur.

HIRCAN.

Mais si vous écoutiez...

ATHAMARE.

Non... je n'écoute qu'elle.

HIRCAN.

Attendez.

ATHAMARE.

Que j'attende? et que de la cruelle
Quelque rival indigne, à mes yeux possesseur,
Insulte mon amour, outrage mon honneur!
Que du bien qu'il m'arrache il soit en paix le maître!
Mais trop tôt, cher ami, je m'alarme peut-être :
Son père à ce vil choix pourra-t-il la forcer?
Entre un Scythe et son maître a-t-elle à balancer?
Dans son cœur autrefois j'ai vu trop de noblesse
Pour croire qu'à ce point son orgueil se rabaisse.

HIRCAN.

Mais si dans ce choix même elle eût mis sa fierté?

ATHAMARE.

De ce doute offensant je suis trop irrité.
Allons : si mes remords n'ont pu fléchir son père,
S'il méprise mes pleurs..., qu'il craigne ma colère.
Je sais qu'un prince est homme, et qu'il peut s'égarer;
Mais lorsqu'au repentir facile à se livrer,

Reconnaissant sa faute et s'oubliant soi-même,
Il va jusqu'à blesser l'honneur du rang suprême,
Quand il répare tout, il faut se souvenir
Que s'il demande grâce, il la doit obtenir.

FIN DU SECOND ACTE.

ACTE TROISIÈME.

SCÈNE I.

ATHAMARE, HIRCAN.

ATHAMARE.

Quoi ! c'était Obéide ! Ah ! j'ai tout pressenti ;
Mon cœur désespéré m'avait trop averti :
C'était elle, grands Dieux !

HIRCAN.

Ses compagnes tremblantes
Rappelaient ses esprits sur ses lèvres mourantes...

ATHAMARE.

Elle était en danger ? Obéide !

HIRCAN.

Oui, Seigneur ;
Et ranimant à peine un reste de chaleur,
Dans ces cruels moments, d'une voix affaiblie
Sa bouche a prononcé le nom de la Médie.
Un Scythe me l'a dit, un Scythe qu'autrefois
La Médie avait vu combattre sous nos lois.
Son père et son époux sont encore auprès d'elle.

ATHAMARE.

Qui ? son époux, un Scythe ?

HIRCAN.

Eh quoi ! cette nouvelle
A votre oreille encor, Seigneur, n'a pu voler ?

ATHAMARE.

Eh! qui des miens, hors toi, m'ose jamais parler?
De mes honteux secrets quel autre a pu s'instruire?
Son époux, me dis-tu?

HIRCAN.

Le vaillant Indatire,
Jeune, et de ces cantons l'espérance et l'honneur,
Lui jurait ici même une éternelle ardeur,
Sous ces mêmes cyprès, à cet autel champêtre,
Aux clartés des flambeaux que j'ai vus disparaître.
Vous n'étiez pas encore arrivé vers l'autel,
Qu'un long tressaillement, suivi d'un froid mortel,
A fermé les beaux yeux d'Obéide oppressée.
Des filles de Scythie une foule empressée
La portait en pleurant sous ces rustiques toits,
Asile malheureux dont son père a fait choix :
Ce vieillard la suivait d'une démarche lente,
Sous le fardeau des ans affaiblie et pesante,
Quand vous avez sur vous attiré ses regards.

ATHAMARE.

Mon cœur à ce récit, ouvert de toutes parts,
De tant d'impressions sent l'atteinte subite :
Dans ses derniers replis un tel combat s'excite,
Que sur aucun parti je ne puis me fixer;
Et je démêle mal ce que je puis penser.
Mais d'où vient qu'en ce temple Obéide rendue,
En touchant cet autel, est tombée éperdue?
Parmi tous ces pasteurs elle aura d'un coup-d'œil
Reconnu des Persans le fastueux orgueil :
Ma présence à ses yeux a montré tous mes crimes,

ACTE III, SCÈNE I.

Mes amours emportés, mes feux illégitimes,
A l'affreuse indigence un père abandonné,
Par un monarque injuste à la mort condamné,
Sa fuite, son séjour en ce pays sauvage,
Cette foule de maux qui sont tous mon ouvrage,
Elle aura rassemblé ces objets de terreur :
Elle imite son père, et je lui fais horreur.

HIRCAN.

Un tel saisissement, ce trouble involontaire,
Pourraient-ils annoncer la haine et la colère?
Les soupirs, croyez-moi, sont la voix des douleurs;
Et les yeux irrités ne versent point de pleurs.

ATHAMARE.

Ah! lorsqu'elle m'a vu, si son ame surprise
D'une ombre de pitié s'était au moins éprise;
Si, lisant dans mon cœur, son cœur eût éprouvé
Un tumulte secret faiblement élevé!...
Si l'on me pardonnait! tu me flattes peut-être :
Ami, tu prends pitié des erreurs de ton maître.
Qu'ai-je fait? que ferai-je? et quel sera mon sort?
Mon aspect en tout temps lui porta donc la mort!
Mais, dis-tu, dans le mal qui menaçait sa vie,
Sa bouche a prononcé le nom de sa patrie?

HIRCAN.

Elle l'aime, sans doute.

ATHAMARE.

              Ah! pour me secourir;
C'est une arme du moins qu'elle daigne m'offrir.
Elle aime sa patrie... elle épouse Indatire!...
Va, l'honneur dangereux où le barbare aspire

Lui coûtera bientôt un sanglant repentir :
C'est un crime trop grand pour ne le pas punir.

HIRCAN.

Pensez-vous être encor dans les murs d'Ecbatane?
Là votre voix décide; elle absout ou condamne :
Ici vous périrez. Vous êtes dans des lieux
Que jadis arrosa le sang de vos aïeux.

ATHAMARE.

Eh bien! j'y périrai.

HIRCAN.

Quelle fatale ivresse!
Age des passions! trop aveugle jeunesse!
Où conduis-tu les cœurs à leurs penchants livrés!

ATHAMARE.

Qui vois-je donc paraître en ces champs abhorrés?
(*Indatire passe dans le fond du théâtre à la tête d'une troupe de guerriers.*)
Que veut le fer en main cette troupe rustique?

HIRCAN.

On m'a dit qu'en ces lieux c'est un usage antique;
Ce sont de simples jeux par le temps consacrés,
Dans les jours de l'hymen noblement célébrés.
Tous leurs jeux sont guerriers; la valeur les apprête :
Indatire y préside; il s'avance à leur tête.
Tout le sexe est exclu de ces solennités;
Et les mœurs de ce peuple ont des sévérités
Qui pourraient des Persans condamner la licence.

ATHAMARE.

Grands Dieux! vous me voulez conduire en sa présence!

ACTE III, SCÈNE I.

Cette fête du moins m'apprend que vos secours
Ont dissipé l'orage élevé sur ses jours.
Oui, mes yeux la verront.

HIRCAN.

Oui, Seigneur, Obéide
Marche vers la cabane où son père réside.

ATHAMARE.

C'est elle ; je la vois. Tâche de désarmer
Ce père malheureux que je n'ai pu calmer...
Des chaumes ! des roseaux ! voilà donc sa retraite !
Ah ! peut-être elle y vit tranquille et satisfaite.
Et moi...

SCÈNE II.

OBÉIDE, SULMA, ATHAMARE.

ATHAMARE.

Non, demeurez, ne vous détournez pas ;
De vos regards du moins honorez mon trépas :
Qu'à vos genoux tremblants un malheureux périsse.

OBÉIDE.

Ah ! Sulma, qu'en tes bras mon désespoir finisse ;
C'en est trop... Laisse-moi, fatal persécuteur :
Va, c'est toi qui reviens pour m'arracher le cœur.

ATHAMARE.

Ecoute un seul moment.

OBÉIDE.

Et le dois-je, barbare ?
Dans l'état où je suis, que peut dire Athamare ?

ATHAMARE.

Que l'amour m'a conduit du trône en tes forêts;
Qu'épris de tes vertus, honteux de mes forfaits,
Désespéré, soumis, mais furieux encore,
J'idolâtre Obéide, autant que je m'abhorre.
Ah! ne détourne point tes regards effrayés :
Il me faut ou mourir ou régner à tes pieds.
Frappe, mais entends-moi. Tu sais déjà peut-être
Que de mon sort enfin les Dieux m'ont rendu maître;
Que Smerdis et ma femme, en un même tombeau,
De mon fatal hymen ont éteint le flambeau;
Qu'Ecbatane est à moi... Non, pardonne, Obéide;
Ecbatane est à toi : l'Euphrate, la Perside,
Et la superbe Egypte, et les bords indiens
Seraient à tes genoux, s'ils pouvaient être aux miens.
Mais mon trône, et ma vie, et toute la nature,
Sont d'un trop faible prix pour payer ton injure.
Ton grand cœur, Obéide, ainsi que ta beauté,
Est au-dessus d'un rang dont il n'est point flatté :
Que la pitié du moins le désarme et le touche.
Les climats où tu vis, l'ont-ils rendu farouche?
O cœur né pour aimer, ne peux-tu que haïr?
Image de nos dieux, ne sais-tu que punir?
Ils savent pardonner. Va, ta bonté doit plaindre
Ton criminel amant que tu vois sans le craindre.

OBÉIDE.

Que m'as-tu dit, cruel? et pourquoi de si loin
Viens-tu de me troubler prendre le triste soin,
Tenter dans ces forêts ma misère tranquille,
Et chercher un pardon... qui serait inutile?

ACTE III, SCÈNE II.

Quand tu m'osas aimer pour la première fois,
Ton roi d'un autre hymen t'avait prescrit les lois :
Sans un crime à mon cœur tu ne pouvais prétendre :
Sans un crime plus grand je ne saurais t'entendre.
Ne fais point sur mes sens d'inutiles efforts :
Je me vois aujourd'hui ce que tu fus alors.
Sous la loi de l'hymen Obéide respire ;
Prends pitié de mon sort... et respecte Indatire.

ATHAMARE.

Un Scythe ! un vil mortel !

OBÉIDE.

Pourquoi méprises-tu
Un homme, un citoyen... qui te passe en vertu ?

ATHAMARE.

Nul ne m'eût égalé si j'avais pu te plaire.
Tu m'aurais des vertus aplani la carrière ;
Ton amant deviendrait le premier des humains.
Mon sort dépend de toi, mon ame est dans tes mains ;
Un mot peut la changer : l'amour la fit coupable ;
L'amour au monde entier la rendrait respectable.

OBÉIDE.

Ah ! que n'eus-tu plus tôt ces nobles sentiments,
Athamare !

ATHAMARE.

Obéide ! il en est encor temps.
De moi, de mes Etats, auguste souveraine,
Viens embellir cette ame, esclave de la tienne ;
Viens régner.

LES SCYTHES.

OBÉIDE.

Puisses-tu loin de mes tristes yeux
Voir ton règne honoré de la faveur des Dieux!

ATHAMARE.

Je n'en veux point sans toi.

OBÉIDE.

Ne vois plus que ta gloire.

ATHAMARE.

Elle était de t'aimer.

OBÉIDE.

Périsse la mémoire
De mes malheurs passés, de tes cruels amours!

ATHAMARE.

Obéide à la haine a consacré ses jours!

OBÉIDE.

Mes jours étaient affreux : si l'hymen en dispose,
Si tout finit pour moi, toi seul en es la cause;
Toi seul as préparé ma mort dans ces déserts.

ATHAMARE.

Je t'en viens arracher.

OBÉIDE.

Rien ne rompra mes fers;
Je me les suis donnés.

ATHAMARE.

Tes mains n'ont point encore
Formé l'indigne nœud dont un Scythe s'honore.

OBÉIDE.

J'ai fait serment au Ciel.

ACTE III, SCÈNE II.

ATHAMARE.

              Il ne le reçoit pas ;
C'est pour l'anéantir qu'il a guidé mes pas.

OBÉIDE.

Ah !... c'est pour mon malheur...

ATHAMARE.

                      Obtiendrais-tu d'un père
Qu'il laissât libre au moins une fille si chère,
Que son cœur envers moi ne fût point endurci,
Et qu'il cessât enfin de s'exiler ici ?
Dis-lui...

OBÉIDE.

      N'y compte pas. Le choix que j'ai dû faire
Devenait un parti conforme à ma misère :
Il est fait ; mon honneur ne peut le démentir,
Et Sozame jamais n'y pourrait consentir.
Sa vertu t'est connue ; elle est inébranlable.

ATHAMARE.

Elle l'est dans la haine ; et lui seul est coupable.

OBÉIDE.

Tu ne le fus que trop : tu l'es de me revoir,
De m'aimer, d'attendrir un cœur au désespoir.
Destructeur malheureux d'une triste famille,
Laisse pleurer en paix et le père et la fille.
Il vient ; sors.

ATHAMARE.

     Je ne puis.

OBÉIDE.

           Sors ; ne l'irrite pas.

ATHAMARE.

Non; tous deux à l'envi donnez-moi le trépas.

OBÉIDE.

Au nom de mes malheurs et de l'amour funeste
Qui des jours d'Obéide empoisonne le reste,
Fuis, ne l'outrage plus par ton fatal aspect.

ATHAMARE.

Juge de mon amour; il me force au respect.
J'obéis... Dieux puissants, qui voyez mon offense
Secondez mon amour, et guidez ma vengeance!

SCÈNE III.

SOZAME, OBÉIDE, SULMA.

SOZAME.

Eh quoi! notre ennemi nous poursuivra toujours!
Il vient flétrir ici les derniers de mes jours.
Qu'il ne se flatte pas que le déclin de l'âge
Rende un père insensible à ce nouvel outrage.

OBÉIDE.

Mon père... il vous respecte... il ne me verra plus :
Pour jamais à le fuir mes vœux sont résolus.

SOZAME.

Indatire est à toi.

OBÉIDE.

Je le sais.

SOZAME.

Ton suffrage,
Dépendant de toi seule, a reçu son hommage.

ACTE III, SCÈNE III.

OBÉIDE.

J'ai cru vous plaire au moins... j'ai cru que sans fierté
Le fils de votre ami devait être accepté.

SOZAME.

Sais-tu ce qu'Athamare à ma honte propose
Par un de ces Persans dont son pouvoir dispose?

OBÉIDE.

Qu'a-t-il pu demander?

SOZAME.

De violer ma foi,
De briser tes liens, de le suivre avec toi,
D'arracher ma vieillesse à ma retraite obscure,
De mendier chez lui le prix de ton parjure,
D'acheter par la honte une ombre de grandeur.

OBÉIDE.

Comment recevez-vous cette offre?

SOZAME.

Avec horreur.
Ma fille, au repentir il n'est aucune voie.
Triomphant dans nos jeux, plein d'amour et de joie,
Indatire, en tes bras par son père conduit,
De l'amour le plus pur attend le digne fruit :
Rien n'en doit altérer l'innocente allégresse.
Les Scythes sont humains, et simples sans bassesse;
Mais leurs naïves mœurs ont de la dureté :
On ne les trompe point avec impunité;
Et surtout, de leurs lois vengeurs impitoyables,
Ils n'ont jamais, ma fille, épargné des coupables.

OBÉIDE.

Seigneur, vous vous borniez à me persuader :

Pour la première fois, pourquoi m'intimider ?
Vous savez si, du sort bravant les injustices,
J'ai fait depuis quatre ans d'assez grands sacrifices :
S'il en fallait encor, je les ferais pour vous.
Je ne craindrai jamais mon père ou mon époux.
Je vois tout mon devoir... ainsi que ma misère.
Allez... Vous n'avez point de reproche à me faire.

SOZAME.

Pardonne à ma tendresse un reste de frayeur,
Triste et commun effet de l'âge et du malheur :
Mais qu'il parte aujourd'hui; que jamais sa présence
Ne profane un asile ouvert à l'innocence.

OBÉIDE.

C'est ce que je prétends, Seigneur; et plût aux Dieux
Que son fatal aspect n'eût point blessé mes yeux !

SOZAME.

Rien ne troublera plus ton bonheur qui s'apprête;
Et je vais de ce pas en préparer la fête.

SCÈNE IV.

OBÉIDE, SULMA.

SULMA.

Quelle fête cruelle! ainsi dans ce séjour
Vos beaux jours enterrés sont perdus sans retour?

OBÉIDE.

Ah Dieux!

SULMA.

Votre pays, la cour qui vous vit naître,
Un prince généreux... qui vous plaisait peut-être,

ACTE III, SCÈNE IV.

Vous les abandonnez sans crainte et sans pitié ?
OBÉIDE.
Mon destin l'a voulu... j'ai tout sacrifié.
SULMA.
Haïriez-vous toujours la cour et la patrie ?
OBÉIDE.
Malheureuse !... jamais je ne l'ai tant chérie.
SULMA.
Ouvrez-moi votre cœur ; je le mérite.
OBÉIDE.
Hélas !
Tu n'y découvrirais que d'horribles combats ;
Il craindrait trop ta vue et ta plainte inportune.
Il est des maux, Sulma, que nous fait la fortune ;
Il en est de plus grands dont le poison cruel,
Préparé par nos mains, porte un coup plus mortel.
Mais lorsque dans l'exil, à mon âge, on rassemble,
Après un sort si beau, tant de malheurs ensemble,
Lorsque tous leurs assauts viennent se réunir,
Un cœur, un faible cœur les peut-il soutenir ?
SULMA.
Ecbatane... un grand prince...
OBÉIDE.
Ah ! fatal Athamare !
Quel démon t'a conduit dans ce séjour barbare ?
Que t'a fait Obéide ? et pourquoi découvrir
Ce trait long-temps caché qui me faisait mourir ?
Pourquoi, renouvelant ma honte et ton injure,
De tes funestes mains déchirer ma blessure ?

SULMA.

Madame, c'en est trop; c'est trop vous immoler
A ces préjugés vains qui viennent vous troubler,
A d'inhumaines lois d'une horde étrangère,
Dont un père exilé chargea votre misère.
Hélas! contre les rois son trop juste courroux
Ne sera donc jamais retombé que sur vous!
Quand vous le consolez, faut-il qu'il vous opprime?
Soyez sa protectrice, et non pas sa victime.
Athamare est vaillant; et de braves soldats
Ont jusqu'en ces déserts accompagné ses pas.
Athamare, après tout, n'est-il pas votre maître?

OBÉIDE.

Non.

SULMA.

C'est en ses Etats que le Ciel vous fit naître.
N'a-t-il donc pas le droit de briser un lien,
L'opprobre de la Perse, et le vôtre, et le sien?
M'en croirez-vous? partez; marchez sous sa conduite.
Si vous avez d'un père accompagné la fuite,
Il est temps à la fin qu'il vous suive à son tour;
Qu'il renonce à l'orgueil de dédaigner sa cour;
Que sa douleur farouche, à vous perdre obstinée,
Cesse enfin de lutter contre sa destinée.

OBÉIDE.

Non, ce parti serait injuste et dangereux;
Il coûterait du sang : le succès est douteux;
Mon père expirerait de douleur et de rage;
Enfin l'hymen est fait... je suis dans l'esclavage.

ACTE III, SCÈNE IV.

L'habitude à souffrir pourra fortifier
Mon courage éperdu qui craignait de plier.

SULMA.

Vous pleurez cependant ; et votre œil qui s'égare
Parcourt avec horreur cette enceinte barbare,
Ces chaumes, ces déserts, où des pompes des rois
Je vous vis descendue aux plus humbles emplois ;
Où d'un vain repentir le trait insupportable
Déchire de vos jours le tissu misérable...
Que vous restera-t-il ? hélas !

OBÉIDE.

Le désespoir.

SULMA.

Dans cet état affreux que faire ?

OBÉIDE.

Mon devoir.
L'honneur de le remplir, le secret témoignage
Que la vertu se rend, qui soutient le courage,
Qui seul en est le prix, et que j'ai dans mon cœur,
Me tiendra lieu de tout, et même du bonheur.

FIN DU TROISIÈME ACTE.

ACTE QUATRIÈME.

SCÈNE I.

ATHAMARE, HIRCAN.

ATHAMARE.

Penses-tu qu'Indatire osera me parler ?

HIRCAN.

Il l'osera, Seigneur.

ATHAMARE.

Qu'il vienne... il doit trembler.

HIRCAN.

Les Scythes, croyez-moi, connaissent peu la crainte.
Mais d'un tel désespoir votre ame est-elle atteinte,
Que vous avilissiez l'honneur de votre rang,
Le sang du grand Cyrus mêlé dans votre sang,
Et d'un trône si saint le droit inviolable,
Jusqu'à vous compromettre avec un misérable,
Qu'on verrait, si le sort l'envoyait parmi nous,
A vos premiers suivants ne parler qu'à genoux,
Mais qui, sur ses foyers, peut avec insolence
Braver impunément un prince et sa puissance ?

ATHAMARE.

Je m'abaisse, il est vrai ; mais je veux tout tenter.
Je descendrais plus bas pour la mieux mériter.

Ma honte est de la perdre; et ma gloire éternelle
Serait de m'avilir pour m'élever vers elle.
Penses-tu qu'Indatire, en sa grossièreté,
Ait senti comme moi le prix de sa beauté?
Un Scythe aveuglément suit l'instinct qui le guide;
Ainsi qu'une autre femme, il épouse Obéide.
L'amour, la jalousie et ses emportements,
N'ont point dans ces climats apporté leurs tourments:
De ces vils citoyens l'insensible rudesse,
En connaissant l'hymen, ignore la tendresse.
Tous ces grossiers humains sont indignes d'aimer.

HIRCAN.

L'univers vous dément; le Ciel sait animer
Des mêmes passions tous les êtres du monde.
Si du même limon la nature féconde,
Sur un modèle égal ayant fait les humains,
Varie à l'infini les traits de ses dessins,
Le fond de l'homme reste; il est partout le même :
Persan, Scythe, Indien, tout défend ce qu'il aime.

ATHAMARE.

Je le défendrai donc; je saurai le garder.

HIRCAN.

Vous hasardez beaucoup.

ATHAMARE.

                    Et que puis-je hasarder?
Ma vie? elle n'est rien sans l'objet qu'on m'arrache :
Mon nom? quoi qu'il arrive, il restera sans tache :
Mes amis? ils ont trop de courage et d'honneur
Pour ne pas immoler, sous le glaive vengeur,

Ces agrestes guerriers dont l'audace indiscrète
Pourrait inquiéter leur marche et leur retraite.

HIRCAN.

Ils mourront à vos pieds, et vous n'en doutez pas.

ATHAMARE.

Ils vaincront avec moi... Qui tourne ici ses pas ?

HIRCAN.

Seigneur, je le connais, c'est lui, c'est Indatire.

ATHAMARE.

Allez : que loin de moi ma garde se retire,
Qu'aucun n'ose approcher sans mes ordres exprès ;
Mais qu'on soit prêt à tout.

SCÈNE II.

ATHAMARE, INDATIRE.

ATHAMARE.

Habitant des forêts,
Sais-tu bien devant qui ton sort te fait paraître ?

INDATIRE.

On prétend qu'une ville en toi révère un maître,
Qu'on l'appelle Ecbatane, et que du mont Taurus
On voit ses hauts remparts élevés par Cyrus.
On dit (mais j'en crois peu la vaine renommée)
Que tu peux dans la plaine assembler une armée,
Une troupe aussi forte, un camp aussi nombreux
De guerriers soudoyés, et d'esclaves pompeux,
Que nous avons ici de citoyens paisibles.

ATHAMARE.

Il est vrai, j'ai sous moi des troupes invincibles :

Le dernier des Persans, de ma solde honoré,
Est plus riche, et plus grand, et plus considéré,
Que tu ne saurais l'être aux lieux de ta naissance,
Où le Ciel vous fit tous égaux par l'indigence.

INDATIRE.

Qui borne ses desirs, est toujours riche assez.

ATHAMARE.

Ton cœur ne connaît point les vœux intéressés :
Mais la gloire, Indatire ?

INDATIRE.

Elle a pour moi des charmes.

ATHAMARE.

Elle habite à ma cour, à l'abri de mes armes :
On ne la trouve point dans le fond des déserts ;
Tu l'obtiens près de moi ; tu l'as, si tu me sers ;
Elle est sous mes drapeaux : viens avec moi t'y rendre.

INDATIRE.

A servir sous un maître on me verrait descendre !

ATHAMARE.

Va, l'honneur de servir un maître généreux,
Qui met un digne prix aux exploits belliqueux,
Vaut mieux que de ramper dans une république,
Ingrate en tous les temps, et souvent tyrannique.
Tu peux prétendre à tout en marchant sous ma loi.
J'ai, parmi mes guerriers, des Scythes comme toi.

INDATIRE.

Tu n'en as point. Apprends que ces indignes Scythes,
Voisins de ton pays, sont loin de nos limites.
Si l'air de tes climats a pu les infecter,
Dans nos heureux cantons il n'a pu se porter.

Ces Scythes malheureux ont connu l'avarice ;
La fureur d'acquérir corrompit leur justice :
Ils n'ont su que servir ; leurs infidèles mains
Ont abandonné l'art qui nourrit les humains
Pour l'art qui les détruit, l'art affreux de la guerre ;
Ils ont vendu leur sang aux maîtres de la terre.
Meilleurs citoyens qu'eux, et plus braves guerriers,
Nous volons aux combats, mais c'est pour nos foyers ;
Nous savons tous mourir, mais c'est pour la patrie :
Nul ne vend parmi nous son honneur ou sa vie.
Nous serons, si tu veux, tes dignes alliés ;
Mais on n'a point d'amis alors qu'ils sont payés.
Apprends à mieux juger de ce peuple équitable,
Egal à toi sans doute, et non moins respectable.

ATHAMARE.

Elève ta patrie, et cherche à la vanter ;
C'est le recours du faible, on peut le supporter.
Ma fierté, que permet la grandeur souveraine,
Ne daigne pas ici lutter contre la tienne...
Te crois-tu juste au moins ?

INDATIRE.

Oui, je puis m'en flatter.

ATHAMARE.

Rends-moi donc le trésor que tu viens de m'ôter.

INDATIRE.

A toi ?

ATHAMARE.

Rends à son maître une de ses sujettes,
Qu'un indigne destin traîna dans ces retraites,
Un bien dont nul mortel ne pourra me priver,

ACTE IV, SCÈNE II.

Et que sans injustice on ne peut m'enlever :
Rends sur l'heure Obéide.

INDATIRE.

A ta superbe audace,
A tes discours altiers, à cet air de menace,
Je veux bien opposer la modération,
Que l'univers estime en notre nation.

Obéide, dis-tu, de toi seul doit dépendre ;
Elle était ta sujette ! oses-tu bien prétendre
Que des droits des mortels on ne jouisse pas
Dès qu'on a le malheur de naître en tes États ?
Le Ciel, en le créant, forma-t-il l'homme esclave ?
La nature qui parle, et que ta fierté brave,
Aura-t-elle à la glèbe attaché les humains,
Comme les vils troupeaux mugissant sous nos mains ?
Que l'homme soit esclave aux champs de la Médie,
Qu'il rampe, j'y consens : il est libre en Scythie.
Au moment qu'Obéide honora de ses pas
Le tranquille horizon qui borde nos Etats,
La liberté, la paix, qui sont notre apanage,
L'heureuse égalité, les biens du premier âge,
Ces biens que des Persans aux mortels ont ravis,
Ces biens perdus ailleurs, et par nous recueillis,
De la belle Obéide ont été le partage.

ATHAMARE.

Il en est un plus grand, celui que mon courage
A l'univers entier oserait disputer,
Que tout autre qu'un roi ne saurait mériter,
Dont tu n'auras jamais qu'une imparfaite idée,
Et dont avec fureur mon ame est possédée ;

Son amour : c'est le bien qui doit m'appartenir ;
A moi seul était dû l'honneur de la servir.
Oui, je descends enfin jusqu'à daigner te dire
Que de ce cœur altier je lui soumis l'empire,
Avant que les destins eussent pu t'accorder
L'heureuse liberté d'oser la regarder.
Ce trésor est à moi ; barbare, il faut le rendre.

INDATIRE.

Imprudent étranger, ce que je viens d'entendre
Excite ma pitié plutôt que mon courroux.
Sa libre volonté m'a choisi pour époux ;
Ma probité lui plut ; elle l'a préférée
Aux recherches, aux vœux de toute ma contrée :
Et tu viens de la tienne ici redemander
Un cœur indépendant qu'on vient de m'accorder !
O toi qui te crois grand, qui l'es par l'arrogance,
Sors d'un asile saint, de paix et d'innocence ;
Fuis ; cesse de troubler, si loin de tes Etats,
Des mortels tes égaux, qui ne t'offensent pas.
Tu n'es pas prince ici.

ATHAMARE.

Ce sacré caractère
M'accompagne en tous lieux sans m'être nécessaire :
Si j'avais dit un mot, ardents à me servir,
Mes soldats à mes pieds auraient su te punir.
Je descends jusqu'à toi : ma dignité t'outrage ;
Je la dépose ici, je n'ai que mon courage :
C'est assez, je suis homme ; et ce fer me suffit
Pour remettre en mes mains le bien qu'on me ravit.
Cède Obéide, ou meurs, ou m'arrache la vie.

ACTE IV, SCÈNE II.

INDATIRE.

Quoi! nous t'avons en paix reçu dans ma patrie,
Ton accueil nous flattait; notre simplicité
N'écoutait que les droits de l'hospitalité;
Et tu veux me forcer dans la même journée
De souiller par ta mort un si saint hyménée!

ATHAMARE.

Meurs, te dis-je, ou me tue... On vient, retire-toi,
Et si tu n'es un lâche...

INDATIRE.

Ah! c'en est trop... suis moi.

ATHAMARE.

Je te fais cet honneur.

(*Il sort.*)

SCÈNE III.

INDATIRE, HERMODAN, SOZAME, un Scythe.

HERMODAN, *à Indatire, qui est prêt de sortir.*

Viens, ma main paternelle
Te remettra, mon fils, ton épouse fidèle.
Viens, le festin t'attend.

INDATIRE.

Bientôt je vous suivrai;
Allez... Ô cher objet! je te mériterai.

(*Il sort.*)

SCÈNE IV.

HERMODAN, SOZAME, un Scythe.

SOZAME.

Pourquoi ne pas nous suivre? Il diffère!...

HERMODAN.

Ah! Sozame,
Cher ami, dans quel trouble il a jeté mon ame!
As-tu vu sur son front des signes de fureur?

SOZAME.

Quel en serait l'objet?

HERMODAN.

Peut-être que mon cœur
Conçoit d'un vain danger la crainte imaginaire;
Mais son trouble était grand. Sozame, je suis père :
Si mes yeux par les ans ne sont point affaiblis,
J'ai cru voir ce Persan, qui menaçait mon fils.

SOZAME.

Tu me fais frissonner... avançons; Athamare
Est capable de tout.

HERMODAN.

La faiblesse s'empare
De mes esprits glacés; et mes sens éperdus
Trahissent mon courage, et ne me servent plus...

(*Il s'assied en tremblant sur le banc de gazon.*)

Mon fils ne revient point... j'entends un bruit horrible.

(*Au Scythe qui est auprès de lui.*)

Je succombe... Va, cours, en ce moment terrible,
Cours, assemble au drapeau nos braves combattants.

ACTE IV, SCÈNE IV.

LE SCYTHE.

Rassure-toi, j'y vole; ils sont prêts en tout temps.

SOZAME, à Hermodan.

Ranime ta vertu, dissipe tes alarmes.

HERMODAN, se relevant à peine.

Oui, j'ai pu me tromper; oui, je renais.

SCÈNE V.

HERMODAN, SOZAME, ATHAMARE, l'épée à la main; HIRCAN, Suite.

ATHAMARE.

Aux armes!
Aux armes, compagnons, suivez-moi, paraissez!
Où la trouver?

HERMODAN, effrayé et chancelant.

Barbare...

SOZAME.

Arrête.

ATHAMARE, à ses gardes.

Obéissez;
De sa retraite indigne enlevez Obéide;
Courez, dis-je, volez : que ma garde intrépide,
Si quelque audacieux tentait de vains efforts,
Se fasse un chemin prompt dans la foule des morts.
C'est toi qui l'as voulu, Sozame inexorable.

SOZAME.

J'ai fait ce que j'ai dû.

HERMODAN.

Va, ravisseur coupable,

Infidèle Persan, mon fils saura venger
Le détestable affront dont tu viens nous charger.
Dans ce dessein, Sozame, il nous quittait sans doute.

ATHAMARE.

Indatire? ton fils?

HERMODAN.

Oui, lui-même.

ATHAMARE.

Il m'en coûte
D'affliger ta vieillesse et de percer ton cœur :
Ton fils eût mérité de servir ma valeur.

HERMODAN.

Que dis-tu?

ATHAMARE, *à ses soldats.*

Qu'on épargne à ce malheureux père
Le spectacle d'un fils mourant dans la poussière;
Fermez-lui ce passage.

HERMODAN.

Achève tes fureurs;
Achève... N'oses-tu? Quoi! tu gémis!... Je meurs.
Mon fils est mort, ami!...

(*Il tombe sur un banc de gazon.*)

ATHAMARE.

Toi, père d'Obéide,
Auteur de tous mes maux, dont l'âpreté rigide,
Dont le cœur inflexible à ce coup m'a forcé,
Que je chéris encor quand tu m'as offensé,
Il faut dans ce moment la conduire et me suivre.

SOZAME.

Moi! ma fille!

ACTE IV, SCÈNE V.

ATHAMARE.

En ces lieux il t'est honteux de vivre :
Attends mon ordre ici.

(*A ses soldats.*)

Vous, marchez avec moi.

SCÈNE VI.

SOZAME, HERMODAN.

SOZAME, *se courbant vers Hermodan.*

Tous mes malheurs, ami, sont retombés sur toi...
Espère en la vengeance... Il revient... il soupire...
Hermodan !

HERMODAN, *se relevant avec peine.*

Mon ami fais au moins que j'expire
Sur le corps étendu de mon fils expirant !
Que je te doive, ami, cette grâce en mourant.
S'il reste quelque force à ta main languissante,
Soutiens d'un malheureux la marche chancelante ;
Viens, lorsque de mon fils j'aurai fermé les yeux,
Dans un même sépulcre enferme-nous tous deux.

SOZAME.

Trois amis y seront ; ma douleur te le jure :
Mais déjà l'on s'avance, on venge notre injure ;
Nous ne mourrons pas seuls.

HERMODAN.

Je l'espère, j'entends
Les tambours, nos clairons, les cris des combattants.
Nos Scythes sont armés... Dieux, punissez les crimes !
Dieux, combattez pour nous, et prenez vos victimes !
Ayez pitié d'un père.

SCÈNE VII.

SOZAME, HERMODAN, OBÉIDE.

SOZAME.

O ma fille! est-ce vous?

HERMODAN.

Chère Obéide.... hélas!

OBÉIDE.

Je tombe à vos genoux.
Dans l'horreur du combat avec peine échappée
A la pointe des dards, au tranchant de l'épée,
Aux sanguinaires mains de mes fiers ravisseurs,
Je viens de ces moments augmenter les horreurs.

(*A Hermodan.*)

Ton fils vient d'expirer; j'en suis la cause unique :
De mes calamités l'artisan tyrannique
Nous a tous immolés à ses transports jaloux;
Mon malheureux amant a tué mon époux,
Sous vos yeux, sous les miens, et dans la place même
Où, pour le triste objet qu'il outrage et qu'il aime,
Pour d'indignes appas toujours persécutés,
Des flots de sang humain coulent de tous côtés.
On s'acharne, on combat sur le corps d'Indatire;
On se dispute encor ses membres qu'on déchire :
Les Scythes, les Persans, l'un par l'autre égorgés,
Sont vainqueurs et vaincus, et tous meurent vengés.

(*A tous deux.*)

Où voulez-vous aller et sans force et sans armes?
On aurait peu d'égards à votre âge, à vos larmes.

J'ignore du combat quel sera le destin ;
Mais je mets sans trembler mon sort en votre main.
Si le Scythe sur moi veut assouvir sa rage ;
Il le peut, je l'attends, je demeure en otage.

HERMODAN.

Ah ! j'ai perdu mon fils, tu me restes du moins ;
Tu me tiens lieu de tout.

SOZAME.

Ce jour veut d'autres soins :
Armons-nous, de notre âge oublions la faiblesse :
Si les sens épuisés manquent à la vieillesse,
Le courage demeure ; et c'est dans un combat
Qu'un vieillard comme moi doit tomber en soldat.

HERMODAN.

On nous apporte encor de fatales nouvelles.

SCÈNE VIII.

SOZAME, HERMODAN, OBÉIDE, le Scythe *qui a déjà paru.*

LE SCYTHE.

Enfin nous l'emportons.

HERMODAN.

Déités immortelles !
Mon fils serait vengé ! n'est-ce point une erreur ?

LE SCYTHE.

Le Ciel nous rend justice, et le Scythe est vainqueur.
Tout l'art que les Persans ont mis dans le carnage,
Leur grand art de la guerre enfin cède au courage :
Nous avons manqué d'ordre, et non pas de vertu ;
Sur nos frères mourants nous avons combattu.

La moitié des Persans à la mort est livrée ;
L'autre, qui se retire, est partout entourée
Dans la sombre épaisseur de ces profonds taillis,
Où bientôt sans retour ils seront assaillis.

HERMODAN.

De mon malheureux fils le meurtrier barbare
Serait-il échappé ?

LE SCYTHE.

Qui ? ce fier Athamare ?
Sur nos Scythes mourants qu'a fait tomber sa main,
Epuisé, sans secours, enveloppé soudain,
Il est couvert de sang, il est chargé de chaînes.

OBÉIDE.

Lui !

SOZAME.

Je l'avais prévu... Puissances souveraines,
Princes audacieux, quel exemple pour vous !

HERMODAN.

De ce cruel enfin nous serons vengés tous ;
Nos lois, nos justes lois seront exécutées.

OBÉIDE.

Ciel !... Quelles sont ces lois ?

HERMODAN.

Les Dieux les ont dictées.

SOZAME, *à part.*

O comble de douleur et de nouveaux ennuis !

OBÉIDE.

Mais enfin, les Persans ne sont pas tous détruits ;
On verrait Ecbatane, en secourant son maître,
Du poids de sa grandeur vous accabler peut-être.

HERMODAN.

Ne crains rien... Toi, jeune homme, et vous, braves guerriers,
Préparez votre autel entouré de lauriers.

OBÉIDE.

Mon père!...

HERMODAN.

Il faut hâter ce juste sacrifice.
Mânes de mon cher fils, que ton ombre en jouisse!
Et toi qui fus l'objet de ses chastes amours,
Qui fus ma fille chère et le seras toujours,
Qui de ta piété filiale et sincère
N'as jamais altéré le sacré caractère,
C'est à toi de remplir ce qu'une austère loi
Attend de mon pays, et demande de toi.

(Il sort.)

OBÉIDE.

Qu'a-t-il dit? que veut-on de cette infortunée?
Ah! mon père, en quels lieux m'avez-vous amenée!

SOZAME.

Pourrai-je t'expliquer ce mystère odieux?

OBÉIDE.

Je n'ose le prévoir... je détourne les yeux.

SOZAME.

Je frémis comme toi; je ne puis m'en défendre.

OBÉIDE.

Ah! laissez-moi mourir, Seigneur, sans vous entendre.

FIN DU QUATRIÈME ACTE.

ACTE CINQUIÈME.

SCÈNE I.

OBÉIDE, SOZAME, HERMODAN, *troupe de Scythes armés de javelots. (On apporte un autel couvert d'un crêpe, et entouré de lauriers. Un Scythe met un glaive sur l'autel.)*

OBÉIDE, *entre Sozame et Hermodan.*

Vous vous taisez tous deux : craignez-vous de me dire
Ce qu'à mes sens glacés votre loi doit prescrire?
Quel est cet appareil terrible et solennel?

SOZAME.

Ma fille... il faut parler... voici le même autel
Que le soleil naissant vit dans cette journée
Orné de fleurs par moi pour ton saint hyménée,
Et voit d'un crêpe affreux couvert à son couchant!

HERMODAN.

As-tu chéri mon fils?

OBÉIDE.

Un vertueux penchant
Mon amitié pour toi, mon respect pour Sozame,
Et mon devoir surtout, souverain de mon ame,
M'ont rendu cher ton fils... mon sort suivait son sort :
J'honore sa mémoire, et j'ai pleuré sa mort.

HERMODAN.

L'inviolable loi qui régit ma patrie
Veut que de son époux une femme chérie

Ait le suprême honneur de lui sacrifier,
En présence des Dieux, le sang du meurtrier;
Que l'autel de l'hymen soit l'autel des vengeances;
Que du glaive sacré qui punit les offenses
Elle arme sa main pure, et traverse le cœur,
Le cœur du criminel qui ravit son bonheur.

OBÉIDE.

Moi, vous venger?.. sur qui?.. de quel sang?.. ah, mon père!

HERMODAN.

Le Ciel t'a réservé ce sanglant ministère.

UN SCYTHE.

C'est ta gloire et la nôtre.

SOZAME.

Il me faut révérer
Les lois que vos aïeux ont voulu consacrer;
Mais le danger les suit : les Persans sont à craindre;
Vous allumez la guerre, et ne pourrez l'éteindre.

LE SCYTHE.

Ces Persans, que du moins nous croyons égaler,
Par ce terrible exemple apprendront à trembler.

HERMODAN.

Ma fille, il n'est plus temps de garder le silence;
Le sang d'un époux crie; et ton délai l'offense.

OBÉIDE.

Je dois donc vous parler... Peuple, écoutez ma voix :
Je pourrais alléguer, sans offenser vos lois,
Que je naquis en Perse, et que ces lois sévères
Sont faites pour vous seuls, et me sont étrangères;
Qu'Athamare est trop grand pour être un assassin;
Et que si mon époux est tombé sous sa main,

Son rival opposa sans aucun avantage
Le glaive seul au glaive, et l'audace au courage ;
Que de deux combattants d'une égale valeur
L'un tue et l'autre expire avec le même honneur.
Peuple, qui connaissez le prix de la vaillance,
Vous aimez la justice ainsi que la vengeance ;
Commandez, mais jugez : voyez si c'est à moi
D'immoler un guerrier qui dut être mon roi.

LE SCYTHE.

Si tu n'oses frapper, si ta main trop timide
Hésite à nous donner le sang de l'homicide,
Tu connais ton devoir, nos mœurs, et notre loi :
Tremble.

OBÉIDE.

Et si je demeure incapable d'effroi,
Si votre loi m'indigne, et si je vous refuse?

HERMODAN.

L'hymen t'a fait ma fille, et tu n'as point d'excuse ;
Il n'en mourra pas moins, tu vivras sans honneur.

LE SCYTHE.

Du plus cruel supplice il subira l'horreur.

HERMODAN.

Mon fils attend de toi cette grande victime.

LE SCYTHE.

Crains d'oser rejeter un droit si légitime.

OBÉIDE, *après quelques pas et un long silence.*
Je l'accepte.

SOZAME.

Ah! grands Dieux!

ACTE V, SCÈNE I.

LE SCYTHE.
Devant les immortels
En fais-tu le serment?
OBÉIDE.
Je le jure, cruels;
Je le jure, Hermodan. Tu demandes vengeance,
Sois-en sûr, tu l'auras... mais que de ma présence
On ait soin de tenir le captif écarté,
Jusqu'au moment fatal par mon ordre arrêté.
Qu'on me laisse en ces lieux m'expliquer à mon père;
Et vous verrez après ce qui vous reste à faire.
LE SCYTHE, *après avoir regardé tous ses compagnons.*
Nous y consentons tous.
HERMODAN.
La veuve de mon fils
Se déclare soumise aux lois de mon pays;
Et ma douleur profonde est un peu soulagée,
Si, par ses nobles mains, cette mort est vengée.
Amis, retirons-nous.
OBÉIDE.
A ces autels sanglants
Je vous rappellerai, quand il en sera temps.

SCÈNE II.

SOZAME, OBÉIDE.

OBÉIDE.
Eh bien! qu'ordonnez-vous?
SOZAME.
Il fut un temps peut-être

Où le plaisir secret de me venger d'un maître
Dans le cœur d'Athamare aurait conduit ta main ;
De son monarque ingrat j'aurais percé le sein ;
Il le méritait trop : ma vengeance lassée
Contre les malheureux ne peut être exercée ;
Tous mes ressentiments sont changés en regrets.

OBÉIDE.

Avez-vous bien connu mes sentiments secrets ?
Dans le fond de mon cœur avez-vous daigné lire ?

SOZAME.

Mes yeux t'ont vu pleurer sur le sang d'Indatire ;
Mais je pleure sur toi dans ce moment cruel ;
J'abhorre tes serments.

OBÉIDE.

Vous voyez cet autel,
Ce glaive dont ma main doit frapper Athamare ;
Vous savez quels tourments un refus lui prépare.
Après ce coup terrible... et qu'il me faut porter,
Parlez... sur son tombeau voulez-vous habiter ?

SOZAME.

J'y veux mourir.

OBÉIDE.

Vivez, ayez-en le courage ;
Les Persans, disiez-vous, vengeront leur outrage ;
Les enfants d'Ecbatane, en ces lieux détestés,
Descendront du Taurus à pas précipités :
Les grossiers habitants de ces climats horribles
Sont cruels, il est vrai, mais non pas invincibles.
A ces tigres armés voulez-vous annoncer
Qu'au fond de leur repaire on pourrait les forcer ?

ACTE V, SCÈNE II.

SOZAME.

On en parle déjà ; les esprits les plus sages
Voudraient de leur patrie écarter ces orages.

OBÉIDE.

Achevez donc, Seigneur, de les persuader :
Qu'ils méritent le sang qu'ils osent demander ;
Et tandis que ce sang de l'offrande immolée
Baignera sous vos yeux leur féroce assemblée,
Que tous nos citoyens soient mis en liberté,
Et repassent les monts sur la foi d'un traité.

SOZAME.

Je l'obtiendrai, ma fille, et j'ose t'en répondre :
Mais ce traité sanglant ne sert qu'à nous confondre :
De quoi t'auront servi ta prière et mes soins ?
Athamare à l'autel en périra-t-il moins ?
Les Persans ne viendront que pour venger sa cendre,
Ce sang de tant de rois, que ta main va répandre,
Ce sang que j'ai haï, mais que j'ai révéré,
Qui, coupable envers nous, n'en est pas moins sacré.

OBÉIDE.

Il l'est... mais je suis Scythe... et le fus pour vous plaire :
Le climat quelquefois change le caractère.

SOZAME.

Ma fille !

OBÉIDE.

C'est assez, Seigneur, j'ai tout prévu ;
J'ai pesé mes destins, et tout est résolu.
Une invincible loi me tient sous son empire :
La victime est promise au père d'Indatire ;

Je tiendrai ma parole... Allez, il vous attend.
Qu'il me garde la sienne... il sera trop content.

SOZAME.

Tu me glaces d'horreur.

OBÉIDE.

Allez, je la partage.
Seigneur, le temps est cher; achevez votre ouvrage;
Laissez-moi m'affermir; mais surtout obtenez
Un traité nécessaire à ces infortunés.
Vous prétendez qu'au moins ce peuple impitoyable
Sait garder une foi toujours inviolable;
Je vous en crois... le reste est dans la main des Dieux.

SOZAME.

Ils ne présagent rien qui ne soit odieux :
Tout est horrible ici. Ma faible voix encore
Tentera d'écarter ce que mon cœur abhorre.
Mais, après tant de maux, mon courage est vaincu :
Quoi qu'il puisse arriver, ton père a trop vécu.

SCÈNE III.

OBÉIDE, *seule.*

Ah! c'est trop étouffer la fureur qui m'agite.
Tant de ménagement me déchire et m'irrite :
Mon malheur vint toujours de me trop captiver
Sous d'inhumaines lois que j'aurais dû braver.
Je mis un trop haut prix à l'estime, au reproche;
Je fus esclave assez... ma liberté s'approche.

SCÈNE IV.

OBÉIDE, SULMA.

OBÉIDE.

Enfin je te revois.

SULMA.

Grands Dieux! que j'ai tremblé
Lorsque, disparaissant à mon œil désolé,
Vous avez traversé cette foule sanglante!
Vous affrontiez la mort de tous côtés présente;
Des flots de sang humain roulaient entre nous deux.
Quel jour! quel hyménée! et quel sort rigoureux!

OBÉIDE.

Tu verras un spectacle encor plus effroyable.

SULMA.

Ciel! on m'aurait dit vrai!... quoi! votre main coupable
Immolerait l'amant que vous avez aimé,
Pour satisfaire un peuple à sa perte animé!

OBÉIDE.

Moi! complaire à ce peuple, aux monstres de Scythie,
A ces brutes humains pétris de barbarie,
A ces ames de fer, et dont la dureté
Passa long-temps chez nous pour noble fermeté;
Dont on chérit de loin l'égalité paisible,
Et chez qui je ne vois qu'un orgueil inflexible,
Une atrocité morne, et qui, sans s'émouvoir,
Croit dans le sang humain se baigner par devoir!...
 J'ai fui pour ces ingrats la cour la plus auguste,
Un peuple doux, poli, quelquefois trop injuste,

Mais généreux, sensible, et si prompt à sortir
De ses iniquités par un beau repentir !
Qui ? moi ! complaire au Scythe !... O nations ! ô terre !
O rois qu'il outragea, Dieux, maîtres du tonnerre !
Dieux, témoins de l'horreur où l'on m'ose entraîner,
Unissez-vous à moi, mais pour l'exterminer !
Puisse leur liberté, préparant leur ruine,
Allumant la discorde et la guerre intestine,
Acharnant les époux, les pères, les enfants,
L'un sur l'autre entassés, l'un par l'autre expirants,
Sous des monceaux de morts avec eux disparaître !
Que le reste en tremblant rougisse aux pieds d'un maître !
Que, rampant dans la poudre au bord de leur cercueil,
Pour être mieux punis ils gardent leur orgueil !
Et qu'en mordant le frein du plus lâche esclavage
Ils vivent dans l'opprobre, et meurent dans la rage !...
Où vais-je m'emporter ? vains regrets ! vains éclats !
Les imprécations ne nous secourent pas.
C'est moi qui suis esclave, et qui suis asservie
Aux plus durs des tyrans abhorrés dans l'Asie.

SULMA.

Vous n'êtes point réduite à la nécessité
De servir d'instrument à leur férocité.

OBÉIDE.

Si j'avais refusé ce ministère horrible,
Athamare expirait d'une mort plus terrible.

SULMA.

Mais cet amour secret qui vous parle pour lui ?

OBÉIDE.

Il m'a parlé toujours ; et s'il faut aujourd'hui

ACTE V, SCÈNE IV.

Exposer à tes yeux l'effroyable étendue,
La hauteur de l'abîme où je suis descendue,
J'adorais Athamare avant de le revoir.
Il ne vient que pour moi, plein d'amour et d'espoir;
Pour prix d'un seul regard il m'offre un diadème,
Il met tout à mes pieds; et tandis que moi-même
J'aurais voulu, Sulma, mettre le monde aux siens,
Quand l'excès de ses feux n'égale pas les miens,
Lorsque je l'idolâtre, il faudra qu'Obéide
Plonge au sein d'Athamare un couteau parricide !

SULMA.

C'est un crime si grand, que ces Scythes cruels
Qui du sang des humains arrosent les autels,
S'ils connaissaient l'amour qui vous a consumée,
Eux-même arrêteraient la main qu'ils ont armée.

OBÉIDE.

Non : ils la porteraient dans ce cœur adoré ;
Ils l'y tiendraient sanglante, et leur glaive sacré
De son sang par mes coups épuiserait ses veines.

SULMA.

Se peut-il ?...

OBÉIDE.

Telles sont leurs ames inhumaines :
Tel est l'homme sauvage à lui-même laissé;
Il est simple, il est bon, s'il n'est point offensé :
Sa vengeance est sans borne.

SULMA.

Et ce malheureux père
Qui creusa sous vos pas ce gouffre de misère,
Au père d'Indatire uni par l'amitié,

Consulté des vieillards, avec eux si lié,
Peut-il bien seulement supporter qu'on propose
L'horrible extrémité dont lui-même est la cause ?

OBÉIDE.

Il fait beaucoup pour moi. J'ose même espérer,
Des douleurs dont j'ai vu son cœur se déchirer,
Que ses pleurs obtiendront de ce sénat agreste
Des adoucissements à leur arrêt funeste.

SULMA.

Ah ! vous rendez la vie à mes sens effrayés.
Je vous haïrais trop si vous obéissiez.
Le Ciel ne verra point ce sanglant sacrifice.

OBÉIDE.

Sulma !...

SULMA.

Vous frémissez.

OBÉIDE.

Il faut qu'il s'accomplisse.

SCÈNE V.

OBÉIDE, SULMA, SOZAME, HERMODAN ; Scythes *armés, rangés au fond, en demi-cercle, près de l'autel.*

SOZAME.

Ma fille, hélas ! du moins nos Persans assiégés
Des piéges de la mort seront tous dégagés.

HERMODAN.

Des mânes de mon fils la victime attendue
Suffit à ma vengeance autant qu'elle m'est due.

ACTE V, SCÈNE V.

(*A Obéide.*)

De ce peuple, crois-moi, l'inflexible équité
Sait joindre la clémence à la sévérité.

UN SCYTHE.

Et la loi des serments est une loi suprême,
Aussi chère à nos cœurs que la vengeance même.

OBÉIDE.

C'est assez; je vous crois. Vous avez donc juré
Que de tous les Persans le sang sera sacré.
Sitôt que cette main remplira vos vengeances?

HERMODAN.

Tous seront épargnés : les célestes puissances
N'ont jamais vu de Scythe oser trahir sa foi.

OBÉIDE.

Qu'Athamare à présent paraisse devant moi.

(*On amène Athamare enchaîné : Obéide se place entre lui et Hermodan.*)

HERMODAN.

Qu'on le traîne à l'autel.

SULMA.

Ah Dieux!

ATHAMARE.

Chère Obéide!
Prends ce fer, ne crains rien; que ton bras homicide
Frappe un cœur à toi seule en tout temps réservé :
On y verra ton nom; c'est-là qu'il est gravé.
De tous mes compagnons tu conserves la vie;
Tu me donnes la mort; c'est toute mon envie.
Grâces aux immortels, tous mes vœux sont remplis;
Je meurs pour Obéide, et meurs pour mon pays.

Rassure cette main qui tremble à mon approche;
Ne crains, en m'immolant, que le juste reproche
Que les Scythes feraient à ta timidité,
S'ils voyaient ce que j'aime agir sans fermeté;
Si ta main, si tes yeux, si ton cœur qui s'égare,
S'effrayaient un moment en frappant Athamare.

SOZAME.

Ah, ma fille!...

SULMA.

Ah, Madame!...

OBÉIDE.

O Scythes inhumains!
Connaissez dans quel sang vous enfoncez mes mains.
Athamare est mon prince; il est plus... je l'adore;
Je l'aimai seul au monde... : et ce moment encore
Porte au plus grand excès dans ce cœur enivré
L'amour, le tendre amour dont il fut dévoré.

ATHAMARE.

Je meurs heureux.

OBÉIDE.

L'hymen, cet hymen que j'abjure
Dans un sang criminel doit laver son injure...

(*Levant le glaive entre elle et Athamare.*)

Vous jurez d'épargner tous mes concitoyens...
Il l'est... sauvez ses jours... l'amour finit les miens.

(*Elle se frappe.*)

Vis, mon cher Athamare; en mourant je l'ordonne.

(*Elle tombe à mi-corps sur l'autel.*)

HERMODAN.

Obéide!

ACTE V, SCÈNE V.

SOZAME.

O mon sang!

ATHAMARE.

La force m'abandonne;
Mais il m'en reste assez pour me rejoindre à toi,
Chère Obéide!

(*Il veut saisir le fer.*)

LE SCYTHE.

Arrête, et respecte la loi.
Ce fer serait souillé par des mains étrangères.

(*Athamare tombe sur l'autel.*)

HERMODAN.

Dieux! vîtes-vous jamais deux plus malheureux pères?

ATHAMARE.

Dieux! de tous mes tourments tranchez l'horrible cours.

SOZAME.

Tu dois vivre, Athamare; et j'ai payé tes jours.
Auteur infortuné des maux de ma famille,
Ensevelis du moins le père avec la fille.
Va, règne, malheureux!

HERMODAN.

Soumettons-nous au sort,
Soumettons-nous au Ciel arbitre de la mort...
Nous sommes trop vengés par un tel sacrifice.
Scythes, que la pitié succède à la justice.

FIN DES SCYTHES.

SOPHONISBE,

TRAGÉDIE

Imprimée en 1769, et représentée en 1774.

A MONSIEUR
LE DUC DE LA VALLIÈRE.

Monsieur le duc,

Quoique les épîtres dédicatoires aient la réputation d'être aussi ennuyeuses qu'inutiles, souffrez pourtant que je vous offre la *Sophonisbe* de Mairet, corrigée par un amateur autrefois très-connu. C'est votre bien que je vous rends. Tout ce qui regarde l'histoire du théâtre vous appartient, après l'honneur que vous avez fait à la littérature française, de présider à l'histoire du théâtre la plus complète. Presque tous les sujets des pièces dont cette histoire parle, ont été tirés de votre bibliothèque, la plus curieuse de l'Europe en ce genre. Le manuscrit de la pièce qui vous est dédiée vous manquait : il vient de M. Lantin*, auteur de plusieurs poèmes singuliers qui n'ont pas été imprimés, mais que les littérateurs conservent dans leurs porte-feuilles.

* Cette tragédie de Voltaire fut imprimée d'abord en 1769 sous le nom de M. Lantin, et donnée comme la tragédie de Mairet refaite, ce qui est vrai pour les vers; mais on a suivi sa marche en général.

ÉPÎTRE

J'ai commencé par mettre ce manuscrit parmi les vôtres. Personne ne jugera mieux que vous si l'auteur a rendu quelque service à la scène française en habillant la *Sophonisbe* de Mairet à la moderne.

Il était triste que l'ouvrage de Mairet, qui eut tant de réputation autrefois, fût absolument exclu du théâtre, et qu'il rebutât même tous les lecteurs, non-seulement par les expressions surannées, et par les familiarités qui déshonoraient alors la scène, mais par quelques indécences que la pureté de notre théâtre rend aujourd'hui intolérables. Il faut toujours se souvenir que cette pièce, écrite long-temps avant *le Cid*, est la première qui apprit aux Français les règles de la tragédie, et qui mit le théâtre en honneur.

Il est très-remarquable qu'en France, ainsi qu'en Italie, l'art tragique ait commencé par une *Sophonisbe*. Le prélat Georgio Trissino, par le conseil de l'archevêque de Bénévent, voulant faire passer ce grand art de la Grèce chez ses compatriotes, choisit le sujet de *Sophonisbe* pour son coup d'essai, plus de cent ans avant Mairet. Sa tragédie, ornée de chœurs, fut représentée à Vicenza dès l'an 1514, avec une magnificence digne du plus beau siècle de l'Italie.

Notre émulation se borna, près de cinquante ans après, à la traduire en prose : et quelle prose encore ! Vous avez, Monseigneur, cette traduction faite par Mélin de Saint-Gelais. Nous n'étions dignes alors de rien traduire ni en prose ni en vers. Notre langue n'était pas formée : elle ne le fut que par nos premiers académiciens ; et il n'y avait point d'académie encore, quand Mairet travailla.

Dans cette barbarie, il commença par imiter les Italiens ; il conçut les préceptes qu'ils avaient tous suivis : les unités de lieu, de temps et d'action, furent scrupuleusement observées dans sa *Sophonisbe*. Elle fut composée dès l'an 1629, et jouée en 1633. Une faible aurore de bon goût commençait à naître. Les indignes bouffonneries dont l'Espagne et l'Angleterre salissaient souvent leur scène tragique, furent proscrites par Mairet, mais il ne put chasser je ne sais quelle familiarité comique, qui était d'autant plus à la mode alors, que ce genre est plus facile, et qu'on a pour excuse de pouvoir dire : *Cela est naturel.* Ces naïvetés furent long-temps en possession du théâtre en France.

Vous trouverez dans la première édition du *Cid,* composé long-temps après la *Sophonisbe :*

A de plus hauts partis ce beau fils doit prétendre.

Et dans *Cinna :*

Vous m'aviez bien promis des conseils d'une femme.

Ainsi il ne faut pas s'étonner que le style de Mairet, qui nous choque tant aujourd'hui, ne révoltât personne de son temps.

Corneille surpassa Mairet en tout, mais il ne le fit point oublier : vous en avez souvent dit la raison M. le duc; c'est qu'il y a un grand fonds d'intérêt dans la pièce de Mairet. La fin de l'ancienne *Sophonisbe* est surtout admirable : c'est un coup de théâtre, et le plus beau qui fût alors.

Je crois donc vous présenter un hommage digne de vous, en ressuscitant la mère de toutes les tragédies françaises, laissée depuis quatre-vingts ans dans son tombeau.

Ce n'est pas que M. Lantin, en ranimant la *Sophonisbe*, lui ait laissé tous ses traits; mais enfin le fonds est entièrement conservé. On y voit l'ancien amour de Massinisse et de la veuve de Siphax; la lettre écrite par cette Carthaginoise à Massinisse; la douleur de Siphax, sa mort; tout le caractère de Scipion, la même catastrophe, et surtout point d'épisode, point de rivale de Sophonisbe, point d'amour étranger dans la pièce.

Je ne sais pourquoi M. Lantin n'a pas laissé subsister ce vers qui était autrefois dans la bouche de toute la cour :

Sophonisbe en un jour voit, aime, et se marie.

Il tient, à la vérité, de cette naïveté comique dont je vous ai parlé; mais il est énergique, et il était consacré. On l'a retranché probablement, parce qu'en effet il n'était pas vrai que Massinisse n'eût aimé Sophonisbe que le jour de la prise de Cirthe. Il l'avait aimée éperdûment long-temps auparavant; et un amour d'un moment n'intéresse jamais : aussi c'est Scipion qui prononçait ce vers, et Scipion était mal informé.

Quoi qu'il en soit, c'est à vous, M. le duc, et à vos amis, à décider si cette première tragédie régulière qui ait paru sur le théâtre de la France, mérite d'y remonter encore. Elle fit les délices de cette illustre maison de Montmorenci; c'est dans son hôtel qu'elle fut faite : c'est la première tragédie qui fut représentée devant Louis XIII. Messieurs les premiers gentilshommes de la chambre, qui dirigent les spectacles de la cour, peuvent protéger ce premier monument de la gloire littéraire de la France, et se faire un plaisir de voir nos ruines réparées.

Le cinquième acte est trop court : mais le cinquième d'*Athalie* n'est pas beaucoup plus long; et d'ailleurs peut-être vaut-il mieux avoir à se plaindre du peu que du trop. Peut-être la coutume de remplir tous les actes de trois à quatre cents vers entraîne-t-elle des langueurs et des inutilités.

Enfin, si on trouve qu'on puisse ajouter quelque ornement à cet ancien ouvrage, vous avez en France plus d'un génie naissant qui peut contribuer à décorer un monument respectable qui doit être cher à la nation.

ÉPÎTRE

La réparation qu'on y a faite, est déjà fort ancienne elle-même, puisqu'il y a plus de cinquante ans que M. Lantin est mort.

Je ne garantis pas (tout éditeur que je suis) qu'il ait réussi dans tous les points; je pourrais même prévoir qu'on lui reprochera de s'être trop écarté de son original : mais je dois vous en laisser le jugement.

Comme M. Lantin a retouché la *Sophonisbe* de Mairet, on pourra retoucher celle de M. Lantin. La même plume qui a corrigé le *Venceslas*, pourrait faire revivre aussi la *Sophonisbe* de Corneille, dont le fonds est inférieur à celle de Mairet, mais dont on pourrait tirer de grandes beautés.

Nous avons des jeunes gens qui font très-bien des vers sur des sujets assez inutiles; ne pourrait-on pas employer leurs talents à soutenir l'honneur du théâtre français, en corrigeant *Agésilas*, *Attila*, *Suréna*, *Pulchérie*, *Pertharite*, *Œdipe*, *Médée*, *la Toison d'Or*, *Andromède*; enfin tant de pièces de Corneille, tombées dans un plus grand oubli que *Sophonisbe*, et qui ne furent guère lues de personne après leur chute ? Il n'y a pas jusqu'à *Théodore* qui ne pût être retouchée avec succès, en retranchant la prostitution de cette héroïne dans un mauvais lieu. On pourrait même refaire quelques scènes de *Pompée*, de *Sertorius*, des *Horaces*, et en retrancher d'autres, comme on a retranché entièrement les rôles de Livie et de l'Infante dans ses meilleures pièces : ce serait à-la-fois rendre service à la mémoire de Corneille, et à la scène française, qui reprendrait une nouvelle vie. Cette entreprise serait digne de votre protection, et même de celle du ministère.

Nous avons plus d'une ancienne pièce qui, étant corrigée, pourrait aller à la postérité. J'ose croire que l'*Astrate* de Quinault, le *Scévole* de Durier, l'*Amour tyrannique* de Scudéri, bien rétablis au théâtre, pourraient faire de prodigieux effets.

Le théâtre est, de tous les arts cultivés en France, celui qui, du consentement de tous les étrangers, fait le plus d'honneur à notre patrie. Les Italiens sont encore nos maîtres en musique, en peinture; les Anglais en philosophie : mais dans l'art des Sophocle nous n'avons point de rivaux. Il est donc essentiel de protéger les talents par lesquels les Français sont au-dessus de tous les peuples. Les sujets commencent à s'épuiser; il faut donc remettre sur la scène tous ceux qui ont été manqués, et dont il est aisé de tirer un grand parti.

Je soumets, comme je le dois, à vos lumières ces réflexions que mon zèle patriotique m'a dictées.

J'ai l'honneur d'être avec respect, etc.

PERSONNAGES.

SCIPION, consul.
LÉLIE, lieutenant de Scipion.
SIPHAX, roi de Numidie.
SOPHONISBE, fille d'Asdrubal, femme de Siphax.
MASSINISSE, roi d'une partie de la Numidie.
ACTOR, attaché à Siphax et à Sophonisbe.
ALAMAR, officier de Massinisse.
PHÆDIME, dame numide attachée à Sophonisbe.
Soldats romains.
Soldats numides.
Licteurs.

La scène est à Cirthe, dans une salle du château, depuis le commencement jusqu'à la fin.

SOPHONISBE,

TRAGÉDIE.

ACTE PREMIER.

SCÈNE I.

SIPHAX, *une lettre à la main;* SOLDATS.

SIPHAX.

Se peut-il qu'à ce point l'ingrate me trahisse !
Sophonisbe ! ma femme ! écrire à Massinisse !
A l'ami des Romains ! Que dis-je ? à mon rival !
Au déserteur heureux du parti d'Annibal,
Qui me poursuit dans Cirthe, et qui bientôt peut-être
De mon trône usurpé sera l'indigne maître !
J'ai vécu trop long-temps. O vieillesse ! ô destins !
Ah ! que nos derniers jours sont rarement sereins !
Que tout sert à ternir notre grandeur première,
Et qu'avec amertume on finit sa carrière !
A mes sujets lassés ma vie est un fardeau ;
On insulte à mon âge, on ouvre mon tombeau.
Lâches, j'y descendrai, mais non pas sans vengeance.
    (*Aux soldats.*)
Que la reine à l'instant paraisse en ma présence.

(Il s'assied, et lit la lettre.)

Qu'on l'amène, vous dis-je... Epoux infortuné,
Vieux soldat qu'on trahit, monarque abandonné,
Quel fruit peux-tu tirer de ta fureur jalouse ?
Seras-tu moins à plaindre en perdant ton épouse ?
Cet objet criminel, à tes pieds immolé,
Raffermira-t-il mieux ton empire ébranlé ?
Dans la mort d'une femme est-il donc quelque gloire ?
Est-ce là tout l'honneur qui reste à ta mémoire ?
Venge-toi d'un rival, venge-toi des Romains ;
Ranime dans leur sang tes languissantes mains ;
Va finir sur la brèche un destin qui t'accable.
Qu'on te trahisse ou non, ta mort est honorable ;
Et l'on dira du moins, en respectant mon nom,
Il mourut en soldat des mains de Scipion.

SCÈNE II.

SIPHAX, SOPHONISBE, PHÆDIME.

SOPHONISBE.

Que voulez-vous, Siphax, et quelle tyrannie
Traîne ici votre épouse avec ignominie ?
Vos Numides tremblants, courageux contre moi,
Pour la première fois ont bien servi leur roi :
A votre ordre suprême ils ont été dociles.
Peut-être sur nos murs ils seraient plus utiles ;
Mais vous les employez, dans votre tribunal,
A conduire à vos pieds la nièce d'Annibal !
Je conçois leur valeur, et je lui rends justice.
Quel est mon crime enfin ? quel sera mon supplice ?

ACTE I, SCÈNE II.

SIPHAX, *lui donnant la lettre.*

Connaissez votre seing : rougissez, et tremblez.

SOPHONISBE.

Dans les malheurs communs qui nous ont désolés,
J'ai frémi, j'ai pleuré de voir la Numidie
Aux fiers brigands du Tibre en deux mois asservie.
Scipion, Massinisse, heureux dans les combats,
M'ont fait rougir, Seigneur ; mais je ne tremble pas.

SIPHAX.

Perfide !

SOPHONISBE.

Epargnez-moi cette injure odieuse,
Pour vous, pour votre femme, également honteuse.
Nos murs sont assiégés ; vous n'avez plus d'appui,
Et le dernier assaut se prépare aujourd'hui.
J'écris à Massinisse en cette conjoncture ;
Je rappelle à son cœur les droits de la nature,
Les nœuds trop oubliés du sang qui nous unit :
Seigneur, si vous l'osez, condamnez cet écrit.

. . . .

(*Elle lit.*)

« Vous êtes de mon sang ; je vous fus long-temps chère ;
« Et vous persécutez vos parents malheureux.
« Soyez digne de vous ; le brave est généreux :
« Reprenez votre gloire, et votre caractère... »

(*Siphax lui arrache la lettre.*)

Eh bien ! ai-je trahi mon peuple et mon époux ?
Est-il temps d'écouter des sentiments jaloux ?
Répondez : quel reproche avez-vous à me faire ?
La fortune, en tout temps à tous deux trop sévère,

A mis, pour mon malheur, ma lettre en votre main.
Quel en était le but? quel était mon dessein?
Pouvez-vous l'ignorer, et faut-il vous l'apprendre?
Si la ville aujourd'hui n'est pas réduite en cendre,
S'il est quelque ressource à nos calamités,
Sur ces murs tout sanglants je marche à vos côtés.
Aux yeux de Scipion, de Massinisse même,
Ma main joint des lauriers à votre diadème :
Elle combat pour vous; et sur ce mur fatal
Elle arbore avec vous l'étendard d'Annibal :
Mais si jusqu'à la fin le Ciel vous abandonne,
Si vous êtes vaincu, je veux qu'on vous pardonne.
SIPHAX.
Qu'on me pardonne! à moi! De ce dernier affront
Votre indigne pitié voulait couvrir mon front!
Et, portant à ce point votre insultante audace,
C'est donc pour votre roi que vous demandez grâce!
Allez, peut-être un jour vos funestes appas
L'imploreront pour vous, et ne l'obtiendront pas.
Massinisse, en tout temps mon fatal adversaire,
Et mon rival en tout, se flatta de vous plaire ;
Il m'osa disputer mon trône et votre cœur :
C'est trahir notre hymen, votre foi, mon honneur,
Que de vous souvenir de son feu téméraire.
Vos soins injurieux redoublent ma colère;
Et ce fatal aveu, dont je me sens confus,
A mes yeux indignés n'est qu'un crime de plus.
SOPHONISBE.
Seigneur, je ne veux point, dans l'état où vous êtes,
Fatiguer vos chagrins de plaintes indiscrètes;

ACTE I, SCÈNE II.

Mais vos maux sont les miens : qu'ils puissent vous toucher.
Ce n'est pas mon époux qui me doit reprocher
De l'avoir préféré (non sans quelque courage)
Au vainqueur de l'Afrique, au vainqueur de Carthage,
D'avoir tout oublié pour suivre votre sort,
Et d'attendre avec vous l'esclavage ou la mort.
Massinisse m'aimait, et j'aimais ma patrie ;
Je vous donnai ma main, prenez encor ma vie.
Mais si je suis coupable en implorant pour vous
Le vainqueur irrité dont vous êtes jaloux,
Si j'ai voulu briser le joug qui vous accable,
Si je veux vous sauver, la faute est excusable.
Vous avez, croyez-moi, des soins plus importants.
Bannissez des soupçons, partage des amants,
Des cœurs efféminés, dont l'oisive mollesse
Ne connaît d'intérêts que ceux de leur tendresse.
Un soin bien différent nous occupe en ce jour ;
Il s'agit de la vie, et non pas de l'amour :
Il n'est pas fait pour nous. Ecoutez, le temps presse :
Tandis que vos soupçons accusent ma faiblesse,
Tandis que nous parlons, la mort est en ces lieux.

SIPHAX.

Je vais donc la chercher ; je vais, loin de vos yeux,
Eteindre dans mon sang ma vie et mon outrage.
J'ai tout perdu ; les Dieux m'ont laissé mon courage.
Cessez de prendre soin de la fin de mes jours.
Carthage m'a promis un plus noble secours ;
Je l'attends à toute heure, il peut venir encore :
Ce n'est pas mon rival qu'il faudra que j'implore.
Ne craignez rien pour moi ; je sais sauver mes mains

Des fers de Massinisse, et des fers des Romains.
Sachez qu'un autre époux, et surtout un Numide,
Ne mourrait qu'en frappant le cœur d'une perfide.
Vous l'êtes; j'ai des yeux : le fond de votre cœur,
Quoi que vous en disiez, était pour mon vainqueur.
Je n'ai point, Sophonisbe, exigé de votre ame
Les dehors affectés d'une inutile flamme;
L'amour auprès de moi ne guida point vos pas;
Je voulais un vrai zèle, et vous n'en avez pas.
Mais je sais mourir seul, j'y cours; et cette épée
D'un sang que j'ai chéri ne sera point trempée.
Tremblez que les Romains, plus barbares que moi,
Ne recherchent sur vous le sang de votre roi.
Redoutez nos tyrans, et jusqu'à Massinisse;
Si leurs bras sont armés, c'est pour votre supplice.
C'est le sang d'Annibal que leur haine poursuit;
Ce jour est pour tous deux le dernier qui nous luit.
Je prodigue avec joie un vain reste de vie;
Je péris glorieux, et vous mourrez punie :
Vous n'aurez en tombant que la honte et l'horreur
D'avoir prié pour moi mon superbe oppresseur.
Je cours aux murs sanglants que ses armes détruisent.
Laissez-moi, fuyez-moi : vos remords me suffisent.

SOPHONISBE.

Non, Seigneur, malgré vous je marche sur vos pas;
Vous m'accablez en vain, je ne vous quitte pas.
Je cherche autant que vous une mort glorieuse :
Vos malheureux soupçons la rendraient trop honteuse.
Je vous suis.

SIPHAX.

Demeurez, je l'ordonne : je pars ;
Et Siphax, en tombant, ne veut point vos regards.

SCÈNE III.

SOPHONISBE, PHÆDIME.

SOPHONISBE.

Ah, Phædime !

PHÆDIME.

Il vous laisse ; et vous devez tout craindre.
Je vous vois tous les deux également à plaindre :
Mais Siphax est injuste.

SOPHONISBE.

Il sort ; il a laissé
Dans ce cœur éperdu le trait qui l'a blessé.
J'ai cru, quand il parlait à sa femme éplorée,
Quand il me présageait une mort assurée,
J'ai cru, je te l'avoue, entendre un dieu vengeur,
Dévoilant l'avenir, et lisant dans mon cœur,
Prononcer contre moi l'arrêt irrévocable
Qui dévoue au supplice une tête coupable.

PHÆDIME.

Vous coupable ! il l'était d'oublier aujourd'hui
Tout ce que Sophonisbe osa faire pour lui.

SOPHONISBE.

J'ai tout fait. Cependant il m'a dit vrai, Phædime :
Dans les plis de mon ame il a cherché mon crime ;

Il l'a trouvé peut-être; et ce triste entretien
Ne m'annonce que trop son désastre et le mien.
PHÆDIME.
Son malheur l'aigrissait; il vous rendra justice.
Sa haine contre Rome et contre Massinisse
Empoisonnait son cœur déjà trop soupçonneux :
Lui-même en rougira, s'il est moins malheureux.
Il voit la mort de près; et l'esprit le plus ferme
Peut se sentir troublé quand il touche à ce terme.
Mais, si quelque succès secondait sa valeur,
Si du fier Scipion Siphax était vainqueur,
Vous verriez aisément son amitié renaître.
Il doit vous respecter, puisqu'il doit vous connaître.
Vos charmes sur son cœur ont été trop puissants;
Ils le seront toujours.
SOPHONISBE.
Phædime, il n'est plus temps.
Je vois de tous les deux la destinée affreuse :
Il s'avance au trépas; je suis plus malheureuse.
PHÆDIME.
Espérez.
SOPHONISBE.
J'ai perdu mes Etats, mon repos,
L'estime d'un époux, et l'amour d'un héros.
Je suis déjà captive; et dans ce jour peut-être
Il faut tendre les mains aux fers d'un nouveau maître,
Et recevoir des lois d'un amant indigné,
Qui m'eût rendue heureuse, et que j'ai dédaigné.
Quand ce fier Massinisse, oppresseur de Carthage,
Me présentait dans Cirthe un séduisant hommage,

ACTE I, SCÈNE III.

Tu sais que j'étouffai, dans mon secret ennui,
L'intérêt et le sang qui me parlaient pour lui.
Te dirai-je encor plus? j'étouffai l'amour même,
Je soutins contre moi l'honneur du diadème ;
Je demeurai fidèle à mon père Asdrubal,
A Carthage, à Siphax, aux destins d'Annibal.
L'amour fuit de mon ame aux cris de ma patrie.
D'un amant irrité je bravai la furie :
Un front cicatrisé par la guerre et le temps
Effarouchait en vain mon cœur et mes beaux ans ;
Puisqu'il détestait Rome, il eut la préférence.
   Massinisse revient armé de la vengeance ;
Il entre en nos Etats, la victoire le suit ;
Aidé de Scipion, son bras a tout détruit :
Dans Cirthe ensanglantée un faible mur nous reste.
A quels dieux recourir dans ce péril funeste ?
Etait-ce un si grand crime, était-il si honteux
D'avoir cru Massinisse et noble et généreux ?
D'avoir pour mon époux imploré sa clémence ?
Dans mon illusion j'avais quelque espérance :
Ma prière et mes pleurs auraient pu le flatter ;
Mais il ne saura pas ce que j'osais tenter ;
Et, pour unique fruit d'un soin trop magnanime,
Mon époux me condamne, et mon amant m'opprime.
Tous deux sont contre moi, tous deux règlent mon sort ;
Et je n'attends ici que l'opprobre ou la mort.

SCÈNE IV.

SOPHONISBE, PHÆDIME, ACTOR.

ACTOR.

Reine, dans ce moment le secours de Carthage
Sous nos remparts sanglants s'est ouvert un passage ;
On est aux mains. Ces lieux qui retenaient vos pas
Sont trop près du carnage et du champ des combats.
Le roi, couvert de sang, m'ordonne de vous dire
Que loin de ce palais vous vous laissiez conduire.
J'obéis.

SOPHONISBE.

Je vous suis, Actor : vous lui direz
Que ses ordres pour moi seront toujours sacrés ;
Mais que, dans les moments où le combat s'engage,
M'éloigner du danger, c'est trop me faire outrage.
Dieux ! par quel sort cruel ai-je à craindre en un jour
Massinisse et Siphax, les Romains et l'amour !
Ils m'ont tous entraînée au fond de cet abîme ;
Ils ont tous fait ma perte, et frappé leur victime.

FIN DU PREMIER ACTE.

ACTE SECOND.

SCÈNE I.

SOPHONISBE, PHÆDIME.

PHÆDIME.

Quel tumulte effroyable au loin se fait entendre ?
Quels feux sont allumés ? la ville est-elle en cendre ?
Ceux qui veillaient sur vous se sont tous écartés.
Dans ces salons déserts, ouverts de tous côtés,
Il ne vous reste plus que des femmes tremblantes,
Au pied de ces autels avec moi gémissantes.
Nous rappelons en vain, par nos cris, par nos pleurs,
Des dieux qui sont passés dans le camp des vainqueurs.

SOPHONISBE.

Leurs plaintes, leurs douleurs, cette effrayante image
Ont étonné mes sens, ont troublé mon courage :
Phædime, ce moment m'accable ainsi que toi.
Le sang que vingt héros ont transmis jusqu'à moi
Aujourd'hui dégénère en mes veines glacées ;
Le désordre et la crainte agitent mes pensées.
J'ai voulu pénétrer dans ces sombres détours
Qui du pied du palais conduisent à nos tours :
Tout est fermé pour moi. Je marchais égarée ;
L'ombre de mon époux à mes yeux s'est montrée,

Pâle, sanglante, horrible, et l'air plus furieux
Que lorsque son courroux m'outrageait à tes yeux.
Est-ce une illusion sur mes sens répandue?
Est-ce la main des Dieux sur ma tête étendue,
Un présage, un arrêt des enfers et du sort?
Siphax en ce moment est-il vivant ou mort?
J'ai fui d'un pas tremblant, éperdue, éplorée :
Je ne sais où j'étais quand je t'ai rencontrée;
Je ne sais où je vais. Tout m'alarme et me nuit,
Et je crois voir encore un dieu qui me poursuit.
Que veux-tu, Dieu cruel? Euménide implacable,
Frappe, voilà mon cœur; il n'était point coupable :
Tu n'y peux découvrir qu'un malheureux amour,
Vaincu dès sa naissance, et banni sans retour;
Je n'offensai jamais l'hymen et la nature.
Grand Dieu! tu peux frapper; va, ta victime est pure.

PHÆDIME.

Ah! nous allons du Ciel savoir les volontés.
Déjà d'un bruit nouveau, dans ces murs désertés,
Jusqu'à notre prison les voûtes retentissent,
Et sur leurs gonds d'airain les portes en mugissent...
On entre, on vient à vous : je reconnais Actor.

SCÈNE II.

SOPHONISBE, PHÆDIME, ACTOR.

SOPHONISBE.

Ministre de mon roi, qui vous amène encor?
Qu'a-t-on fait? que deviens-je? et qu'allez-vous m'apprendre?

ACTE II, SCÈNE II.

ACTOR.

Le dernier des malheurs.

SOPHONISBE.

Ah! je m'y dois attendre.

ACTOR.

Par l'ordre de Siphax, à l'abri de ces tours,
A peine en sûreté j'avais mis vos beaux jours,
Et j'avais refermé la barrière sacrée
Par qui de ce palais la ville est séparée;
J'ai revolé soudain vers ce roi malheureux,
Digne d'un meilleur sort, et digne de vos vœux;
Son courage, aussi grand qu'il était inutile,
D'un effort passager soutient son bras débile.
Sur la brèche à la fin, de cent coups renversé,
Dans ces débris sanglants il tombe terrassé.
Il meurt.

SOPHONISBE.

Ah! je devais, plus que lui poursuivie,
Tomber à ses côtés, ainsi que ma patrie :
Il ne l'a pas voulu.

ACTOR.

Si dans un tel malheur
Quelque soulagement reste à notre douleur,
Daignez apprendre au moins combien, dans sa victoire,
Le jeune Massinisse a mérité de gloire.
Qui croirait qu'un héros si fier, si redouté,
Dont l'Afrique éprouva le courage emporté,
Et dont l'esprit superbe a tant de violence,
Dans l'horreur du combat aurait tant de clémence?
A peine il s'est vu maître, il nous a pardonné.

De blessés, de mourants, de morts environné,
Il a donné soudain, de sa main triomphante,
Le signal de la paix au sein de l'épouvante.
Le carnage et la mort s'arrêtent à sa voix.
Le peuple, encor tremblant, lui demande des lois :
Tant le cœur des humains change avec la fortune!

SOPHONISBE.

Le Ciel semble adoucir la misère commune,
Puisqu'au moins le pouvoir est remis dans les mains
D'un prince de ma race, et non pas des Romains.

ACTOR.

Le juste et premier soin de l'heureux Massinisse
Est d'apaiser les Dieux par un prompt sacrifice,
De dresser un bûcher à votre auguste époux.
Il garde jusqu'ici le silence sur vous :
Mais dès que j'ai paru, Madame, en sa présence,
Il s'est ressouvenu qu'autrefois son enfance
Fut remise en mes mains, dans ces murs, dans ces lieux
Où ce prince aujourd'hui rentre en victorieux.
Il m'a fait appeler; et, respectant mon zèle
Au malheureux Siphax en tous les temps fidèle,
Il m'a comblé d'honneurs. Ayez, dit-il, pour moi
Cette même amitié qui servit votre roi.
Enfin à Siphax même il a donné des larmes;
Il justifie en tout le succès de ses armes;
Il répand des bienfaits, s'il fit des malheureux.

SOPHONISBE.

Plus Massinisse est grand, plus mon sort est affreux.
Quoi! les Carthaginois, que je crus invincibles,
Sous les chefs de ma race à Rome si terribles,

Qui jusqu'au Capitole avaient porté leurs pas,
Ont paru devant Cirthe, et ne la sauvent pas !

ACTOR.

Scipion combattait : ils ne sont plus...

SOPHONISBE.

Carthage,
Tu seras comme moi réduite à l'esclavage !
Nous périrons ensemble. O Cirthe ! ô mon époux,
Afrique, Asie, Europe, immolés avec nous,
Le sort des Scipions est donc de tout détruire !

ACTOR.

Annibal vit encore.

SOPHONISBE.

Ah ! tout sert à me nuire.
Annibal est trop loin : je suis esclave.

ACTOR.

O dieux !
Fléchissez Massinisse... Il avance en ces lieux ;
Il vient suivi des siens : il vous cherche peut-être.

SOPHONISBE.

Mes yeux, mes tristes yeux ne verront point un maître ;
Ils pleureront Siphax, et nos murs abattus,
Et ma gloire passée, et tous mes dieux vaincus.

MASSINISSE, *arrivant.*

Sophonisbe me fuit.

SOPHONISBE, *sortant.*

Je dois fuir Massinisse.

SCÈNE III.

MASSINISSE, ALAMAR, *un des Chefs numides*, ACTOR,
Guerriers numides.

MASSINISSE.

Il est juste, après tout, que son cœur me haïsse.
Elle m'a cru barbare. Eh! le suis-je, grands Dieux?
Devais-je être en effet si coupable à ses yeux?
Actor, vous que je vois dans ce moment prospère
Avec les yeux d'un fils qui retrouve son père,
Je vous prends à témoin si l'inhumanité
A souillé ma victoire et ma félicité;
Si, triste imitateur des vengeances romaines,
J'ai parlé de tributs, de triomphes, de chaînes.
Des guerriers généreux par la mort épargnés,
Comme de vils troupeaux à mon char enchaînés,
A des dieux teints de sang, offerts en sacrifice,
Sont-ils, dans les cachots, gardés pour le supplice?
Je viens dans mon pays, et j'y reprends mon bien,
En soldat, en monarque, et plus en citoyen.
Je ramène avec moi la liberté numide.
D'où vient que Sophonisbe, orgueilleuse ou timide,
Refusant seule ici d'accueillir un vainqueur,
Craint toujours Massinisse, et fuit avec horreur?
Suis-je un Romain?

ACTOR.
Seigneur, on la verra sans doute
Révérer avec nous la main qu'elle redoute:

Mais vous savez assez tout ce qu'elle a perdu.
Le sang de son époux fut par vous répandu ;
Et, n'osant regarder son vainqueur et son juge,
Aux pieds des immortels elle cherche un refuge.

MASSINISSE.

Ils l'ont mal défendue ; et, pour vous dire plus,
Ils l'ont mal inspirée, alors que ses refus,
Ses outrages honteux au sang de Massinisse
Sous ses pas égarés creusaient ce précipice :
Elle y tombe ; elle en doit accuser son erreur.
Ah ! c'est bien malgré moi qu'elle a fait son malheur.
Allez, et dites-lui qu'il est peu de prudence
A dédaigner un maître, à braver sa puissance.
Je veux qu'elle paraisse en ce même moment ;
Mon aspect odieux sera son châtiment :
Je n'en prendrai point d'autre ; et sa fierté farouche
S'humiliera du moins ; puisque rien ne la touche.

(Actor s'en va.)

SCÈNE IV.

MASSINISSE, ALAMAR, Guerriers numides.

MASSINISSE.

Eh bien ! nobles guerriers, chers appuis de mes droits,
Cirthe est-elle tranquille ? a-t-on suivi mes lois ?
Un seul des citoyens aurait-il à se plaindre ?

ALAMAR.

Sous votre loi, Seigneur, ils n'auraient rien à craindre ;
Mais on craint les Romains, ces cruels conquérants,
De tant de nations ces illustres tyrans,

Descendants prétendus du grand dieu de la guerre,
Qui pensent être nés pour asservir la terre.
On dit que Scipion veut s'arroger le prix
De tant d'heureux travaux par vos mains entrepris;
Qu'il veut seul commander.

MASSINISSE.

Qui? lui! dans mon partage!
Dans Cirthe mon pays, mon premier héritage!
Lui, mon ami, mon guide, et qui m'a tout promis!

ALAMAR.

Lorsque Rome a parlé, les rois n'ont plus d'amis.

MASSINISSE.

Nous verrons : j'ai vaincu, je suis dans mon empire;
Je règne; et je suis las, puisqu'il faut vous le dire,
Des hauteurs d'un sénat qui croit me protéger,
Sur son fier tribunal, assis pour me juger :
C'en est trop.

ALAMAR.

Cependant nous devons vous apprendre
Qu'au milieu des débris, des remparts mis en cendre,
Au lieu même où Siphax est mort en combattant,
Nous avons retrouvé ce billet tout sanglant,
Qui peut-être aujourd'hui fut écrit pour vous-même.

MASSINISSE.

Donnez. (*Il lit.*) Ah! qu'ai-je lu? Ciel! ô surprise extrême!
Sophonisbe à ma gloire enfin se confiait!
A fléchir son amant sa fierté se pliait!
Elle a connu mon ame, elle a vaincu la sienne :
Ses yeux se sont ouverts; et sa fatale haine,
Que je vis si long-temps contre moi s'obstiner,

ACTE II, SCÈNE IV.

Me croyait assez grand pour savoir pardonner !
Epouse de Siphax, tu m'as rendu justice ;
Ta lettre a mis le comble à mon destin propice ;
Ta main ceignait mon front de ce laurier-nouveau.
Romains, vous n'avez point de triomphe plus beau...
Courons vers Sophonisbe... Ah ! je la vois paraître.

SCÈNE V.

SOPHONISBE, MASSINISSE, PHÆDIME, Gardes.

SOPHONISBE.

Si le sort eût voulu qu'un Romain fût mon maître,
Si j'eusse été réduite en un tel abandon,
Qu'il m'eût fallu prier Lélie ou Scipion,
La veuve d'un monarque, à sa gloire fidèle,
Aurait choisi cent fois la mort la plus cruelle,
Plutôt que de forcer ma bouche à le fléchir.
Seigneur, à vos genoux je tombe sans rougir.
    (*Massinisse l'empêche de se jeter à genoux.*)
Ne me retenez point, et laissez mon courage
S'honorer de vous rendre un légitime hommage ;
Non pas à vos succès ; non pas à la terreur
Qui marchait devant vous, que suivait la fureur,
Et qui vous a donné cette grande victoire,
Mais au cœur généreux si digne de sa gloire,
Qui, de ses ennemis respectant la vertu,
A plaint son rival même, a fait ce qu'il a dû,
Du malheureux Siphax a recueilli la cendre ;
Qui partage les pleurs que sa main fait répandre,

Qui soumet les vaincus à force de bienfaits,
Et dont j'aurais voulu ne me plaindre jamais.

MASSINISSE.

C'est vous, auguste reine, en tout temps révérée,
Qui m'avez du devoir tracé la loi sacrée ;
Et je conserverai, jusqu'au dernier moment,
De vos nobles leçons ce digne monument.
La lettre que tantôt vous m'avez adressée,
Par la faveur des Dieux sur la brèche laissée,
Remise en mon pouvoir, est plus chère à mon cœur
Que le bandeau des rois et le nom de vainqueur.

SOPHONISBE.

Quoi, Seigneur ! jusqu'à vous ma lettre est parvenue !
Et par tant de bontés vous m'aviez prévenue !

MASSINISSE.

J'ai voulu désarmer votre injuste courroux.

SOPHONISBE.

Je n'ai plus qu'une grâce à prétendre de vous.

MASSINISSE.

Parlez.

SOPHONISBE.

Je la demande au nom de ma patrie,
Du sang de mon époux; qui s'élève et qui crie,
De votre honneur surtout, et des rois nos aïeux,
Qui parlent par ma voix, et vivent dans nous deux.
Jurez-moi seulement de ne jamais permettre
Qu'au pouvoir des Romains on ose me remettre.

MASSINISSE.

Qui ? vous en leur pouvoir ! et d'un pareil affront
Vous auriez soupçonné qu'on pût couvrir mon front !

ACTE II, SCÈNE V.

Je commande dans Cirthe; et c'est assez vous dire
Que les Romains sur vous n'ont point ici d'empire.

SOPHONISBE.

En vous le demandant, je n'en ai point douté.

MASSINISSE.

Je sais qu'ils sont jaloux de leur autorité :
Mais ils n'auront jamais l'audace téméraire
D'outrager un ami qui leur est nécessaire.
Allez, ne croyez pas qu'ils puissent m'avilir :
Je saurai les braver, si j'ai su les servir.
Ils vous respecteront; vos frayeurs sont injustes.
Vous avez attesté tous ces mânes augustes,
Tous ces rois dont le sang, dans nos veines transmis,
S'indigna si long-temps de nous voir ennemis :
Je les prends à témoin, et c'est pour vous apprendre
Que j'ai pu comme vous mériter d'en descendre.
La nièce d'Annibal, et la veuve d'un roi,
N'est captive en ces lieux des Romains ni de moi.
Je sais qu'un tel opprobre, un si barbare usage
Est consacré dans Rome, et commun dans Carthage.
Il finirait pour vous, si je l'avais suivi.
Le sang dont vous sortez, n'aura jamais servi :
Ce front n'était formé que pour le diadème.

Gardez dans ce palais l'honneur du rang suprême;
Ne pensez pas surtout qu'en ces tristes moments
Mon cœur laisse éclater ses premiers sentiments;
Je n'en rappelle point la déplorable histoire :
Je sais trop respecter vos malheurs et ma gloire,
Et même cet amour par vous trop dédaigné.
Je règne dans ces murs où vous avez régné :

Les trésors de Siphax y sont en ma puissance;
Je vous les rends, Madame, et voilà ma vengeance.
Ne regardez en moi qu'un vainqueur à vos pieds :
Sophonisbe, il suffit que vous me connaissiez.
Vous me rendrez justice, et c'est ma récompense.
A mes nouveaux sujets je cours en diligence
Leur annoncer un bien qu'ils semblent demander,
Et que déjà leur maître eut dû leur accorder :
Ils vont renouveler leur hommage à leur reine;
Sophonisbe en tous lieux est toujours souveraine.

SCÈNE VI.

SOPHONISBE, PHÆDIME.

SOPHONISBE.

Je demeure interdite. Un si grand changement
A saisi mes esprits d'un long étonnement.
Que je l'ai mal connu!... Faut-il qu'un si grand homme
Ait détruit mon pays, et qu'il ait servi Rome!
Tous mes sens sont ravis; mais ils sont effrayés.
Scipion dans nos murs, Massinisse à mes pieds,
Sophonisbe en un jour captive et triomphante,
L'ombre de mon époux terrible et menaçante,
Le comble des horreurs et des prospérités,
Les fers, le diadème à mes yeux présentés :
Ce rapide torrent de fortunes contraires
Me laisse encor douter de mes destins prospères.

PRÆDIME.

Ah! croyez-en du moins le pouvoir de vos yeux.
S'il respecte dans vous le nom de vos aïeux,

S'il dépose à vos pieds l'orgueil de sa conquête,
Et les lauriers sanglants qui couronnent sa tête,
Peut-être un seul regard a plus fait sur son cœur
Que toutes les vertus, l'alliance et l'honneur.
Mais ces vertus enfin que dans Cirthe on admire,
Qui sur tous les esprits lui donnent tant d'empire,
Autorisent les feux que vous vous reprochiez :
La gloire qui le suit, les a justifiés.
Non, ce n'est pas assez que dans Cirthe étonnée
Vous viviez sous le nom de reine détrônée,
Qu'on vous laisse un vain titre, et qu'un bandeau royal
D'un front chargé d'ennuis soit l'ornement fatal ;
La pitié peut donner ces honneurs inutiles,
D'un malheur véritable amusements stériles :
L'amour ira plus loin ; j'ose vous en flatter.
Siphax est au tombeau...

SOPHONISBE.

Cesse de m'insulter ;
Ne me présente point ce qui me déshonore :
Tu parles à sa veuve, et son sang fume encore.

PHÆDIME.

Songez qu'au rang des rois vous pouvez remonter.
L'ombre de votre époux s'en peut-elle irriter ?

SOPHONISBE.

Ma gloire s'en irrite ; il faut t'ouvrir mon ame.
J'ai repoussé les traits de ma funeste flamme ;
Oui, ce feu si long-temps dans mon sein renfermé
S'est avec violence aujourd'hui rallumé.
Peut-être on m'aime encore, et j'oserais le croire ;
Je pourrais me flatter d'une telle victoire ;

Je pourrais, à mon joug attachant mon vainqueur,
Arracher aux Romains l'appui de leur grandeur.
Ma flamme déclarée et si long-temps secrète,
Ma fierté, ma vengeance à la fin satisfaite,
Massinisse en mes bras, seraient d'un plus grand prix
Que l'empire du monde aux Romains tant promis.
Mais je vais, s'il se peut, t'étonner davantage ;
Malgré l'illusion d'un si cher avantage,
Malgré l'amour enfin dont je ressens les coups,
Massinisse jamais ne sera mon époux.

PRÆDIME.

Pourquoi le refuser ? pourquoi, si son courage
Vous présentait un sceptre au lieu de l'esclavage,
Si de l'Afrique entière il faisait la grandeur,
Si, du sang de nos rois relevant la splendeur,
Si du sang d'Annibal...

SCÈNE VII.

SOPHONISBE, PRÆDIME, ACTOR.

ACTOR.

Reine, il faut vous apprendre
Qu'un insolent Romain vient ici de se rendre :
On le nomme Lélie ; et le bruit se répand
Qu'il est de Scipion le premier lieutenant.
Sa suite avec mépris nous insulte et nous brave :
Des Romains, disent-ils, Sophonisbe est l'esclave ;
Leur fierté nous vantait je ne sais quel sénat,
Des préteurs, des tribuns, l'honneur du consulat,
La majesté de Rome ; et, sans plus les entendre,
Je reviens à vos pieds périr ou vous défendre.

SOPHONISBE.

Brave et fidèle ami, je compte sur ta foi,
Sur les serments sacrés de notre nouveau roi,
Sur moi-même, en un mot. Carthage m'a fait naître;
Je mourrai digne d'elle, et sans trône, et sans maître.

ACTOR.

Que de maux à-la-fois accumulés sur nous!

SOPHONISBE.

Actor, quand il le faut, je sais les braver tous.
Siphax à ses côtés, au milieu du carnage,
Aurait vu Sophonisbe égaler son courage.
De ces Romains du moins j'égalerai l'orgueil,
Et je les défirai du bord de mon cercueil.

FIN DU SECOND ACTE.

ACTE TROISIÈME.

SCÈNE I.

LÉLIE, MASSINISSE, *assis;* Soldats romains, Soldats numides *dans l'enfoncement, divisés en deux troupes.*

LÉLIE.

Votre ame impatiente était trop alarmée
Des bruits qu'à répandus l'aveugle renommée.
Qu'importe un vain discours du soldat répété
Dans le sein de l'ivresse et de l'oisiveté?
Laissons parler le peuple; il ne peut rien connaître:
Il veut percer en vain les secrets de son maître;
Et ceux de Scipion, dans son sein retenus,
Seigneur, avant le temps ne sont jamais connus.

MASSINISSE.

Quelquefois un bruit sourd annonce un grand orage;
Tout aveugle qu'il est, le peuple le présage;
Rien n'est à dédaigner : les publiques rumeurs
Souvent aux souverains annoncent leurs malheurs.
Je veux approfondir ces discours qu'on méprise.
Expliquez-vous, Lélie, avec cette franchise
Qu'attendent ma conduite et ma sincérité.
Les Romains autrefois aimaient la vérité.
Leur austère vertu, peut-être un peu farouche,
Laissait leur cœur altier d'accord avec leur bouche.

Auraient-ils aujourd'hui l'art de dissimuler?
Après avoir vaincu, n'oseriez-vous parler?
Que pensez-vous, du moins, que Scipion prétende?
LÉLIE.
Scipion ne fait rien que Rome ne commande,
Rien qui ne soit prescrit par nos communs traités :
La justice et la loi règlent ses volontés.
Rome l'a revêtu de son pouvoir suprême.
Il viendra dans ces lieux vous apprendre lui-même
Ce qu'il faut entreprendre ou qu'on peut différer :
Sur vos grands intérêts vous pourrez conférer.
Il vous annoncera ses projets sur l'Afrique.
Vous savez qu'Annibal est déjà vers Utique,
Qu'il fuit l'aigle romaine, et que dans son pays,
De ses Carthaginois ramenant les débris,
Il vient de Scipion défier la fortune.
Cette guerre nouvelle à vous deux est commune.
Nous marcherons ensemble à de nouveaux combats.
MASSINISSE.
De la reine, Seigneur, vous ne me parlez pas.
LÉLIE.
Je parle d'Annibal; Sophonisbe est sa nièce :
C'est vous en dire assez.
MASSINISSE, *en se levant.*
Ecoutez : le temps presse ;
Je veux une réponse, et savoir à l'instant
Si sur mes prisonniers votre pouvoir s'étend.
LÉLIE.
Lieutenant du consul, je n'ai point sa puissance;
Mais si vous demandez, Seigneur, ce que je pense

Sur le sort des vaincus, sur la loi du combat,
Je crois que leur destin n'appartient qu'au sénat.

MASSINISSE.

Au sénat! et qui suis-je?

LÉLIE.

Un allié sans doute,
Un roi digne de nous, qu'on aime et qu'on écoute,
Que Rome favorise, et qui doit accorder
Tout ce que ce sénat a droit de demander.

(*Il se lève.*)

C'est au seul Scipion de faire le partage :
Il récompensera votre noble courage,
Seigneur; et c'est à vous de recevoir ses lois,
Puisqu'il est notre chef et qu'il commande aux rois.

MASSINISSE.

Je l'ignorais, Lélie, et ma condescendance
N'avait point reconnu tant de prééminence;
Je pensais être égal à ce grand citoyen,
Et j'ai cru que mon nom pouvait valoir le sien.
Je ne m'attendais pas qu'il s'expliquât en maître.
J'ai d'autres intérêts, et plus pressants peut-être,
Que ceux de disputer du rang des souverains,
Et d'opposer l'orgueil à l'orgueil des Romains.
Répondez : ose-t-il disposer de la reine?

LÉLIE.

Il le doit.

MASSINISSE.

Lui!... Mon cœur ne se contient qu'à peine.

LÉLIE.

C'est un droit reconnu qu'il nous faut maintenir;

ACTE III, SCÈNE I.

Tout le sang d'Annibal nous doit appartenir.
Vous qui dans les combats brûliez de le répandre,
Quel étrange intérêt pourriez-vous bien y prendre,
Vous, de sa race entière éternel ennemi,
Vous, du peuple romain le vengeur et l'ami?

MASSINISSE.

L'intérêt de mon sang, celui de la justice,
Et l'horreur que je sens d'un pareil sacrifice.
J'entrevois les projets qu'il me cache avec soin :
Mais son ambition pourrait aller trop loin.

LÉLIE.

Seigneur, elle se borne à servir sa patrie.

MASSINISSE.

Dites mieux, à flatter l'infame barbarie
D'un peuple qu'Annibal écrasa sous ses pieds.
Si Rome existe encor, c'est par ses alliés.
Mes secours l'ont sauvée ; et, dès qu'elle respire,
Sur les rois, sur moi-même elle affecte l'empire :
Elle se fait un jeu, dans ses murs fortunés,
De prodiguer l'outrage à des fronts couronnés ;
Elle met à ce prix sa faveur passagère.
Scipion qui m'aima, se dément pour lui plaire :
Il me trahit !

LÉLIE.

Seigneur, qui vous a donc changé ?
Quoi ! vous seriez trahi quand vous seriez vengé !
J'ignore si la reine, en triomphe menée,
Au char de Scipion doit paraître enchaînée ;
Mais en perdrions-nous votre utile amitié ?
C'est pour une captive avoir trop de pitié.

MASSINISSE.

Que je la plaigne ou non, je veux qu'on la respecte.
La foi romaine enfin me devient trop suspecte.
De ma protection tout Numide honoré,
En quelque rang qu'il soit, doit vous être sacré :
Et vous insulteriez une femme, une reine !
Vous oseriez charger de votre indigne chaîne
Les mains, les mêmes mains que je viens d'affranchir !

LÉLIE.

Parlez à Scipion, vous pourrez le fléchir.

MASSINISSE.

Le fléchir ! apprenez qu'il est une autre voie
De priver les Romains de leur injuste proie.
Il est des droits plus saints : Sophonisbe aujourd'hui,
Seigneur, ne dépendra ni de vous ni de lui ;
Je l'espère du moins.

LÉLIE.

        Tout ce que je puis dire,
C'est que nous soutiendrons les droits de notre empire ;
Et vous ne voudrez pas, par des caprices vains,
Vous priver des bontés qu'ont pour vous les Romains.
Croyez-moi, le sénat ne fait point d'injustices ;
Il a d'un digne prix reconnu vos services,
Il vous chérit encor : mais craignez qu'un refus
Ne vous attire ici des ordres absolus.

(Il sort avec les soldats romains.)

SCÈNE II.

MASSINISSE, ALAMAR. *Les soldats numides restent au fond de la scène.*

MASSINISSE.

Des ordres! vous, Romains! ingrats dont ma vaillance *
A fait tous les succès, et nourri l'insolence.
Des fers à Sophonisbe! et ces mots inouïs
A peine prononcés n'ont pas été punis!
Aide-moi, Sophonisbe, à venger ton injure;
Règne, l'honneur l'ordonne, et l'amour t'en conjure;
Règne pour être libre, et commande avec moi...
Va, Massinisse enfin sera digne de toi.
Des fers! ah! que je vais réparer cet outrage!
Que j'étais insensé de combattre Carthage!

(*A sa suite.*)

Approchez, mes amis; parlez, braves guerriers,
Verrez-vous dans vos mains flétrir tant de lauriers?
Vous avez entendu ce discours téméraire.

ALAMAR.

Nous en avons rougi de honte et de colère.
Le joug de ces ingrats ne peut plus se porter;
Sur leur superbe tête il le faut rejeter.

MASSINISSE.

Rome hait tous les rois, et les croit tyranniques.
Ah! les plus grands tyrans, ce sont les républiques :
Rome est la plus cruelle.

---

* Var.   . . . . . *Ingrats dont l'insolence*
S'accrut par mon service avec votre puissance.

ALAMAR.

                Il est juste, il est temps
D'abattre pour jamais l'orgueil de ses enfants.
L'alliance avec eux n'était que passagère;
La haine est éternelle.

MASSINISSE.

                Aveugle en ma colère,
Contre mon propre sang j'ai pu les soutenir!
Si je les ai sauvés, songeons à les punir.
Me seconderez-vous?

ALAMAR.

                Nous sommes prêts sans doute :
Il n'est rien avec vous qu'un Numide redoute.
Les Romains ont plus d'art, et non plus de valeur;
Ils savent mieux tromper, et c'est-là leur grandeur;
Mais nous savons au moins combattre comme eux-mêmes:
Commandez, annoncez vos volontés suprêmes.
Ce fameux Scipion n'est pas plus craint de nous
Que ce faible Siphax abattu sous nos coups.

MASSINISSE.

Ecoutez : Annibal est déjà dans l'Afrique;
La nouvelle en est sûre; il marche vers Utique :
Pourrions-nous jusqu'à lui nous frayer des chemins?

ALAMAR.

Nous vous en tracerons dans le sang des Romains.

MASSINISSE.

Enlevons Sophonisbe; arrachons cette proie
Aux brigands insolents qu'un sénat nous envoie;
Effaçons dans leur sang le crime trop honteux,
Et le malheur surtout d'avoir vaincu pour eux.

Annibal n'est pas loin; croyez que ce grand homme
Peut encore une fois se montrer devant Rome :
Mais à nos fiers tyrans fermons-en le retour.
Que ces bords africains, que ce sanglant séjour
Deviennent par vos mains le tombeau de ces traîtres,
Qui, sous le nom d'amis, sont nos barbares maîtres.
La nuit approche; allez, je viendrai vous guider :
Les vaincus enhardis pourront nous seconder.
Vous savez en ces lieux combien Rome est haïe,
Et tout homme est soldat contre la tyrannie.
Préparez les esprits irrités et jaloux ;
Sans leur rien découvrir, enflammez leur courroux :
Aux premiers coups portés, aux premières alarmes,
Au nom de Sophonisbe, ils voleront aux armes :
Nos maîtres prétendus, plongés dans le sommeil,
Verront entre mes mains la mort à leur réveil.

ALAMAR.

Si l'on ne prévient pas cette grande entreprise,
Le succès en est sûr, et tout nous favorise :
Nous suivons Massinisse; et ces tyrans surpris
Vont payer de leur sang leurs superbes mépris.

MASSINISSE.

Revolez à mon camp, je vous joins dans une heure;
J'arrache Sophonisbe à sa triste demeure.
Je marche à votre tête; et, s'il vous faut périr,
Mes amis, j'ai su vaincre, et je saurai mourir.

SCÈNE III.

SOPHONISBE, MASSINISSE.

SOPHONISBE.

Seigneur, en tous les temps par le Ciel poursuivie,
Je n'attends que de vous le destin de ma vie.
Victorieux dans Cirthe, et mon libérateur,
Contre ces fiers Romains deux fois mon protecteur,
Vous avez d'un seul mot écarté les orages
Qui m'entouraient encore après tant de naufrages ;
Et, dans ce grand reflux des horreurs de mon sort,
Dans ce jour étonnant de clémence et de mort,
Par vous seul confondue, et par vous rassurée,
J'ai cru que d'un héros la promesse sacrée,
Ce généreux appui, le seul qui m'est resté,
Me servirait d'égide, et serait respecté.
Je ne m'attendais pas qu'on flétrît votre ouvrage,
Qu'on osât prononcer le mot de l'esclavage,
Et que je dusse encore, après tant de tourments,
Après tous vos bienfaits, réclamer vos serments.

MASSINISSE.

Ne les réclamez point ; ils étaient inutiles ;
Je n'en eus pas besoin : vous aurez des asiles
Que l'orgueil des Romains ne pourra violer ;
Et ce n'est pas à vous désormais à trembler.
Il m'appartenait peu de parler d'hyménée
Dans ce même palais, dans la même journée
Où le sort a voulu que le sang d'un époux,
Répandu par les miens, rejaillît jusqu'à vous.

ACTE III, SCÈNE III.

Mais la nécessité rompt toutes les barrières ;
Tout se tait à sa voix ; ses lois sont les premières.
La cendre de Siphax ne peut vous accuser ;
Vous n'avez qu'un parti, celui de m'épouser.
Du pied de nos autels au trône remontée,
Sur les bords africains chérie et redoutée,
Le diadème au front, marchez à mon côté.
Votre sceptre et mon bras sont votre sûreté.

SOPHONISBE.

Ah ! que m'avez-vous dit ? Sophonisbe éperdue
Doit dévoiler enfin son ame à votre vue.
J'étais votre ennemie, et l'ai toujours été,
Seigneur ; je vous ai fui, je vous ai rebuté ;
Siphax obtint mon choix, sans consulter son âge ;
Je n'acceptai sa main que pour vous faire outrage :
J'encourageai les miens à poursuivre vos jours ;
Mais connaissez mon cœur, il vous aima toujours.

MASSINISSE.

Est-il possible ? ô Dieux ! vous dont l'ame inhumaine
Fut chez les Africains célèbre par la haine,
Vous m'aimiez, Sophonisbe ! et, dans ses déplaisirs,
Massinisse accablé vous coûtait des soupirs !

SOPHONISBE.

Oui, nièce d'Annibal, j'ai dû haïr sans doute
L'ami de Scipion, quelque effort qu'il m'en coûte ;
Je le voulus en vain : c'est à vous de juger
Si le seul des humains qui veut me protéger,
Quand il revient à moi, quand son noble courage
Peut sauver Sophonisbe, Annibal, et Carthage,
En m'arrachant des fers et du sein de l'horreur,

En me donnant son trône, en me gardant son cœur,
Peut rallumer en moi les feux qu'il y fit naître,
Et dont tout mon courroux fut à peine le maître.
D'un bonheur inouï vous venez me flatter;
Vous m'offrez votre main... je ne puis l'accepter.

MASSINISSE.

Vous! quels Dieux ennemis à vos bontés s'opposent?

SOPHONISBE.

Les Dieux qui de mon sort en tous les temps disposent,
Les Dieux qui d'Annibal ont reçu les serments,
Quand au pied des autels, en ses plus jeunes ans,
Il jurait aux Romains une haine immortelle.
Ce serment est le mien; je lui serai fidèle :
Je meurs sans être à vous.

MASSINISSE.

Sophonisbe, arrêtez :
Connaissez qui je suis, et qui vous insultez.
C'est ce même serment qui devant vous m'amène;
Et ma haine pour Rome égale votre haine.

SOPHONISBE.

Vous, Seigneur! vous pourriez enfin vous repentir
De vous être abaissé jusques à la servir?

MASSINISSE.

Je me repens de tout, puisque je vous adore;
Je ne vois plus que vous, si vous m'aimez encore.
J'apporte à cet autel, en vous donnant la main,
L'horreur que Massinisse a pour le nom romain.
Plus irrité que vous, et plus qu'Annibal même,
Oui, je déteste Rome autant que je vous aime.

ACTE III, SCÈNE III.

SOPHONISBE.

Massinisse !

MASSINISSE.

Ecoutez : vous n'avez qu'un instant ;
Vos fers sont préparés... un trône vous attend.
Scipion va venir... Carthage vous appelle ;
Et si vous balancez, c'est un crime envers elle.
Suivez-moi, tout le veut... Dieux justes, protégez
L'hymen où je l'entraîne, et soyons tous vengés.

SOPHONISBE.

Eh bien ! à ce seul prix j'accepte la couronne ;
La veuve de Siphax à son vengeur se donne :
Oui, Carthage l'emporte. O mes Dieux souverains,
Vous m'unissez à lui pour punir les Romains !

MASSINISSE.

Honteusement ici soumis à leur puissance,
Cherchons en d'autres lieux la gloire et la vengeance.
Les Romains sont dans Cirthe, ils y donnent des lois ;
Un consul y commande, et l'on tremble à sa voix.
Sachez que sous leurs pas je vais ouvrir l'abîme
Où doit s'ensevelir l'orgueil qui nous opprime ;
Scipion va tomber dans le piége fatal.
La gloire et le bonheur sont au camp d'Annibal.
Dès que l'astre du jour aura cessé de luire,
Parmi des flots de sang ma main va vous conduire :
La veuve de Siphax, en fuyant ses tyrans,
Doit marcher avec moi sur leurs corps expirants.
Il n'est point d'autre route, et nous allons la prendre.

SOPHONISBE.

Dans le camp d'Annibal enfin j'irai me rendre ;

C'est là qu'est ma patrie, et mon trône, et ma cour;
Là je puis, sans rougir, écouter votre amour :
Mais comment m'assurer...

MASSINISSE.

La plus juste espérance
Flatte d'un prompt succès ma flamme et ma vengeance.
Je crains peu les Romains ; et, prêt à les frapper,
J'ai honte seulement de descendre à tromper.

SOPHONISBE.

Ils savent mieux que vous cet art de l'Italie.

SCÈNE IV.

SOPHONISBE, MASSINISSE, PHÆDIME.

PHÆDIME.

Seigneur, cet étranger, ce superbe Lélie,
Et qui dans ce palais parlait si hautement,
Accompagné des siens, arrive en ce moment.
Il veut que, sans tarder, à vous-même on l'annonce;
Il dit que d'un consul il porte la réponse.

MASSINISSE.

Il suffit... qu'il m'attende, et que, sans nous braver,
Aux pieds de Sophonisbe il vienne ici tomber.

FIN DU TROISIÈME ACTE.

ACTE QUATRIÈME.

SCÈNE I.

LÉLIE, Romains.

LÉLIE, *à un centurion.*

Allez, observez tout ; les plus légers soupçons,
Dans de pareils moments, sont de fortes raisons.
Sophonisbe en ces lieux peut faire des perfides ;
Scipion dans la ville enferme les Numides.

(*A un autre.*)

C'est à vous de garder le palais et la tour,
Tandis que, n'écoutant qu'un imprudent amour,
Massinisse, occupé du vain nœud qui l'engage,
D'un moment précieux nous laisse l'avantage.

(*A tous.*)

Vous avez désarmé sans peine et sans effort
Le peu de ses soldats répandus dans ce fort ;
Et déjà trop puni par sa propre faiblesse,
Il ne sait pas encor le péril qui le presse.
Au moindre mouvement, qu'on vienne m'avertir ;
Qu'aucun ne puisse entrer, qu'aucun n'ose sortir.
Surtout de vos soldats contenez la licence ;
Respectez ce palais : que nulle violence
Ne souille sous mes yeux l'honneur du nom romain.
Le sort de Massinisse est tout en notre main.

On craignait que ce prince, aveugle en sa colère,
N'eût tramé contre nous un complot téméraire :
Mais, de son amitié gardant le souvenir,
Scipion le prévient sans vouloir le punir.
Soyez prêts, c'est assez : cette ame impétueuse,
Verra de ses desseins la suite infructueuse ;
Et dans quelques moments tout doit être éclairci...
Vous, gardez cette porte, et vous, veillez ici.

(*Les licteurs restent un peu cachés dans le fond.*)

SCÈNE II.

MASSINISSE, LÉLIE, Licteurs.

MASSINISSE.

Eh bien ! de Scipion ministre respectable,
Venez-vous m'annoncer son ordre irrévocable ?

LÉLIE.

J'annonce du sénat les décrets souverains,
Que le consul de Rome a remis en mes mains.
Pouvez-vous écouter ce que je dois vous dire ?
Vous paraissez troublé.

MASSINISSE.

　　　　　　Je suis prêt à souscrire
Aux projets des Romains que vous me présentez,
Si par l'équité seule ils ont été dictés,
Et s'ils n'outragent point ma gloire et ma couronne.
Parlez ; quel est le prix que le sénat me donne ?

LÉLIE.

Le trône de Siphax déjà vous est rendu :
C'est pour le conquérir que l'on a combattu.

ACTE IV, SCÈNE II.

A vos nouveaux Etats, à votre Numidie,
Pour vous favoriser, on joint la Mazénie :
Ainsi, dans tous les temps et de guerre et de paix,
Rome à ses alliés prodigue ses bienfaits.
On vous a déjà dit que Cirthe, Hippone, Utique,
Tout, jusqu'au mont Atlas, est à la république.
Décidez maintenant si vous voulez demain
De Scipion vainqueur accomplir le dessein,
De l'Afrique avec lui soumettre le rivage,
Et, fidèle allié, camper devant Carthage.

MASSINISSE.

Carthage! oubliez-vous qu'Annibal la défend;
Que sur votre chemin ce héros vous attend?
Craignez d'y retrouver Trasimène et Trébie.

LÉLIE.

La fortune a changé; l'Afrique est asservie.
Choisissez de nous suivre, ou de rompre avec nous.

MASSINISSE, *à part.*

Puis-je encore un moment retenir mon courroux!

LÉLIE.

Vous voyez vos devoirs et tous vos avantages.
De Rome maintenant connaissez les usages :
Elle élève les rois, et sait les renverser;
Aux pieds du Capitole ils viennent s'abaisser.
La veuve de Siphax était notre ennemie :
Dans un sang odieux elle a reçu la vie;
Et son seul châtiment sera de voir nos Dieux,
Et d'apprendre dans Rome à nous connaître mieux.

MASSINISSE.

Téméraire! arrêtez... Sophonisbe est ma femme;
Tremblez de m'outrager.

LÉLIE.

Je connais votre flamme;
Je la respecte peu, lorsque dans vos Etats
Vous-même devant moi ne vous respectez pas.
Sachez que Sophonisbe, à nos chaînes livrée,
De ce titre d'épouse en vain s'est honorée;
Qu'un prétexte de plus ne peut nous éblouir,
Que j'ai donné mon ordre, et qu'il faut obéir.

MASSINISSE.

Ah! c'en est trop enfin; cet excès d'insolence
Pour la dernière fois tente ma patience.

(*Mettant la main à son épée.*)

Traître! ôte-moi la vie, ou meurs de cette main.

LÉLIE.

Prince, si je n'étais qu'un citoyen romain,
Un tribun de l'armée, un guerrier ordinaire,
Vous me verriez bientôt prêt à vous satisfaire;
Lélie avec plaisir recevrait cet honneur :
Mais député de Rome et de mon empereur,
Commandant en ces lieux, tout ce que je dois faire,
C'est d'arrêter d'un mot votre vaine colère...
Romains, qu'on m'en réponde.

(*Les licteurs entourent Massinisse et le désarment.*)

MASSINISSE.

Ah, lâche!... mes soldats
Me laissent sans défense!

LÉLIE.

Ils ne paraîtront pas ;
Ils sont, ainsi que vous, tombés en ma puissance.
Vous avez abusé de notre confiance :
Quels que soient vos desseins, ils sont tous prévenus ;
Et nous vous épargnons des malheurs superflus.
Si vous voulez de Rome obtenir quelque grâce,
Scipion va venir ; il n'est rien que n'efface
A ses yeux indulgents un juste repentir.
Rentrez dans le devoir dont vous osiez sortir.
On vous rendra, Seigneur, vos soldats et vos armes,
Quand sur votre conduite on aura moins d'alarmes,
Et quand vous cesserez de préférer en vain
Une Carthaginoise à l'empire romain.
Vous avez combattu sous nous avec courage ;
Mais on est quelquefois imprudent à votre âge.

SCÈNE III.

MASSINISSE, seul.

Tu survis, Massinisse, à de pareils affronts !
Ce sont-là ces Romains, juges des nations,
Qui voulaient faire au monde adorer leur puissance,
Et des Dieux, disaient-ils, imiter la clémence !
Fourbes dans leurs traités, cruels dans leurs exploits,
Déprédateurs du peuple, et fiers tyrans des rois !
Je me repens sans doute, et c'est de vivre encore
Sans pouvoir me baigner dans leur sang que j'abhorre.
Scipion prévient tout ; soit prudence ou bonheur,
Son étonnant génie en tout temps est vainqueur.

Sous les pas des Romains la tombe était ouverte ;
Je vengeais Sophonisbe, et j'ai causé sa perte.
Je n'ai pas su tromper : j'en recueille le fruit ;
Dans l'art des trahisons j'étais trop mal instruit.
Roi, vainqueur et captif, outragé, sans vengeance,
Victime de l'amour, et de mon imprudence,
Mon cœur fut trop ouvert. Ah ! tu l'avais prévu !
Sophonisbe, en effet, ma candeur m'a perdu.
O Ciel ! c'est Scipion ! c'est Rome tout entière !

SCÈNE IV.

SCIPION, MASSINISSE, Licteurs. (*Scipion tient un rouleau à la main.*)

MASSINISSE.

Venez-vous insulter à mon heure dernière ?
Dans l'abîme où je suis venez-vous m'enfoncer,
Marcher sur mes débris ?

SCIPION.

                  Je viens vous embrasser.
J'ai su votre faiblesse, et j'en ai craint la suite.
Vous devez pardonner si de votre conduite
Ma vigilance heureuse a conçu des soupçons ;
Plus d'une fois l'Afrique a vu des trahisons.
La nièce d'Annibal, à votre cœur trop chère,
M'a forcé malgré moi de me montrer sévère.
Du nom de votre ami je fus toujours jaloux ;
Mais, je me dois à Rome, et beaucoup plus qu'à vous.
Je n'ai point démêlé les intrigues secrètes
Que pouvaient préparer vos fureurs inquiètes,

ACTE IV, SCÈNE IV.

Et de tout prévenir je me suis contenté.
Mais à quelque attentat que l'on vous ait porté,
Voulez-vous maintenant écouter la justice,
Et rendre à Scipion le cœur de Massinisse?
Je ne demande rien que la foi des traités;
Vous les avez toujours sans réserve attestés :
Les voici; c'est par vous qu'à moi-même promise,
Sophonisbe en mon camp devait être remise.
Lisez. Voilà mon nom, et voilà votre seing.
  (Il les lui montre.)
En est-ce assez? vos yeux s'ouvriront-ils enfin?
Avez-vous contre moi quelque droit légitime?
Vous plaindrez-vous toujours que Rome vous opprime?

MASSINISSE.

Oui. Quand dans la fureur de mes ressentiments
Je fis entre vos mains ces malheureux serments,
Je voulais me venger d'une reine ennemie :
De mon cœur irrité je la croyais haïe;
Vos yeux furent témoins de mes jaloux transports;
Ils étaient imprudents, mais vous m'aimiez alors :
Je vous confiai tout, ma colère et ma flamme.
J'ai revu Sophonisbe, et j'ai connu son ame :
Tout est changé, mon cœur est rentré dans ses droits;
La veuve de Siphax a mérité mon choix.
Elle est reine, elle est digne encor d'un plus grand titre.
De son sort et du mien j'étais le seul arbitre;
Je devais l'être au moins : je l'aime, c'est assez :
Sophonisbe est ma femme, et vous la ravissez!

SCIPION.

Elle n'est point à vous, elle est notre captive;

La loi des nations pour jamais vous en prive :
Rome ne peut changer ses résolutions
Au gré de vos erreurs et de vos passions.
Je ne veux point ici vous parler de moi-même;
Mais jeune comme vous, et dans un rang suprême,
Vous savez si mon cœur a jamais succombé
A ce piége fatal où vous êtes tombé.
Soyez digne de vous; vous pouvez encor l'être.
MASSINISSE.
Il est vrai qu'en Espagne, où vous régnez en maître,
Le soin de contenir un peuple effarouché,
La gloire, l'intérêt, Seigneur, vous ont touché.
Vous n'enlevâtes point une femme éplorée,
De l'amant qu'elle aimait justement adorée :
Pourquoi démentez-vous pour un infortuné
Cet exemple éclatant que vous avez donné?
L'Espagnol vous bénit, mais je vous dois ma haine;
Vous lui rendez sa femme, et m'arrachez la mienne.
SCIPION.
A vos plaintes, Seigneur, à tant d'emportements,
Je ne réponds qu'un mot : remplissez vos serments.
MASSINISSE.
Ah! ne me parlez plus d'un serment téméraire
Qu'ont dicté le dépit et l'amour en colère;
Il fut trop démenti dans mon cœur ulcéré.
SCIPION.
Les Dieux l'ont entendu; tout serment est sacré.
MASSINISSE.
Consul, il me suffit; j'avais cru vous connaître,
Je m'étais bien trompé : mais vous êtes le maître.

Ces Dieux, dont vous savez interpréter la loi,
Aidés de Scipion, sont trop forts contre moi.
Je sais que mon épouse à Rome fut promise.
Voulez-vous en effet qu'à Rome on la conduise?
SCIPION.
Je le veux, puisqu'ainsi le sénat l'a voulu;
Que vous-même avec moi vous l'aviez résolu.
Ne vous figurez pas qu'un appareil frivole,
Une marche pompeuse aux murs du Capitole,
Et d'un peuple inconstant la faveur et l'amour,
Que le destin nous donne et nous ôte en un jour,
Soient un charme si grand pour mon ame éblouie :
De soins plus importants croyez qu'elle est remplie.
Mais quand Rome a parlé, j'obéis à sa loi.
Secondez mon devoir, et revenez à moi.
Rendez à votre ami la première tendresse
Dont le nœud respectable unit notre jeunesse.
Compagnons dans la guerre, et rivaux en vertu,
Sous les mêmes drapeaux nous avons combattu :
Nous rougirions tous deux qu'au sein de la victoire
Une femme, une esclave, eût flétri tant de gloire.
Réunissons deux cœurs qu'elle avait divisés :
Oubliez vos liens; l'honneur les a brisés.
MASSINISSE.
L'honneur! quoi! vous osez!.. Mais je ne puis prétendre,
Quand je suis désarmé, que vous vouliez m'entendre.
Je vous ai déjà dit que vous seriez content.
Ma femme subira le destin qui l'attend.
Un roi doit obéir, quand un consul ordonne.
Sophonisbe! oui, Seigneur, enfin je l'abandonne;

Je ne veux que la voir pour la dernière fois :
Après cet entretien, j'attends ici vos lois.
SCIPION.
N'attendez qu'un ami, si vous êtes fidèle.

SCÈNE V.

MASSINISSE, *seul*.

Un ami ! Jusque-là ma fortune cruelle
De mes jours détestés déshonore la fin !
Il me flétrit du nom de l'ami d'un Romain !
Je n'ai que Sophonisbe, elle seule me reste :
Il le sait, il insulte à mon état funeste.
Sa cruauté tranquille, avec dérision,
Affectait de descendre à la compassion !
Il a su mon projet, et, ne pouvant le craindre,
Il feint de l'ignorer, et même de me plaindre ;
Il feint de dédaigner ce misérable honneur
De traîner une femme au char de son vainqueur.
Il n'aspire en effet qu'à cette gloire infame :
Il jouit de ma honte ; et peut-être en son ame
Il pense à m'y traîner avec le même éclat,
Comme un roi révolté, jugé par le sénat.

SCÈNE VI.

MASSINISSE, SOPHONISBE.

MASSINISSE.

Eh bien ! connaissez-vous quelle horreur vous opprime,
D'où nous sommes tombés, dans quel affreux abîme

ACTE IV, SCÈNE VI.

Un jour, un seul moment, nous a tous deux conduits?
De notre heureux hymen ce sont les premiers fruits.
Savez-vous des Romains la barbare insolence,
Et qu'il nous faut enfin tout souffrir sans vengeance?

SOPHONISBE.

Nous n'avons qu'un recours, le fer ou le poison.

MASSINISSE.

Nous sommes désarmés; ces murs sont ma prison.
Scipion vivrait-il, si j'avais eu des armes?

SOPHONISBE.

Ah! cherchons les moyens de finir tant d'alarmes.
Trop de honte nous suit, et c'est trop de revers.
J'ai deux fois aujourd'hui passé du trône aux fers.
Je ne puis me venger de mes indignes maîtres;
Je ne puis me baigner dans le sang de ces traîtres;
Arrache-moi la vie, et meurs auprès de moi :
Sophonisbe deux fois sera libre par toi.

MASSINISSE.

Tu le veux!

SOPHONISBE.

   Tu le dois.

MASSINISSE.

      Je frémis, je t'admire.

SOPHONISBE.

Je te devrai ma mort, je te devais l'empire;
J'aurai reçu de toi tous mes biens en un jour.

MASSINISSE.

Quels biens! ah, Sophonisbe!

SOPHONISBE.

      Objet de mon amour!

Ame tendre! ame noble! expie avec courage
Le crime que tu fis en combattant Carthage.
Sauve-moi.

MASSINISSE.

Par ta mort!

SOPHONISBE.

Sans doute. Aimes-tu mieux
Me voir avec opprobre arracher de ces lieux?
Roi soumis aux Romains, et mari d'une esclave,
Aimes-tu mieux servir le tyran qui te brave;
Me voir sacrifiée à son ambition?
Ecrasons en mourant l'orgueil de Scipion.

MASSINISSE.

Va, sors : je vois de loin des Romains qui m'épient;
De tous les malheureux ces monstres se défient.
Va, nous nous rejoindrons.

SOPHONISBE.

Arbitre de mon sort,
Souviens-toi de ma gloire : adieu jusqu'à ma mort.

(*Elle sort.*)

SCÈNE VII.

MASSINISSE, *seul*.

Dieux des Carthaginois! vous à qui je m'immole!
Dieux que j'avais trahis pour ceux du Capitole,
Vous que ma femme implore, et qui l'abandonnez,
Donnerez-vous la force à mes sens forcenés,
A cette main tremblante, à mon ame égarée,
De me souiller du sang d'une épouse adorée?

FIN DU QUATRIÈME ACTE.

ACTE CINQUIÈME.

SCÈNE I.

LÉLIE, SCIPION, Romains.

SCIPION.

Amis, la fermeté jointe avec la clémence
Peut enfin subjuguer sa fatale inconstance.
Je vois dans ce Numide un coursier indompté
Que son maître réprime après l'avoir flatté;
Tour-à-tour on ménage, on dompte son caprice;
Il marche en écumant, mais il nous rend service.
Massinisse a senti qu'il doit porter ce frein
Dont sa fureur s'indigne, et qu'il secoue en vain;
Que je suis en effet maître de son armée;
Qu'enfin Rome commande à l'Afrique alarmée;
Que nous pouvons d'un mot le perdre ou le sauver.
Pensez-vous qu'il s'obstine encore à nous braver?
Il est temps qu'il choisisse entre Rome et Carthage;
Point de milieu pour lui : le trône ou l'esclavage.
Il s'est soumis à tout; ses serments l'ont lié :
Il a vu de quel prix était mon amitié.
La reine l'égarait, mais Rome est la plus forte;
L'amour parle un moment, mais l'intérêt l'emporte :
Il doit rendre aux Romains Sophonisbe aujourd'hui.

LÉLIE.

Pouvez-vous y compter? Vous fiez-vous à lui?

SCIPION.

Il ne peut empêcher qu'on l'enlève à sa vue.
Je voulais à son ame encor tout éperdue
Epargner un affront trop dur, trop douloureux;
Il me faisait pitié. Tout prince malheureux
Doit être ménagé, fut-ce Annibal lui-même.

LÉLIE.

Je crains son désespoir; il est Numide, il aime.
Surtout de Sophonisbe il faut vous assurer.
Ce triomphe éclatant qui va se préparer,
Plus que vous ne pensez, vous devient nécessaire
Pour imposer aux grands, pour charmer le vulgaire,
Pour captiver un peuple inquiet et jaloux,
Ennemi des grands noms, et peut-être de vous.
La veuve de Siphax à votre char traînée
Fera taire l'envie à vous nuire obstinée;
Et le vieux Fabius, et le jaloux Caton,
Se cacheront dans l'ombre en voyant Scipion.

SCÈNE II *.

SCIPION, LÈLIE, PHÆDIME.

PRÆDIME.

Sophonisbe, Seigneur, à vos ordres soumise,
Par le roi Massinisse entre vos mains remise,
Va bientôt, à vos pieds déposant sa douleur,

---

* Voyez les Variantes des deux dernières scènes à la fin de la Pièce.

ACTE V, SCÈNE II.

Reconnaître dans vous son maître et son vainqueur.
Elle est prête à partir.

SCIPION.

Que Sophonisbe apprenne
Qu'à Rome, en ma maison, toujours servie en reine,
Elle n'y recevra que les soins, les honneurs
Que l'on doit à son rang, et même à ses malheurs.
Le Tibre avec respect verra sur son rivage
Le noble rejeton des héros de Carthage.

(*Phœdime sort.*)

(*A un tribun.*)
Vous, jusques à ma flotte ayez soin de guider
Et la reine et les siens, qu'il vous faudra garder.

SCÈNE III.

SCIPION, LÉLIE, MASSINISSE, Licteurs.

SCIPION.

Le roi vient : je le plains; un si grand sacrifice
Doit lui coûter sans doute. Approchez, Massinisse;
Ne vous repentez pas de votre fermeté.

MASSINISSE, *troublé et chancelant.*
Il m'en faut en effet!

SCIPION.

Votre cœur s'est dompté.

MASSINISSE.

La victime par vous si long-temps desirée
S'est offerte elle-même; elle vous est livrée.
Scipion, j'ai plus fait que je n'avais promis;
Tout est prêt.

SOPHONISBE.

SCIPION.

La raison vous rend à vos amis.
Vous revenez à moi : pardonnez à Lélie
Cette sévérité dans mon cœur démentie :
L'intérêt de l'Etat exigeait nos rigueurs ;
Rome y fera bientôt succéder ses faveurs.
(Il tend la main à Massinisse, qui recule.)
Point de ressentiment ; goûtez l'honneur suprême
D'avoir réparé tout en vous domptant vous-même.

MASSINISSE.

Epargnez-vous, Seigneur, un vain remercîment :
Il m'en coûte assez cher en cet affreux moment.

SCIPION.

Vous pleurez !

MASSINISSE.

Qui ? moi ! non.

SCIPION.

Ce regret qui vous presse
N'est aux yeux d'un ami qu'un reste de faiblesse
Que votre ame subjugue, et que vous oublîrez.

MASSINISSE.

Si vous avez un cœur, vous vous en souviendrez.

SCIPION.

Sophonisbe à mes yeux sans crainte peut paraître :
J'aurais de son destin voulu vous laisser maître ;
Mais Rome la demande : il faut loin de ces lieux...
(On ouvre la porte ; Sophonisbe paraît étendue sur une banquette, un poignard enfoncé dans le sein.)

ACTE V, SCÈNE III.

MASSINISSE.

Tiens, la voilà, perfide! elle est devant tes yeux :
La connais-tu?

SCIPION.

Cruel!

SOPHONISBE, *à Massinisse penché vers elle.*

Viens, que ta main chérie
Achève de m'ôter ce fardeau de la vie.
Digne époux, je meurs libre, et je meurs dans tes bras!

MASSINISSE.

Je vous la rends, Romains; elle est à vous.

SCIPION.

Hélas!
Malheureux! qu'as-tu fait?

MASSINISSE.

Ses volontés, les miennes.
Sur ses bras tout sanglants viens essayer tes chaînes.
Approche : où sont tes fers?

LÉLIE.

O spectacle d'horreur!

MASSINISSE, *à Scipion.*

Tu recules d'effroi! que devient ton grand cœur?
(*Il se met entre Sophonisbe et les Romains.*)
Monstres, qui par mes mains avez commis mon crime,
Allez au Capitole offrir votre victime;
Montrez à votre peuple, autour d'elle empressé,
Ce cœur, ce noble cœur que vous avez percé.
Détestable Romain, si les Dieux qui m'entendent
Accordent les faveurs que les mourants demandent,

Si, devançant le temps, le grand voile du sort
Se lève à nos regards au moment de la mort,
Je vois dans l'avenir Sophonisbe vengée,
Et Rome qu'on immole à la terre outragée;
Je vois dans votre sang vos temples renversés,
Ces temples qu'Annibal a du moins menacés;
Tous ces fiers descendants des Nérons, des Camilles,
Aux fers des étrangers tendant des bras serviles;
Ton Capitole en cendre, et tes Dieux pleins d'effroi
Détruits par des tyrans moins funestes que toi.
Avant que Rome tombe au gré de ma furie,
Va mourir oublié, chassé de ta patrie.
Je meurs, mais dans la mienne; et c'est en te bravant.
Le poison que j'ai pris dans ce fatal moment
Me délivre à-la-fois d'un tyran et d'un traître.
Je meurs chéri des miens qui vengeront leur maître :
Va, je ne veux pas même un tombeau de tes mains.

LÉLIE.

Que tous deux sont à plaindre!

SCIPION.

Ils sont morts en Romains.
Grands Dieux! puissé-je un jour, ayant dompté Carthage,
Quitter Rome et la vie avec même courage!

FIN DE SOPHONISBE.

VARIANTES
DU CINQUIÈME ACTE DE SOPHONISBE

DANS LES ANCIENNES ÉDITIONS.

SCÈNE II.

SCIPION, LÉLIE, PHÆDIME.

PHÆDIME.

La reine à son destin fait plier son courage.
Elle s'est fait d'abord une effroyable image
De suivre au Capitole un char victorieux,
De présenter ses fers aux genoux de vos dieux,
A travers une foule orageuse et cruelle,
Dont les yeux menaçants seront fixés sur elle :
Massinisse a bientôt dissipé cette horreur.
Sophonisbe a connu quel est votre grand cœur ;
Elle sait que dans Rome elle doit vous attendre ;
Elle est prête à partir. Mais daignez condescendre
Jusqu'à faire écarter des soldats indiscrets,
Qui veillent à sa porte, et troublent ses apprêts.
Ce palais est à vous ; vos troupes répandues
En remplissent assez toutes les avenues :
Votre captive enfin ne peut vous échapper :
La reine est résignée, et ne peut vous tromper.
Massinisse à vos pieds vient se mettre en otage.
L'humanité vous parle, écoutez son langage ;
Et permettez du moins qu'en son appartement
La reine, à qui je suis, reste libre un moment.

SCIPION.

(*A un centurion.*)   (*A Phædime.*)
Il est trop juste. Allez. Que Sophonisbe apprenne
Qu'à Rome, en ma maison, toujours servie en reine,

Elle n'y recevra que les soins, les honneurs
Que l'on doit à son rang, et même à ses malheurs.
Le Tibre avec respect verra sur son rivage
Le noble rejeton des héros de Carthage.

(Phœdime sort.)

(A un tribun.)

Vous, jusques à ma flotte, ayez soin de guider
Et la reine et les siens, qu'il vous faudra garder,
Mais en mêlant surtout à votre vigilance
Des plus profonds respects la noble bienséance.
Les ordres du sénat qu'il faut exécuter
Sont de vaincre les rois, non de les insulter.
Gardons-nous d'étaler un orgueil ridicule
Que nous impute à tort un esprit trop crédule.
Conservez des Romains la modeste hauteur ;
Le soin de se vanter rabaisse la grandeur :
Et, dédaignant toujours des vanités frivoles,
Soyez grand par les faits, et simple en vos paroles.
Mais Massinisse vient, et la douleur l'abat.

SCÈNE III.

SCIPION, LÉLIE, MASSINISSE, Licteurs.

LÉLIE.

Pourvu qu'il obéisse il suffit au sénat.

SCIPION.

Il lui fait, je l'avoue, un rare sacrifice.

LÉLIE.

Il remplit son devoir.

SCIPION.

Approchez, Massinisse ;
Ne vous repentez pas de votre fermeté.

MASSINISSE, *troublé et chancelant.*

Il m'en faut en effet !

SCIPION.

Parlez en liberté.

MASSINISSE.

La victime par vous si long-temps desirée

S'est offerte elle-même ; elle vous est livrée.
Scipion, j'ai plus fait que je n'avais promis ;
Tout est prêt.

SCIPION.

La raison vous rend à vos amis.
Vous revenez à moi : pardonnez à Lélie
Cette sévérité qui passe et qu'on oublie :
L'intérêt de l'État exigeait nos rigueurs ;
Rome y fera bientôt succéder ses faveurs.

(*Il tend la main à Massinisse qui recule.*)

Point de ressentiment ; goûtez l'honneur suprême
D'avoir réparé tout en vous domptant vous-même.

MASSINISSE.

Épargnez-vous, Seigneur, un vain remercîment :
Il m'en coûte assez cher en cet affreux moment.
Il m'en coûte, ah ! grands dieux !

(*Il se laisse tomber sur une banquette.*)

LÉLIE.

Sa passion fatale
Dans son cœur combattu renaît par intervalle.

SCIPION, *à Massinisse, en lui prenant la main.*

Cessez à vos regrets de vous abandonner.
Je conçois vos chagrins, je sais leur pardonner.

(*A Lélie.*)

Je suis homme, Lélie ; il porte un cœur, il aime.

(*A Massinisse.*)

Je le plains. Calmez-vous.

MASSINISSE.

Je reviens à moi-même.
Dans ce trouble mortel qui m'avait abattu,
Dans ce mal passager, n'ai-je pas entendu
Que Scipion parlait, et qu'il plaignait un homme
Qui partagea sa gloire, et qui vainquit pour Rome ?

(*Il se relève.*)

SCIPION.

Tels sont mes sentiments. Reprenez vos esprits.
Rome de vos exploits doit payer tout le prix.

VARIANTES

Ne me regardez plus d'un œil sombre et farouche;
Croyez que votre état m'intéresse et me touche.
Massinisse, achevez cet effort généreux,
Qui de notre amitié va resserrer les nœuds.
Vous pleurez!

MASSINISSE.

Qui? moi! Non.

SCIPION.

Ce regret qui vous presse
N'est aux yeux d'un ami qu'un reste de faiblesse,
Que votre ame subjugue, et que vous oublîrez.

MASSINISSE.

Si vous avez un cœur, vous vous en souviendrez.

SCIPION.

Allons, conduisez-moi dans la chambre prochaine
Où je devais paraître aux regards de la reine :
Qu'elle accepte à la fin mes soins respectueux.

(*On ouvre la porte; Sophonisbe paraît étendue sur une banquette; un poignard est enfoncé dans son sein.*)

MASSINISSE.

Tiens, la voilà, perfide! elle est devant tes yeux :
La connais-tu?

SCIPION.

Cruel!

SOPHONISBE, *à Massinisse penché vers elle.*

Viens, que ta main chérie
Achève de m'ôter ce fardeau de la vie.
Digne époux, je meurs libre, et je meurs dans tes bras!

MASSINISSE, *se retournant.*

Je vous la rends, Romains; elle est à vous.

SCIPION.

Hélas!
Malheureux! qu'as-tu fait?

MASSINISSE, *reprenant sa force.*

Ses volontés, les miennes.
Sur ses bras tout sanglants viens essayer tes chaînes.
Approche : où sont tes fers?

DU Vᶜ ACTE.

LÉLIE.

O spectacle d'horreur!

MASSINISSE, à *Scipion*.

Tu recules d'effroi! que devient ton grand cœur?

(*Il se met entre Sophonisbe et les Romains.*)

Monstres qui par mes mains avez commis mon crime,
Allez au Capitole offrir votre victime;
Montrez à votre peuple autour d'elle empressé
Ce cœur, ce noble cœur que vous avez percé;
Jouis de ce triomphe. Es-tu content, barbare?
Tu le dois à mes soins, c'est moi qui le prépare.
Ai-je assez satisfait ta triste vanité,
Et de tes jeux romains l'infame atrocité?
Tu n'oses contempler sa mort et ta victoire!
Tu détournes les yeux, tu frémis de ta gloire,
Tu crains de voir ce sang que toi seul fais couler!
Grands Dieux! c'est Scipion qu'enfin j'ai fait trembler!
Détestable Romain, si les Dieux qui m'entendent
Accordent les faveurs que les mourants demandent,
Si, devançant le temps, le grand voile du sort
Se tire à nos regards au moment de la mort,
Je vois dans l'avenir Sophonisbe vengée,
Rome à son tour sanglante, à son tour saccagée,
Expiant dans son sang ses triomphes affreux,
Et les fers et l'opprobre accablant tes neveux;
Je vois vingt nations de toi-même ignorées,
Que le Nord vomira des mers hyperborées;
Dans votre indigne sang vos temples renversés,
Ces temples qu'Annibal a du moins menacés;
Tous les vils descendants des Catons, des Emiles *,
Aux fers des étrangers tendant des bras serviles;
Ton Capitole en cendre, et tes dieux pleins d'effroi
Détruits par des tyrans moins funestes que toi.
Avant que Rome tombe au gré de ma furie,
Va mourir oublié, chassé de ta patrie.

---

* Il tire le poignard du sein de Sophonisbe, s'en frappe, et tombe auprès d'elle.

Je meurs, mais dans la mienne; et c'est en te bravant.
Le poison que j'ai pris agit trop lentement.
Ce fer que j'enfonçai dans le sein de ma femme *
Joint mon sang à son sang, mon ame à sa grande ame.
Va, je ne veux pas même un tombeau de tes mains.

LÉLIE.

Que tous deux sont à plaindre !

SCIPION.

Ils sont morts en Romains.
Qu'un pompeux mausolée, honoré d'âge en âge,
Éternise leurs noms, leurs feux et leur courage ;
Et nous, en déplorant un destin si fatal,
Remplissons tout le nôtre, allons vers Annibal.
Que Rome soit ingrate, ou me rende justice,
Triomphons de Carthage, et non de Massinisse.

---

* Le vers, *Tous les vils descendants des Catons, des Émiles*, n'était pas assez conforme à l'histoire. Le vieux Caton, le premier homme de cette famille qui ait été connu, n'était alors qu'un officier de Scipion, brouillé avec son général. Les Émiles dûrent leur lustre principal à Paul Émile, qui ne devint célèbre qu'entre les deux dernières guerres puniques.

Le nom de Néron, que le fils d'Agrippine a rendu si odieux, était le surnom d'une des branches de la famille Claudia, l'une des plus illustres de la république romaine. C'était à un Claudius Néro que Rome avait dû son salut dans cette seconde guerre punique : il avait eu le principal honneur de la défaite d'Asdrubal, événement qui décida le succès de cette guerre.

COMMENTAIRE GRAMMATICAL DE LAHARPE,

AVEC

DES REMARQUES DE L'ÉDITEUR ACTUEL *.

OLIMPIE.

Acte I, scène I, page 3.

Cassandre espère enfin des Dieux moins inflexibles.

Cette phrase n'est pas française. On espère les choses, et non pas les personnes. — Ici l'on espère non simplement les *Dieux*, mais des *Dieux moins inflexibles*. L'idée porte au moins sur la chose, sur l'inflexibilité. L'expression est seulement hasardée.

Ibid. page 4.

Quoi! Seigneur, une enfant vers l'Euphrate enlevée, etc.

Enfant ne peut pas être féminin dans le style noble. On dit familièrement une bonne enfant, une belle enfant, etc. — Le Dictionnaire de l'Académie, auquel Laharpe renvoie, est sans doute le répertoire de l'usage. Mais le motif même de l'emploi de ce mot au féminin dans le langage familier, peut le faire admettre dans le style soutenu, lorsqu'il n'a rien de choquant.

* On a en général séparé ces Remarques de l'Éditeur par un tiret.

Acte I, scène II, page 6.

Retourneront en proie aux flammes, aux combats,
Que ces Dieux arrêtaient, et qu'ils n'éteignent pas.

Cette phrase n'est pas française; et l'on n'éteint point les combats. — Ce verbe convient du moins au mot *flammes;* mais il faudrait *redeviendront*, au lieu du verbe *retourneront*.

Ibid. page 10.

. . . . . . Nous devons rétablir
Ces débris tout sanglants qu'il nous faut recueillir.

On ne rétablit point des débris.

Ibid. même page.

Ne nous expose en proie à ces tyrans nouveaux,
Eux qui n'étaient pas nés pour marcher nos égaux.

Eux *qui* est une faute de grammaire : il faut nécessairement répéter la particule, et mettre, *à eux qui,* etc. — Mais comme le régime direct est *nous,* et non une troisième personne, il n'y a point d'équivoque dans le rapport du pronom.

Acte I, scène III, page 13.

On dit qu'il la chérit, et qu'il l'élève en père.

Construction inexacte : *en* doit se rapporter à celui qui est *élevé,* et non pas à celui qui *élève.*

Acte II, scène I, page 19.

Une seule prêtresse oserait nous priver
Des expiations qu'elle doit achever!

Priver des expiations, terme impropre.

Ibid. même page.

En proie à ses chagrins, de langueurs affaiblie.

De langueurs affaiblie (au lieu de *par les langueurs*) est une expression impropre.

Acte II, scène II, page 21.

Après quinze ans que......j'avais enseveli, etc., n'est pas français, pour dire, *après que j'ai enseveli, quinze ans,* etc.

Acte II, scène IV, page 31.

Je sens trop la nature et l'excès de ma joie.

— On ne sent point la nature; mais on sent l'effet, le pouvoir de la nature.

Acte III, scène II, page 38.

. . . . . . Cette seule journée
Voyait de tant de maux la course terminée.

— On dit bien *la course des jours,* parce que le temps court. Mais on ne peut dire *la course des maux,* pour *le cours des maux* qui se succèdent, et ne courent pas proprement.

Acte III, scène III, page 41.

. . . . Éteignez ces flambeaux effroyables,
Ces flambeaux de l'hymen. . . . . .
Éteignez dans mon cœur l'affreux ressouvenir, etc.

— *Effacez* serait plus propre avec *ressouvenir,* et ces épithètes d'*affreux, effroyables,* se ressemblent trop : *affreux* est d'ailleurs répété plus bas.

Acte IV, scène VIII, page 67.

Armez-vous de courage; il doit ici paraître.

— Le pronom *il* ne peut se rapporter à *courage,* qui n'est pas précédé de l'article défini.

Acte V, scène II, page 70.

Elle a vécu... je meurs au reste des humains.

— Le pronom *elle* est trop éloigné du nom de *mère,* auquel il doit se rapporter; d'autant plus que *sa* et *ses* qui précèdent, se rapportent à *ennemi.*

Acte V, scène III, page 72.

On ne doit pas sans doute allumer en un jour,
Et les bûchers des morts et les flambeaux d'amour.

— Il faudrait, *les flambeaux de l'amour.*

LE TRIUMVIRAT.

Acte I, scène I, page 99.

Je l'ai vu, dans l'erreur de ses égaremeuts,
Passer Antoine même en ses emportements.

Redondance de mots dans le premier vers.

Acte I, scène II, page 101.

Je rougis d'être ici l'esclave *des* fureurs
Des vainqueurs de Pompée et de vos oppresseurs.

— La coupure de ces deux vers forme un enjambement vicieux, outre la répétition de l'article *des*, dont le rapport est différent.

Acte I, scène IV, page 110.

Lorsque... des têtes des proscrits
Aux murs du Capitole on affichait le prix.

Afficher n'est pas du style tragique. — Cependant l'expression devient énergique comme le verbe *marchander* risqué par Corneille dans *Cinna*.

Acte II, scène I, page 114.

Qu'importe à mes affronts ce faible et vain remord?
Chacun d'eux tour-à-tour me donne ici la mort.

— Sans parler de l's final omis pour la rime au mot *remords*, le pronom personnel *eux* ne peut se dire des *affronts*.

Acte II, scène IV, page 118.

Des tremblements affreux, des foudres dévorants,
Dans les flots débordés ont plongé mes *suivants*.

— Ce dernier mot n'est pas du style noble.

Ibid. page 119.

Dans cette île exécrable où trois monstres unis
Ensanglantent le monde, et restent impunis.

— L'usage veut qu'*impunis* se rapporte aux *forfaits* commis par ces *monstres*, et non aux monstres eux-mêmes.

Acte III, scène I, page 126.

. . . . . . Ce dernier coup du sort
Atterre mon esprit luttant contre la mort.

Atterer l'esprit, malgré le mot *luttant*, forme une expression disparate.

Acte III, scène VI, page 137.

Ainsi vous ajoutez l'opprobre à vos fureurs.
Ah! ce n'est pas à vous à m'enseigner les mœurs!

— On ne dit pas *enseigner les mœurs*, pour *enseigner la manière de se conduire*.

Acte IV, scène I, page 140.

. . . . . . Eh! ne pouviez-vous pas
De cette île avec eux précipiter vos pas?

On ne dit point, *précipiter ses pas de*, mais *loin de*.

Ibid. page 141.

Prodigues ravisseurs, et bas intéressés,
Ils m'enlèvent les biens que mon père a laissés.

— *Intéressés*, employé substantivement, est aujourd'hui une expression technique de commerce, un terme d'affaires.

Acte IV, scène III, page 144.

Vous trouverez plus loin l'enceinte et les palis
Où du clément César est le barbare fils.

Palis est encore un terme technique qui ne convient point ici.

Acte V, scène II, page 155.

Je n'ai point de complice ; et ces noms méprisables
Sont faits pour vos suivants, sont faits pour vos semblables.

— Quoiqu'on emploie l'expression de suivants comme par mépris, elle est triviale et inconvenante.

Ibid. même page.

Il n'est point d'amitiés entre les parricides,
L'un de l'autre jaloux, l'un *vers* l'autre perfides.

— Il faut pour l'exactitude, *l'un envers l'autre*.

LES SCYTHES.

Acte I, scène III, page 201.

. . . . . . Sa criminelle ardeur
M'entraînait au tombeau, couvert de déshonneur.

— *Couvert* semble se rapporter à *tombeau*, quoique par le sens, il se rapporte à la personne qui parle.

Acte II, scène V, page 219.

. . . . . . et que de la cruelle,
Quelque rival indigne, à mes yeux possesseur,
Insulte mon amour, outrage mon honneur !

— Il faudrait plus correctement *insulte à mon amour*,

quoiqu'insulter s'emploie avec le régime direct en parlant des personnes.

Acte III, scène IV, pages 234 et 235.

— *Enfin l'hymen est fait,* pour *est conclu.* — *L'habitude à* (pour *de*) *souffrir,* est prosaïque.

Acte IV, scène I, page 236.

— *A vos premiers suivants,* pour *sujets,* est du style de la comédie.

Acte V, scène IV, page 259.

A ces brutes humains, pétris de barbarie.

— L'inversion de *brutes humains,* au lieu d'*hommes brutes,* semble faire du premier mot un substantif, et du second un adjectif, ce qui donne à ces expressions un sens disparate.

SOPHONISBE.

Acte I, scène II, page 281.

Eteindre dans mon sang ma vie et mon outrage.

— On peut *éteindre* la vie, mais on *efface* un outrage.

Acte I, scène III, page 283.

Dans les plis de mon ame il a cherché mon crime.

— *Replis* se dit plutôt au figuré, pour le *fond* ou l'*intérieur* de l'ame.

Acte II, scène II, page 290.

Où ce prince aujourd'hui rentre en victorieux.

— Il faudrait *en vainqueur;* ou, sans rien changer au rhythme, *rentre victorieux.*

Acte III, scène III, page 314.

. . . . . . Et, prêt à les frapper,
J'ai honte seulement de descendre *à tromper.*

— Il faudrait, pour le complément du sens et de l'expression, dire, *jusqu'à les tromper.*

Acte IV, scène IV, page 320.

Dans l'abîme où je suis venez-vous m'enfoncer,
Marcher sur mes débris ? . . . .

— Ces deux images sont incohérentes, et *marcher sur mes débris* est impropre.

Acte V, scène III, page 330.

. . . . . . Un reste de faiblesse
Que votre ame subjugue, et que vous oublirez.

— Il faudrait proprement, *doit vaincre,* ou *surmonte,* au lieu de *subjugue.*

Ibid. page 332.

Quitter Rome et la vie avec même courage !

— L'ellipse de l'article *le* n'empêche pas que l'expression *avec même courage* ne soit prosaïque.

FIN DU COMMENTAIRE GRAMMATICAL DU CINQUIÈME VOLUME.

TABLE DES PIÈCES

CONTENUES

DANS CE VOLUME.

OLIMPIE, tragédie. . . . . .Pag.   1
   Extrait des Notes sur Olimpie, par Voltaire. 82
LE TRIUMVIRAT, tragédie. 89
   Préface de l'Éditeur de Paris. 91
   Extrait des Notes sur le *Triumvirat*. 166
LES SCYTHES, tragédie. 177
   Épître dédicatoire. 179
   Préface. 183
SOPHONISBE, tragédie. 267
   Épître dédicatoire à M. le duc de La Vallière. 269
   Variantes du cinquième acte de Sophonisbe. 335
COMMENTAIRE GRAMMATICAL. 339

FIN DE LA TABLE.

L.-É. HERHAN, IMPRIMEUR-STÉRÉOTYPE,
RUE TRAÎNÉE, N° 15, PRÈS DE SAINT-EUSTACHE.

www.ingramcontent.com/pod-product-compliance
Lightning Source LLC
Chambersburg PA
CBHW050759170426
43202CB00013B/2492